简繁字
异体字
辨析手册

A Handbook for Distinguishing Simplified,
Traditional and Variant Chinese Characters

陈明然　叶时新　编著

Billson International Ltd.

Published by
Billson International Ltd
27 Old Gloucester Street
London
WC1N 3AX
Tel:(852)95619525

Website:www.billson.cn
E-mail address:cs@billson.cn

First published 2025

Produced by Billson International Ltd
CDPF/01

ISBN 978-1-80377-165-6

©Hebei Zhongban Culture Development Co.,Ltd All rights reserved.

The original content within this product remains the property of Hebei Zhongban Culture Development Co.,Ltd, and cannot be reproduced without prior permission. Updates and derivative works of the original content remain the property of Hebei Zhongban. and are provided by Hebei Zhongban Culture Development Co.,Ltd.

The authors and publisher have made every attempt to ensure that the information contained in this book is complete, accurate and true at the time of printing. You are invited to provide feedback of any errors, omissions and suggestions for improvement.

Every attempt has been made to acknowledge copyright. However, should any infringement have occurred, the publisher invites copyright owners to contact the address below.

Hebei Zhongban Culture Development Co.,Ltd
Wanda Office Building B, 215 Jianhua South Street, Yuhua District, Shijiazhuang City, Hebei province, 2207

前　言

《中华人民共和国国家语言文字法》第十七条规定：书法、篆刻等艺术作品，题词和招牌的手书字，可以保留或使用繁体字、异体字。因此，在书法作品中，经常会见到繁体字和规定停用的异体字。

由于非一一对应简繁字和非严格异体字的存在，又由于对从 20 世纪 50 年代开始的，包括汉字简化和异体字整理在内的汉字规范化过程缺乏了解，一些比较年轻的书法爱好者，在书法创作中使用繁体字和异体字的时候，经常会发生一些笔误。如把"皇后"写成"皇後"；"泰斗"写成"泰鬥"；"鄰里"写成"鄰裹"或"鄰裡"；"游泳"写成"遊泳"。如此等等，不一而足，贻笑大方。

为帮助广大书法爱好者了解汉字简化和异体字整理的过程，深入辨析其中的非一一对应简繁字和非严格异体字，从而在书法创作中予以正确的应用，我们编写了这本手册。

本手册所收字组分非一一对应简繁字字组、非严格异体字字组、非一一对应简繁字和非严格异体字混合字组三类。其中非一一对应简繁字 98 组，非严格异体字 149 组，非一一对应简繁字和非严格异体字混合的 10 组；另外有 5 组，各组中的两个字都是现行规范字，由于曾经是非一一对应简繁字，所以也将其收入。总计262组。

本手册首先简要地介绍了汉字简化和异体字整理的历程，然后用雅俗并解的方式，对各字组逐一进行深入辨析。

正文的每一个字组下，都分回顾、雅解、俗解、注意、词语五个部分。"回顾"部分简要地介绍从1955年《汉字简化方案草案》发布起到2013年《通用规范汉字表》发布止，这一组字在汉字简化或异体字整理过程中的沿革；"雅解"部分以历代字辞书为依据，讲解字组中各字的字音、字义；"俗解"部分则是从非学术的角度，提供浅显易懂的区分字组中各字音义的辅助方法；"注意"部分指出在书法创作中使用字组中相关汉字时需要特别注意的地方；"词语"部分分别以字组中的各字为字头，列出含有该字的常见词语，供读者直接查检相关繁体字异体字在有关词语中的正确用法。

需要说明的是："俗解"部分的内容，是配合"雅解"部分的内容，用一种通俗易懂的讲法来帮助读者辨析一个字组中的简繁字和异体字，可能不太科学。这也是这部分内容称之为"俗解"的原因。这一点，请读者在使用本手册时予以注意。

本手册中所讲的"原本就有"的"原本"，是指1955年《第一批异体字整理表》，或者1956年《汉字简化方案》和1964年《简化字总表》发布之前；"新造的""新"，是指1955年《第一批异体字整理表》，或者1956年《汉字简化方案》和1964年《简化字总表》发布以后。

本手册中所讲的"可以写作""不能写作""不要写作"等,均指在书法创作的环境下;在书法创作以外的一般场合,应该使用规范字。

本手册的正文前面,有"汉字简化和异体字整理简史"一节。这是为了帮助中青年书法爱好者了解我国汉字简化和异体字整理的过程,认识非一一对应简繁字和非严格异体字的来由,从而在理解的基础上对本手册所及的各字组中的字进行辨析。

本手册使用规范字排印,需要时适当使用繁体字和异体字。使用繁体字和异体字的规则,请阅"凡例"。

本手册编写过程中,参考了包括历代书法碑帖在内的大量文献,除了"主要参考文献"中列出的,其余均已在行文中指明文献名及作者。在此向各文献的作者及出版单位一并致谢!

限于作者水平,本手册中难免会存在不足甚至错谬之处。热忱欢迎广大读者提出宝贵意见。

作　者　　　年　月

目　录

术　语 …………………………………………… 2

凡　例 …………………………………………… 5

汉字简化和异体字整理简史 …………………… 12

字组索引 ………………………………………… 16

正　文 …………………………………………… 1

主要参考文献 ………………………………… 467

术 语

规范字：

中华人民共和国国务院于 2013 年 6 月发布的《通用规范汉字表》所收的 8105 字，以及这个字表未收的，符合字表体现的汉字规范的其他汉字①。

简化字：

简化字是指新中国成立以后，国家历次正式公布的，字形经过简省处理的汉字。包括（至本书出版止）：2013 年《通用规范汉字表》附录 1《规范字与繁体字、异体字对照表》的"规范字"栏中，与"繁体字"栏所列字相对应的 2546 字；2013 年和 2017 年分别发布的 116 号和 113 号两种化学元素的中文名"鿫"和"鿭"②；1986 年《简化字总表》的简化字中，未收入《通用规范汉字表》的 31 字；1988 年《现代汉语通用字表》新类推简化的 120 个简化字中，未收入《通用

---

① 《通用规范汉字表解读》（王宁主编，商务印书馆 2013 年 7 月第 1 版）中给出的规范字定义是："经过系统整理、由国家发布、通行于中国大陆现代社会一般应用领域的标准汉字。"

② 2013 年发布的 114 号和 116 号两元素的中文名"铁""鿫"两字中，"铁"已收入《通用规范汉字表》，新类推简化的计有"鿫"一字；2017 年发布的 113、115、117、118 号四个元素的中文名"鿭""镆""鿬""鿫"四字中，"镆"已收入《通用规范汉字表》，"鿬""鿫"两字新造，新类推简化的计有"鿭"一字。

规范汉字表》的"垅""缠""馀"3字。共计2582字。

繁体字：

2582个简化字对应的，字形简省处理前的汉字。计2681字[①]。

传统（沿用）字：

简化字以外的汉字集合。

非一一对应简繁字：

一个简化字和两个或两个以上繁体字相对应的汉字集合。例如："后"对应"后""後"；"干"对应"干""乾""幹"；"夥"对应"伙""夥"。

异体字：

为记录汉语中某一语素所造的，几个字形不同，在使用中功能没有发生变化的汉字。

记录同一语素的几个异体字，字音和字义完全相同。例如："年"和"秊"；"個"和"箇"。

（说明：在本手册中，为了行文方便，"异体字"也泛指2013年《通用规范汉字表》中所有作为异体字处理的字。包括严格异体字和非严格异体字。）

[①] 包括《通用规范汉字表》附件1《规范字与繁体字、异体字对照表》中的繁体字2571个；这个表中用"～"号代替的74字；"铁""钽"对应的2个繁体字；1986年《简化字总表》中未收入《通用规范汉字表》的31个简化字对应的繁体字；1988年《现代汉语通用字表》新类推简化的120个简化字中，未收入《通用规范汉字表》的"垅""缠""馀"对应的3个繁体字。繁体字比简化字多99个，是因为有部分简化字一字对应多个繁体字。

严格异体字：

一组音义完全相同，字形不同的字。例如"年"和"秊"；"個"和"箇"。

非严格异体字：

2013年《通用规范汉字表》作为异体字处理的，一组音义不同或者不完全相同的字。例如"游"和"遊"；"偷"和"媮"。

选用字：

2013年《通用规范汉字表》作为异体字处理的一组字中，被选择作为规范字，或者选择使用再予以简化后作为规范字使用的字。例如"年[秊]"这组字中的"年"；"個[箇]"这组字中的"個"（"個"简化作"个"）。

停用字：

2013年《通用规范汉字表》作为异体字处理的一组字中，被宣布停止使用的字。例如"年[秊]"这组字中的"秊"；"個[箇]"这组字中的"箇"。

凡 例

1. 字组

1.1 所收各字组作条目时用大一号字排印。

1.2 非一一对应简繁字字组，以简化字领头；简化字对应的多个繁体字，包括与简化字字形相同的字，用"/"符分隔排在简化字后面。例如"后/后後"。

1.3 非严格异体字字组，以选用字领头；停用字用方括号括起，列于选用字后面。例如"游［遊］"。选用字有对应简化字的，以简化字领头，繁体字形用圆括号括起排在简化字之后，停用字之前。例如"夹（夾）［袷袷］"。

1.4 非一一对应简繁字和非严格异体字混合字组，以简化字领头，简化字对应的多个繁体字，包括与简化字形相同的字，用"/"符分隔排在简化字后面；选用字对应的停用字，用方括号括起分别排在对应选用字的后面。例如"干/干乾［乹乾］幹［榦］"。

1.5 所有字组按字组内第一字的拼音序排列。字组内第一字拼音相同的，按字组内第二字的拼音序排列。以下类推。

一个字组内有两个规范字的（实际又是两个字组），分别以两个规范字领头列出各自的字组。两个字组间用连接号"-"号分隔。例如"恶/惡噁-呃恶（噁）"。

2. 辨析

2.1 每一组字的辨析均分"回顾""雅解""俗解""注意""词语"五个部分。

2.2 "回顾"部分，由于1955年《漢字偏旁手寫簡化表草案》简化的偏旁，只限于手写使用，不是普遍意义上的简化偏旁，所以在各字组的这一部分，均不提及这份草案；由于1964年《字形表》未列出各选用异体字对应的停用异体字，所以在异体字字组的"回顾"部分中，非必要均不涉及这个字表；由于1988年《通用字表》没有列出各简化字或选用异体字对应的繁体字或停用异体字，所以除非必要，各字组的"回顾"部分中均不涉及这个字表；1988年《常用字表》只收了3500个常用字，覆盖面偏小，所以在各字组的"回顾"部分中均不予提及。

2.3 "雅解"和"词语"两部分的各个字头，用方头括号"【 】"括起。

2.4 一组非一一对应简繁字中，作为简化字使用前原本就有的这个字，只给出其作为简化字使用以前原有的字义。这个字所包含的原先属于被合并繁体字的字义不再列出，只注明"某字的简化字"，列为这个字的最后一个义项。例如"板/板闆"组中的字头"板"下，不列出原先属于"闆"字的"私营工商业主"这个字义，只注明"'闆'字的简化字。"

字组中新造的对应多个繁体字的简化字，列为这个字组的最末一个字头，不作具体的字义解释，只注明"某字和某字的共用简化字"。例如"坝/垻壩"组中的"坝",列于"垻""壩"两个字头之后,只注明"'垻''壩'二字的共用简化字。"

2.5 "雅解"部分,各字组中的每个字都用汉语拼音标出字音,并依前款所定凡例解释字义。

多音字的各个读音,用㈠㈡㈢……标序。现代最常用的列为第一读音。如"和"字的读音,《汉语大字典》中 hè 列作第一读音;hé 列作第二读音。在本手册中,则是 hé 列作第一读音;hè 列作第二读音。

一个读音有多项字义的,各义项用①②③……标序。每个义项,有字书可据的,引字书所解;无字书可据的,给出用例,或书证。

各字头下释义使用的例词中,字头字用"～"号代替。例如字头"襹"的释义,例词"下襹"印作"下～"。

已经找到书法碑帖字的,给出碑帖书证,并附图。所引书证中对应附图的文字加着重号。

2.6 "词语"部分,各字头下的词语,按词语第一字的汉语拼音排序;第一字的汉语拼音相同的,按第二字的汉语拼音排序;以下类推。词语字数相同且各字的汉语拼音都相同的,按第一字的笔画数排序;第一字的笔画数相同的,按第二字的笔画数排序;以下类推。

几个字头字读音相同的,词中遇字头字时不再专门标出读音;字头字在所列词语中使用常用读音的,也不专门标出读音；当字头字在该词中使用的是非常用读音时，用圆括号括起标出读音，紧随字头字排印。非常用读音所及词语有一定数量时，按常用读音和非常用读音分组排印。

"词语"部分所列词语中的非字头字，使用的是非常用读音时，用圆括号括起标出读音，紧随该字排印。

"词语"部分所列词语不是常用词语的，词义用圆括号括起，紧随这个词语排印。

为节省篇幅，各字组中规范字字头下，只列出其本义词，不列出合并义的词。合并义的词列于被合并字字头下。例如"板/板闆"组中，规范字"板"是原"板""闆"两字的合并字，"私营工商业主"不是规范字"板"的本义，是合并义（原是"闆"字的字义），词语"老闆"列于被合并字"闆"下，字头"板"下不再列出这个词。

3. 字形

本书使用规范字排印。以下情况例外：

3.1 正文各字组"雅解"部分的古文献名、归部字、韵部字，一律使用原著用字。如：《说文·門部》的文献名"说文"；归部字"門"；《集韻·蕩韻》的韵部字"蕩"；等等。

3.2 引文使用原著用字，遇以下情况，作适当处理：

3.2.1 繁体字或停用字字头下引文使用规范字的，字头字用圆括号括起附在对应规范字形的后面。例如字头"擺"下引文"以摆计时"，印成"以摆（擺）计时"。

3.2.2 引文使用传统(沿用)字的，引文中的停用字或生僻异体字，其对应的选用字或常用传统(沿用)字用圆括号括起附在该字后面。例如字头"髂"下的引文"兩箇肩髂擡着箇口"，印成"兩箇(個)肩髂擡着箇(個)口"；字头"醜"下的引文"醜，皃惡"，印成"醜，皃(貌)惡"。

3.2.3 引文中的假借字，其对应的本字用圆括号括起附在该字后面。例如字头"并"下的引文"老漢家中也頗有些過活，便取(娶)了我女家去，……"

3.3 "词语"部分，除了规范字字头下词语中的字头字，均使用传统(沿用)字排印。

3.4 对于习惯所说的"新旧字形"，如"辶"(新)和"辶""辶"(旧)，除非特别需要，均按 2013 年《规范字表》的字形排印。例如"丑"和"丑"，1955 年《简化表草案》中"醜"的简化字的字形是"丑"，2013 年《规范字表》中"醜"的简化字的字形为"丑"。本手册在讲到 1955 年《简化表草案》中的"丑"时，也按字形"丑"排印。

4. 文献名

书中对于所涉及的文献如使用简称的，简称与全称的对应关系如下：

简称	全称
1955 年《草案》	《汉字简化方案草案》(1955 年发布)

1955年《简化表草案》	《798个汉字简化表草案》（包含在《汉字简化方案草案》内，1955年发布）
1955年《异体字表草案》	《拟废除的400个异体字表草案》（包含在《汉字简化方案草案》内，1955年发布）
1955年《偏旁简化草案》	《汉字偏旁手写简化表草案》（包含在《汉字简化方案草案》内，1955年发布）
1955年《一异表》	《第一批异体字整理表》（1955年发布）
1956年《简化方案》	《汉字简化方案》（1956年发布）
1964年《总表》	《简化字总表》（1964年发布）
《字形表》	《印刷通用汉字字形表》（1964年发布）
1986年《总表》	《简化字总表》（1986年发布）
1988年《常用字表》	《现代汉语常用字表》（1988年发布）
1988年《通用字表》	《现代汉语通用字表》（1988年发布）
2013年《规范字表》	《通用规范汉字表》（2013年发布）

《对照表》	《通用规范汉字表》附件1《规范字与繁体字、异体字对照表》(2013年发布)
《詩》	《詩經》(公元前11世纪至前6世纪)
《書》	《尚書》
《説文》	《説文解字》(东汉许慎著)
徐锴《繫傳》	《説文解字繫傳》(五代徐锴著)

汉字简化和异体字整理简史

1955年1月,当时的中国文字改革委员会(国家语委的前身)编印了《汉字简化方案草案》,提供全国讨论。这个草案包含《798个汉字简化表草案》《拟废除的400个异体字表草案》《汉字偏旁手写简化表草案》三个部分。

1955年12月,中华人民共和国文化部和中国文字改革委员会联合发布《第一批异体字整理表》,对810组共计1865字进行了整理。整理后共精简(停用)了1055个汉字[①]。

1956年1月,中华人民共和国国务院公布《汉字简化方案》。方案分《汉字简化第一表》《汉字简化第二表》《汉字偏旁简化表》三个表。《汉字简化第一表》收入230个简化汉字;《汉字简化第二表》收入285个简化汉字;《汉字偏旁简化表》列出54个简化偏旁。

1964年3月,中国文字改革委员会、中华人民共和国文化部、中华人民共和国教育部联合发布《简化字总表》。《简化字总表》分《第一表》《第二表》《第三表》三个表。《第一表》收入不作简化偏旁用的简化字352个;《第二表》收入可作简化偏旁用的简化字132个,简化偏旁14个;《第三表》

---

① 选用字"参",停用字"秔""妳"三字重复出现。实际上选用字为809个,停用字为1053个,总计为1862字。

收入应用第二表所列简化字和简化偏旁类推简化得出的简化字，计1754个。全表共计2238字，其中包括1955年《第一次异体字整理表》作停用字处理的11个字。

1964年12月，中华人民共和国文化部和中国文字改革委员会联合印发《印刷通用汉字字形表》，对6196个汉字的字形予以规范。这个表按照1956年《汉字简化方案》和1964年《简化字总表》收入简化字，同时把原已简化的15个繁体字，以及1955年《第一次异体字整理表》处理为停用字的2个字作为规范字收入。

1977年10月，中华人民共和国国务院发表《第二次汉字简化方案（草案）》第一表，供社会试用。这个表对248个字根进行了二次简化。另有第二表，收录了605个简化字，仅供讨论。

1986年2月25日，国家语言文字工作委员会向国务院提出《关于废止〈第二次汉字简化方案（草案）〉和纠正社会用字混乱现象的请示》，5月23日再次提出。

1986年5月25日，国务院同意《关于废止〈第二次汉字简化方案（草案）〉和纠正社会用字混乱现象的请示》，并向全国传达这一决定。

1986年6月24日，正式废止二简字。

1986年10月，国家语言文字工作委员会重新发表《简化字总表》，对1964年《简化字总表》和1955年《第一批异体字整理表》中的个别字作了调整。调整后的《简化字总表》仍然分作三个表。《第一表》收入不作简化偏旁用的简化字350个;《第二表》收入可作简化偏旁用的简化字132个,简化偏旁14个;《第三表》收入应用第二表所列简化字和简化偏旁类推简化得出来的简化字1753个[①]。全表共计2235字。

1988年1月,国家语言文字工作委员会和国家教育委员会联合发布《现代汉语常用字表》。这个字表收常用字2500个,次常用字1000个,合计3500字。

1988年3月,国家语言文字工作委员会和中华人民共和国新闻出版署联合发布《现代汉语通用字表》。这个字表共收7000字。其中包括1955年《第一次异体字整理表》作停用字处理的15字,并宣布"《第一批异体字整理表》中的15个字,也将作相应调整"。另外,这个字表所收的字中,还有120个1986年《简化字总表》没有的类推简化字。

2013年6月,中华人民共和国国务院公布《通用规范汉字表》。这个字表把1955年的《第一次异体字整理表》、1986年的《简化字总表》、1988年的《现代汉语常用字表》和《现代汉语通用字表》进行了整合。全表按所收各字的使用频度分作《一级字表》《二级字表》《三级字表》三个表。《一级字表》收3500字;《二级字表》收3000字;《三级字表》

---

① 1986年重新落实发表的《简化字总表》《第三表》,总字数为1904字,其中重复出现的有149字,另有"签"作为"籤"和"簽"的简化字分别在《第一表》和《第三表》中重复出现,"须"作为"鬚"和"須"的简化字分别在《第一表》和《第三表》中重复出现。《第三表》中的简化字字数实际为:1904字 –149字 –2字 =1753字。

收 1605 字。共计收入规范汉字 8105 个。字表的附件 1《规范字与繁体字、异体字对照表》中，列出简化字 2546 个；简化字对应的繁体字 2645 个[①]；异体字 794 组计 1812 字，其中选用字为 794 个，停用字为 1019 个[②]。《对照表》还明确了 96 组非一一对应的简繁字。

[①] 2013 年《规范字表》附件 1《对照表》的《说明》第三项，给出的该表收录的繁体字数为 2574 个，与 2645 字相差 71 字。这是因为《对照表》的《说明》没有把表中由 "～" 表示的 74 字统计在内，还有就是在《对照表》的 "繁体字" 栏中，"蘋""噁""鍾"三字重复出现。2574+74-3=2645。

[②] 2013 年《规范字表》附件 1《对照表》的《说明》第四项，给出的该表收录的异体字数为 1023 个，与 1812 字相差 789 字。这是因为《对照表》的《说明》给出的只是停用字的个数；本手册这里给出的是包含了选用字和停用字的总字数。由于 "秔""妳""讐""尅" 4 字重复作为停用字出现，所以实际停用字数为 1023-4 = 1019；又因为 "雛(雛)" 既作选用字又作停用字重复出现，所以实际上《对照表》中异体字的总字数为选用 794+ 停用 1019- 重复 1=1812。

字组索引

B

坝 / 埧壩	1
摆 / 擺襬	2
稗 [粺]	4
板 / 板闆	5
膀 [髈]	7
奔 [奔逩犇] – 犇	8
表 / 表錶	10
别 / 别彆	12
并 [併並竝]	15
卜 / 卜蔔	17
布 [佈]	18

C

才 / 才纔	21
采 [採寀]	23
彩 [綵]	25
策 [筴筞]	26
诏（詔）[謟]	28
嗔 – 瞋	30
吃 [喫]	31
冲 / 冲衝	33
仇 [讎讐] – 雠（讎）[讐]	35
绸（綢）[紬]	37
丑 / 丑醜	39
出 / 出齣	40
锄（鋤）[鉏耡]	43
棰 [箠]	46
粗 [觕麤]	47
村 [邨] – 邨	49

D

呆 [獃]	51
当 / 當噹	52
党 / 党黨	55
荡（蕩）[盪]	56
淀 / 淀澱	58

雕［彫琱鵰］- 凋　　　59

吊［弔］　　　　　　62

叠 - 迭　　　　　　　63

喋［啑］　　　　　　65

冬 / 冬鼕　　　　　　67

动（動）［働］　　　68

斗 / 斗鬥［鬪鬭鬦］　70

遁［遯］　　　　　　73

E

恶 / 惡噁 - 嗯（嗯）　75

F

发 / 發髮　　　　　　78

帆［帆颿］　　　　　81

范 / 范範　　　　　　83

仿［倣髣］- 彷　　　84

废（廢）［癈］　　　86

氛［雰］　　　　　　88

丰 / 丰豐　　　　　　89

佛［彿髴］　　　　　90

俯［俛頫］- 頫（頫）　92

复 / 複復 - 覆　　　　94

G

干 /干乾［乹乾］幹［榦］- 乾 98

杆［桿］　　　　　　102

肛［疘］　　　　　　104

亘［亙］　　　　　　105

谷 / 谷穀　　　　　　106

刮 / 刮颳　　　　　　108

拐［柺］　　　　　　109

柜 / 柜櫃　　　　　　110

H

捍［扞］- 扞　　　　112

蚝［蠔］　　　　　　113

合 / 合閤 - 阁（閣）［閤］　114

和［咊龢］- 龢　　　118

后 / 后後　　　　　　121

胡 / 胡［衚］鬍　　　123

划 / 划劃　　　　　　125

欢（歡）［懽讙驩］　127

回 / 回迴　　　　　　129

毁［燬譭］　　　　　131

汇 / 匯彙　　　　　　133

伙 / 伙夥 – 夥	134
获 / 獲穫	136

J

饥 / 飢饑	139
几 / 几幾	140
绩（績）[勣] – 勣（勣）	142
夹（夾）[裌袷] – 袷	143
家 / 家傢	145
奸 [姦]	148
鉴（鑒）[鑑鑑]	149
姜 / 姜薑	151
侥（僥）[傲] – 徼	152
秸 [稭]	154
洁（潔）[絜] – 絜	155
借 / 借藉 – 藉	157
斤 [觔]	160
尽 / 盡儘	161
径（徑）[逕] – 迳（逕）	163
局 [侷跼]	165
巨 [鉅] – 钜（鉅）	167
据 / 据據	169
卷 / 卷捲	170
撅 – 噘	172

K

慨 [嘅]	174
炕 [匟]	175
克 / 克剋 – 剋	176
叩 [敂]	179
扣 [釦]	180
夸 / 夸誇	181
坤 [堃] – 堃	183
昆 [崐崑]	184
困 / 困睏	186

L

腊 / 腊臘 [臈]	188
累 / 累纍	190
棱 [稜]	191
厘 [釐] – 釐	193
漓 / 漓灕	195
篱 / 篱籬	196
藜 [藜]	197
里 / 里裏	198
历 / 歷曆	201

栗［慄］– 溧	204
帘 / 帘簾	206
炼（煉）［鍊］	207
了 / 了瞭 – 瞭	209
淋［痳］	211
磷［粦燐］	213
炉（爐）［鑪］– 铲（鑪）	214
卤 / 卤滷	215
橹（櫓）［樐樚艣艪］	217
碌［碌］	219
戮［剹］– 勠	220
绿（綠）［菉］– 菉	222

M

麻［蔴］	224
牦［犛氂］	225
霉 / 霉黴	227
蒙 / 蒙濛懞矇	229
弥 / 彌瀰	231
面 / 面麵	232
渺［淼渺］– 淼	236
蔑 / 蔑衊	238
亩（畝）［畒畞畆畂畮］	239

N

乃［迺逎］– 迺	241
拟（擬）［儗］	244
你［妳］– 奶［妳嬭］	246
念［唸］	248
宁 / 宁寧［寗甯］– 甯	249
弄［挵衖］	252

P

辟 / 辟闢	255
苹 / 苹蘋 – 蘋（蘋）	257
仆 / 仆僕	258
朴 / 朴樸	259

Q

凄［凄悽］	261
戚［慼慽］	262
千 / 千韆	264
签 / 簽籤	266
纤 / 縴纖	267
强［強彊］	269
襁［緥］	272

荞(蕎)[菽]	273	松 / 松鬆	305
勤[懃]	274	搜[蒐]–蒐	307
秋 / 秋鞦	276	嗽[瘶]	308
球[毬]	277	苏 / 蘇[甦穌]囌–甦	309
曲 / 曲麯[麴]–麹(麴)	279		
券[劵]	281	**T**	
		它[牠]	312
R		拓[搨]	313
绒(絨)[毬羢]	284	台 / 台臺颱檯	315
熔–镕(鎔)	286	坛 / 壇罈	318
		趟–蹚[踹]–跿	320
S		剃[薙鬀]	321
洒 / 洒灑	288	眺[覜]	323
伞(傘)[傘繖]	289	同[仝衕]–仝	324
膻[羴羶]	291	偷[媮]	326
蛇[虵]	292	涂 / 涂塗	328
舍 / 舍捨	294	团 / 團糰	329
沈 / 沈瀋	296	托[託]	331
升[昇陞]–昇–陞	297		
尸[屍]	299	**W**	
适 / 适適	301	挽[輓]	333
薯[藷]	302	碗[盌椀㼝]–椀	334
术 / 术術	304	万 / 万萬	336

喂［餧餵］	338
忤［牾］	339

X

晰［晳］－皙	341
溪［谿］－豀	342
嘻［譆］	344
系／系係繫	345
吓／吓嚇	347
鲜（鮮）［尟尠鱻］	349
弦［絃］	351
咸／咸鹹	353
衔（銜）［啣衘］	354
线（綫）［線］－线（綫）	356
向／向嚮	358
象－像	360
效［効俲］	362
欣［訢］－䜣（訢）	363
幸［倖］	365
凶［兇］	366
修［脩］－脩	368
须／須鬚	370
旋／旋鏇	371

璇［璿］	373

Y

丫［枒椏］－桠（椏）	375
咽［嚥］	376
烟［菸煙］	378
宴［醼讌］	380
雁［鴈］	382
扬（揚）［敭颺］－飏（颺）	384
药／藥（葯）	386
叶／叶葉	387
移［迻］	389
以［㕥㠯］	391
劓［劓］	395
荫（蔭）［廕］	397
殷［慇］	399
淫［婬滛］	400
佣／佣傭	402
游［遊］	403
余／余餘（馀）	405
吁／吁籲	407
郁／郁鬱	408
御／御禦	410

愿／愿願	411	折／折摺	435
岳［嶽］	412	哲［喆］－喆	437
云／云雲	414	鸠（鳩）［鴆］	438
芸／芸蕓	415	征／征徵－徵	440
		症／症癥	442
Z		只／只隻衹［祇秖］－祇	443
灾［災栽菑］	417	志［誌］	446
咱［偺喒偺喒］	419	制／制製	447
赞（贊）［賛讚］	421	致／致緻	450
脏／髒臟	422	钟／鐘鍾－锺（鍾）	451
糟［蹧］	424	种／种種	453
扎［紥紮］	425	周［週］	454
札［剳劄］－劄	427	朱／朱硃	456
咤［吒］－吒	428	注［註］	458
沾［霑］	430	筑／筑築	460
盏（盞）［琖醆］	431	专（專）［耑］－耑	461
占［佔］	433	准／准準	463
棹［櫂］	434	资（資）［貲］－赀（貲）	464

B

▲ 坝／埧壩

回顾

"埧""壩"是原本就有的两个字义不同的字;"坝"是"埧""壩"的共用简化字。1955年《简化表草案》把"埧""壩"两个字合并作"坝"一个字。1956年《简化方案》予以确认,并把偏旁"貝"简化作"贝"。1964年《总表》只把"壩"简化作"坝"。《字形表》和1986年《总表》,都沿续了1964年《总表》对"壩"字的简化处理。2013年《规范字表》把"埧""壩"两个字合并简化作"坝"一个字。

雅解

【埧】bà ①我国西南地区称平地或平原为"埧"。如:～子。《玉篇·土部》:"埧,蜀人謂平川曰埧。"②拦水的堰埂。《正字通·土部》:"埧,障水堰。"

【壩】bà ①截河拦水的建筑。如:大～。《集韻·禡韻》:"壩,堰也。"《字彙·土部》:"壩,障水堰也。"②保护堤岸的水利建筑。如:丁～。

【坝】bà "埧""壩"二字的共用简化字。

俗解

"埧"表示平地;"壩"表示高堤。

1

注意

表示平地的"坝"不要写作"壩",需要时可以用繁体字"垻"。

词语

【垻】垻田;垻子(平地或平原)。

【壩】大壩;高壩;堤壩;丁壩;攔河壩。

▲ 摆／擺襬

回顾

"擺"和"襬"是原本就有的两个字义不同的字;"摆"是"擺""襬"两字的共用简化字。1955年《简化表草案》把"擺""襬"两字合并简化作"摆"一个字。1956年《简化方案》予以确认。1964年《总表》和《字形表》、1986年《总表》、2013年《规范字表》,都相继沿续了1956年《简化方案》对"擺""襬"两字的合并简化处理。

雅解

【擺】bǎi ①排列;放置。如:把东西～好。〔清〕翟灏《通俗篇·雜字》:"擺,《釋名》:'兩旁引翣①曰披。披,擺也。……'今以排列儀仗曰擺,因此。"《儒林外史》第十七回:"先有一個客人坐在一張桌子上,面前擺了一本書,……"②摇动。如:他向我直～手。《正字通·手部》:"擺,持而搖

---

① 翣,读 shà。①古代出殡时的棺饰;②古代帝王仪仗中的大掌扇;③古代钟、鼓、磬架横木上的扇形装饰。

振之也。"〔唐〕杜牧《歎花》:"如今風擺花狼籍(藉),綠葉成陰子滿枝。"③悬挂着能做往复运动的装置。如:钟～。鲁迅《坟·科学史教篇》:"又复设度测地,以摆(擺)计时。"④方言。陈述。如:～事实,讲道理。⑤"襬"的简化字。

【襬】bǎi 上衣最下端的部分。如:下～。《正字通·衣部》:"襬,今衣被下幅有襞(bì)積者皆曰襬。"

【摆】"擺""襬"二字的共用简化字。

俗解

"擺"表示手的动作,所以用"扌"旁;"襬"表示衣服的组成部分(上衣的最下端),所以用"衤"旁。

注意

做动词的如"摆动""摇摆"等词中的"摆",繁体不能写作"襬",只能写作"擺";作名词的如"衣摆""下摆"等词中的"摆",繁体不能写作"擺",只能写作"襬"。

词语

【擺】擺佈;擺出;擺動;擺渡;擺放;擺好;擺架子;擺件;擺酒;擺開;擺闊;擺老資格;擺擂臺;擺龍門陣;擺輪;擺門面;擺明;擺弄;擺拍;擺平;擺譜;擺設;擺事實;擺手;擺攤子;擺脫;擺袖却金(为人廉洁,不受贿赂);擺樣子;擺在眼前;擺姿勢;擺鐘;擺軸;打擺子;大搖大擺;東搖西擺;明擺着;停擺;顯擺;搖擺;搖頭擺尾。

【襬】衣襬;裙襬;下襬;直襬(直裰或道袍)。

▲ 稗 [粺]

回顾

"稗""粺"原本是字义不同的两个字。1955年《一异表》把这两个字归作一组异体字处理,定"稗"为选用字,"粺"为停用字。2013年《规范字表》沿续了1955年《一异表》对这两个字的处理。

雅解

【稗】bài ①一种杂生于稻田中的植物。如:～子。《说文·禾部》:"稗,禾别也。"段玉裁注:"謂禾類而別於禾也。"《左傳·定公十年》:"若其不具,用秕稗也。"②表示微小;不正式。《廣雅·釋詁二》:"稗,小也。"颜师古注《漢書·藝文志》:"稗官,小官。"③坏;败。如:～政。《玉篇·禾部》:"稗,稗秕也。"④通"粺"。精米。〔清〕朱骏声《説文通訓定聲·解部》:"稗,叚(假)借為粺。"

【粺】bài ①精米。《説文·米部》:"粺,毇[1]也。"段玉裁注:"粺者,糲米一斛舂為九斗也。……粺謂禾黍米,毇謂稻米,而可互稱,故以毇釋粺。"《玉篇·米部》:"粺,清米也。"②通"稗"。〔清〕朱骏声《説文通訓定聲·解部》:"粺,叚(假)借為稗。"

俗解

"稗"是"禾"旁,本义是"稗子";"粺"是米旁,本

---

[1] "毇",读 huǐ。舂谷使其成为精米。

义是"精米"。

注意

"稗""粺"两字虽有通用，但实为假借关系。两字字义所指，一个是稻田里的杂草；一个是舂出的精米。良莠之别。以不互相换用为好。

词语

【稗】稗官野史；稗史；稗子。

【粺】精粺。

▲ 板／板闆

回顾

"板"和"闆"是原本就有的字义不同的两个字。1955年《简化表草案》把这两个字合并作"板"一个字。1956年《简化方案》予以确认。1964年《总表》和《字形表》、1986年《总表》、2013年《规范字表》，都相继沿续了1956年《简化方案》对这两个字的合并处理。

雅解

【板】bǎn ①片状的木制品。如：木～；床～。《玉篇·木部》："板，片木也。"②音乐和戏剧曲中的节拍。如：～眼；一～三眼。《紅樓夢》第二十八回："唱完，大家齊聲喝彩，獨薛蟠説：'没板兒。'"③不灵活。如：死～；呆～。《紅樓夢》第十七回："寶玉道：'這太板了。莫若有鳳來儀四字。'眾人都哄然叫妙。"④结成硬块。如：～结。《天工开物·菽》：

"凡種綠豆，一日之內，遇大雨板土，則不復活。"⑤"闆"的简化字。

【闆】bǎn 私营工商业主。如：老～。《麻城縣志續編·方言》："稱店主人曰老闆。"

俗解

"老闆"的"闆"是"門"做部首；"木板"的"板"是"木"做部首。

注意

除了"老板"一词，其他词语中的"板"都不能写作"闆"。

词语

【板】案板；白板；板板六十四；板報；板壁；板擦；板車；板銼；板蕩；板刀；板凳；板斧；板鼓；板胡；板結；板金；板殼蟲；板塊；板栗；板門店；板上釘釘；板實；板式；板書；板刷；板瓦；板屋；板鴨；板牙；板荙；板岩；板眼；板油；板障；板着臉；板築；板子；保麗板；長板；牀板；船板；搓板；打板子；呆板（獃板）；刀板；倒板；導板；導流板；地板；墊板；電路板；跌停板；釘板；短板；帆板；反光板；鋼板；隔板；隔音板；古板；鼓板；呱嗒板；光板；棺材板；黑板；滑板；滑雪板；畫板；繪圖板；夾板；甲板；脚底板；叫板；刻板；快板；籃板；離弦走板；流水板；留言板；樓板；鋁板；慢板；門板；面板；木板；模板；泥板岩；粘板岩；拍板；泡沫板；平板；鋪

板；七巧板；鉛板；蹺蹺板；橋板；曲線板；三合板；三角板；散板；舢板；身板；石板；死板；塑料板；踏板；檀板；天花板；調色板；跳板；鐵板；銅板；五合板；洗衣板；纖維板；血小板；樣板；腰板；一板三眼；一板一眼；一字一板；熒光板；有板有眼；漁板；雲板；閘板；展板；漲停板；遮光板；砧板；鄭板橋；紙板；製圖板；走板；竹板；桌椅板凳。

【闆】老闆。

▲ 膀［髈］

回顾

"膀"和"髈"本是读音和意思都不完全相同的两个字。1955年《一异表》把这两个字归作一组异体字处理，定"膀"为选用字，"髈"为停用字。2013年《规范字表》沿续了1955年《一异表》对这两个字的处理。

雅解

【膀】㈠ páng 用于"膀胱"一词。膀胱是人或高等动物体内暂存尿液的器官。《素问·痹论》："胞痹者，少腹膀胱，按之内痛。"㈡ pāng 肿胀；浮肿。《集韵·唐韵》："膀，胀也。"㈢ bǎng ①肩膀。如：～大腰粗。巴金《寒夜》二："可是有一只手拉住了他的左膀。"②鸟类的飞行器官。如：翅～。㈣ bàng 用于"吊膀子"一词。鲁迅《且介亭杂文·门外文谈》："闲天的范围也并不小，谈旱灾，谈求雨、谈吊膀子。"㈤ pǎng 牲畜的大腿。李劼人《大波》第二部第六章："中席又名肉八碗，大抵红肉、烧白、膀、笋子、海带汤之类的菜肴。"

【髈】㈠ páng 胁，即从腋下至肋骨尽处的部位。《说文·肉部》："膀，胁（脇）也。髈，膀或从骨。"㈡ pǎng 牲畜的大腿。如：蹄～。《玉篇·骨部》："髈，股也。"后作"膀"。㈢ bǎng 同"膀"，肩～。〔元〕佚名《刘弘嫁婢》第一折："兩簡（個）肩髈攩着箇（個）口。"

俗解

"骨"旁的"髈"比"月（肉）"旁的"膀"少了"膀胱""浮肿""翅膀""吊膀子"等字义。

注意

"膀胱""翅膀""吊膀子"等词中的"膀"，以及读 pāng 时表示浮肿的"膀"，都不要写作停用字"髈"。

词语

【膀】膀臂；膀大腰粗；膀子；翅膀；肩膀；臉膀（pāng）了；膀（páng）胱。

【髈】蹄髈（pǎng）。

▲ 奔 [奔逩犇] – 犇

回顾

"犇"的字义原本与"奔""逩""逩"三字的字义不同；"奔""逩""逩"三字互为异体字。1955 年《一异表》把

"奔""犇""逩""逩"四字归作一组异体字处理，定"奔"为选用字，"犇""逩""逩"为停用字。2013年《规范字表》作了调整，把"犇"转作规范字收入三级字表，序号7384，并加注规定："可用于姓氏人名。"《对照表》则仍把"犇"和"奔""逩"一起列为"奔"的停用异体字。

雅解

【奔】㈠ bēn ①快速地跑。如：～跑；飞～。《说文·夭部》："奔，走也。"②姓氏。㈡ bèn 投靠；靠近。如：投～。《清平山堂话本·简贴和尚》："皇甫殿直一隻手捽着僧兒狗毛，出這棗槊巷，徑奔王二哥茶房前來。"

【逩】同"奔"。

【逩】㈠ bēn 疾走。《正字通·辵部》："逩，疾走。按疾走，義同奔"。㈡ bèn 投向。〔元〕关汉卿《救風塵》第三折："……着這廝有家難逩"。

【犇】bēn ①牛惊走。《玉篇·牛部》："犇，牛驚。"《正字通·牛部》："犇，牛駭羣走也。"②姓氏。

俗解

"犇"字三个"牛"，所以表示牛群惊跑。

注意

除了用于表示牛群惊跑，其他地方的"奔"都不要写作停用字"犇"；当然，姓氏人名中的"犇"也不要写作"奔"。

词语

【奔】奔波；奔車朽索；奔馳；奔放；奔赴；奔勞；奔

流；奔馬；奔忙；奔命；奔跑；奔喪；奔馳；奔逝；奔騰；奔突；奔襲；奔逸絕塵；奔瀉；奔湧；奔月；奔走；奔逐；東奔西走；飛奔；河奔海聚；狂奔；狼奔兔脫；疲於奔命；私奔；投奔（bèn）。

【犇】（用同"奔"）。

【逩】（用同"奔"）。

【錛】（多見於姓氏人名）。

▲ 表 / 表錶

回顾

"表"和"錶"是原本就有的字义不同的两个字。1955年《简化表草案》把这两个字合并作"表"一个字。1956年《简化方案》予以确认。1964年《总表》和《字形表》、1986年《总表》、2013年《规范字表》，都相继沿续了1956年《简化方案》对这两个字的合并处理。

雅解

【表】biǎo ①外衣。《説文·衣部》："表，上衣也。"段玉裁注："上衣者，衣之在外者也。"②外面。如：外～；～面。〔唐〕玄应《一切經音義》卷二引《三蒼》："表，外也。"〔三国·魏〕鍾繇《賀捷表》碑："表裏俱進，應時剋（克）捷，馘（guó）滅凶（兇）逆。"（见图1）③表亲。祖父、父亲的姐妹或祖母、母亲兄弟姐妹的子女。如：～叔；

图 1

～哥。《晉書·山濤傳》："（山濤）與宣穆后有中表親，是以見景帝。"④表格。如：统计～。《史記·三代世表》司马贞索隐引应劭云："表者，錄其事而見之。"⑤测量仪器。如：电～；水～。⑥把思想显示出来。如：～达。《二十年目睹之怪現狀》第八十八回："單表苟才原是癡人一流。"⑦标准；仪范。如：为人师～。李贤注《後漢書·馬援傳》："表，猶標也，言為標準，為射的也。"⑧显扬；表彰。如：～扬。《漢書·張敞傳》："敞本治《春秋》，以經術自輔，其政頗雜儒，往往表賢顯善，不醇用誅罰。"⑨"錶"的简化字。

【錶】biǎo 计时器具。如：钟～；手～。《老殘遊記》第十六回："人瑞腰裏摸出錶來一看，説：'四下鐘了！'"

俗解

早年钟表都用金属制作，所以"钟表"的"表"的繁体字"錶"带"金"旁。

注意

除了"钟表"意义上的"表"可以写作繁体的"錶"，其他地方的"表"都不能写作"錶"。还有"发表"的"发"繁体是"發"，不能写作"髮"；"履历表"的"历"繁体是"歷"，不能写作"曆"；"钟表"的"钟"繁体是"鐘"，不能写作"鍾"。

词语

【表】表白；報表；表册；表層；表尺；表達；表弟；表哥；表格；表功；表姑；表記；表件；表姐；表舅；表

决；表裡如一；表裡相濟；表露；表妹；表面；表明；表盤（仪表的刻度盘）；表皮；表親；表情；表嫂；表示；表叔；表述；表率；表态；表土；表現；表象；表形文字；表兄；表演；表揚；表意；表音；表語；表彰；表侄；表侄女；出師表；代表；地表；電表；電度表；電流表；調查表；發表；功課表；姑表；圭表；華表；旌表；九九乘法表；勘誤表；坤表；老表（方言，江西人）；列表；聊表寸心；聊表心意；履歷表；年表；氣壓表；日程表；時間表；時刻表；視力表；水表；天地可表；填表；跳表；統計表；圖表；外表；為人師表；溫度表；下回再表；虛有其表；一表人才；一覽表；儀表；姨表；溢於言表；元素周期表；暫且不表；資產負債表。

【錶】錶帶；錶殼；錶鍊；錶面（手表、钟表的表面）；錶盤（钟表的刻度盘）；錶針；電子錶；掛錶；懷錶；機械錶；馬錶；秒錶；名錶；跑錶；石英錶；手錶；腕錶；夜光錶；鐘錶。

▲ 别 / 別彆

回顾

"别"和"彆"是原本就有的，读音和字义都不同的两个字。1955年《简化表草案》把这两个字合并作"别"一个字。1956年《简化方案》予以确认。1964年《总表》和《字形表》、1986年《总表》、2013年《规范字表》，都相继沿续了1956

年《简化方案》对这两个字的合并处理。

雅解

【别】㈠ bié ①分剖。《説文·冎部》："刐（別），分解也。"王筠句读："从冎从刀，主謳①宰而言……《淮南子》曰：宰庖之切割分别也。"《史記·周本紀》："始，周與秦國合而別，別五載復合，合十七歲而霸王者出焉。" ②分离。如：告～；离～。《玉篇·另部》："别，離也。" ③另外的。如：～人；～名。〔明〕董其昌行书《呂純陽真人祠記》："公諱洪範別號字九疇別號東溟。"（见图2）其中"別號"就是"别名"的意思。④区分。如：类～；性～。《正字通·刀部》："別，又流別、種別。著述者區別其流裔也。" ⑤扭、转。如：～过脸。朱自清《毁灭》："别过脸，掉转身。" ⑥劝阻。如：～走；～这样。《紅樓夢》第二十一回："你别走，我有话要和你说呢。" ⑦错用的字。如：～字。〔清〕顾炎武《日知録》卷十八："別字者，本當為此字而誤為彼字也。" ⑧固定住，或用于固定的物件。如：把门～上；～针。㈡ biè "彆"的简化字。

【彆】biè ①弓两端向外弯曲的部分。〔清〕段玉裁《説文解字注·弓部》："彆，弓戾也。"《説文·犬部》"戾，曲也。" ②执拗、不顺。如：～扭。李准《不能走那条路》："他想着遇住个犟儿子，又碰到个别（彆）媳妇。"

---

① 謳，读 pì，剖开。

俗解

"别"的本义是用刀屠宰把肉和骨分开,所以带"刂"旁,后引申为分离。"彆"的本义是弓两端向外弯曲的部分,也指强弓不容易调整,所以是"弓"字底。

注意

只有在表示"执拗""别(biè)扭"的意思时,"别"才可写作繁体的"彆";其他地方仍然写"別",不能写作"彆"。

词语

【别】霸王別姬;拜別;班別;辨別;別稱;別出心裁;別處;別動隊;別管;別號;別集;別家;別解;別具慧眼;別具匠心;別具一格;別具隻眼;別開生面;別來;別來無恙;別離;別論;別名;別情;別趣;別人;別史;別是;別樹一幟;別墅;別說;別提;別體;別無長物;別無二致;別無分店;別無他法;別樣;別有洞天;別有風味;別有用心;別針;別緻;別傳(zhuàn);別字;不辭而別;不告而別;差別;辭別;錯別字;大別山;道別;分別;分門別類;告別;各別;個別;話別;揮別;級別;餞別;鑒別;久別;訣別;類別;離別;離愁別緒;離情別緒;離情別意;另當別論;留別;男女有別;派別;判別;拋妻別子;泣別;千差萬別;區別;生離死別;識別;士別三日;送別;特別;天差地別;天地之別;天壤之別;握別;惜別;性別;移情別戀;永別;又當別論;雲泥之別;暫別;甄別;總有一別。

【彆】彆扭；彆氣；彆嘴。

▲并 [併並竝]

回顾

"并""併"和"並""竝"是两组字义不同的字。1955年《简化表草案》把"并""並""併"三字合并作"并"一个字。1955年《一异表》改把"并""併""並""竝"四字归作一组异体字处理，以"并"为选用字，"併""並""竝"为停用字。1964年《字形表》把"並"和"并"一起作为规范字收入。1988年《通用字表》收"并"未收"並"。2013年《规范字表》则仍作与1955年《一异表》相同的处理。

雅解

【并】bīng《漢語大字典》："同并。"①合并；兼并。《廣雅·釋言》："并，兼也。"〔东晋〕王羲之楷书〔三国·魏〕夏侯玄《樂毅論》："夫兼并者，非樂生之所屑。彊（强）燕而癈道，又非樂生之所求也。"（见图3）②中医术语。指盛实；也指气交通。王冰注《素問·生氣通天論》："并，謂盛實也。""并，謂氣交通也。"③连词，表示平列或进一层。相当于"和""与""同""以及"。《水滸傳》第八回："老漢家中也頗有些過活，便取（娶）了我女家去，并錦兒，……"④副词，用在否定词前面加强否定的语气。如鲁迅《三閑集·现今的新文学的概观》："翻译并不比随便的创

图3

作容易。"

【併】bìng ①并列;并行。《說文‧人部》:"併,並也。"《廣雅‧釋詁一》:"併,列也。"②合并,兼并。《廣韻‧勁韻》:"併,兼也。"③副词,表示范围,相当于"皆""都"。《廣韻‧勁韻》:"併,皆也。"又用在否定词前面加强否定的语气。《天工開物‧乃粒‧黍稷粱粟》:"山東人唯以穀子呼之,併不知粱粟之名也。"④同"並",连词。如:~且。《徐霞客遊記‧滇遊日記八》:"若由陸路行,不復知此中有湖,併湖中有此景也。"

【並】bìng ①并排;并列。如:~肩作战。《玉篇‧竝部》:"竝,竝坐也。並,同竝。"〔西晋〕索靖书〔西汉〕史游《急就章》:"賢聖並進,博士先生,長樂無極老復丁。"(见图4)②合并。王逸注《楚辭‧東方朔〈七諫‧自悲〉》:"並,併也。"③连词。相当于"并且""而且"。如:提前~超额完成任务。

图4

【竝】"並"的本字,后来隶变写成"並"。《集韻‧迥韻》:"竝,隶作並。"

俗解

"并、併"表示多个事物合为一个事物;"並""竝"表示始终为多个事物。

注意

"合并"义上的"并"不要写成停用字"並"或"竝"。

另外"并发症"的"发",繁体是"發",不能写成"髮"。

词语

【并】并非;并購;并骨(夫妻合葬);并軌;并攏;并吞;并網;并無二致;并綫;關停并轉;合并;兼并。

【併】(用同"并")。

【並】並存;並蒂蓮;並發症;並駕齊驅;並肩;並舉;(电路)並聯;並列;並排;並且;並行;(手脚)並用;兼容並包;兼收並蓄;口耳並重;齊頭並進;聲情並茂;圖文並茂;相提並論。

【竝】(用同"並")。

▲卜/卜葡

回顾

"卜"和"葡"是原本就有的,读音和字义都不相同的两个字。1956年《简化方案》把这两个字合并作"卜"一个字。1964年《总表》和《字形表》、1986年《总表》、2013年《规范字表》,都相继沿续了1956年《简化方案》对这两个字的合并处理。

雅解

【卜】㈠ bǔ ①占卜。如:~卦;~辞。姚雪垠《李自成》第一卷第五章:"临离开西安前夕,他同几位亲信幕僚卜了课,扶了鸾,都很使他满意。"②预料。如:生死未~。陈毅《悼罗炳辉将军》:"民主高北斗,胜利可预卜。"③姓

㈡ bo "蔔"的简化字。

【蔔】bo 萝蔔。又名"芦萉""莱菔"。《爾雅·釋草》："葖(tū)，蘆萉。"〔宋〕邢昺疏："今謂之蘿蔔是也。"

俗解

萝卜是植物，所以繁体字"蔔"是"艹"头，读 bo，轻声，不读 bǔ。"卜""蔔"两字中，读 bǔ 的是"卜"。

注意

只有在"萝卜"一词中，"卜"才对应繁体字"蔔"，其他地方"卜"都不能写成"蔔"。还有"占卜"的"占"不能写作停用字"佔"。

词语

【卜】卜辭；卜卦；卜居；卜課；卜鄰；卜日；卜算；卜筮；卜易；卜宅；吉凶未卜；前途未卜；求神問卜；生死未卜；未卜先知；問卜；凶吉未卜；預卜；占卜。

【蔔】蘿蔔。

▲ 布 [佈]

回顾

"布""佈"是原本就有的字义存在差别的两个字。1955年《简化表草案》把这两个字合并作"布"一个字。1955年《一异表》改把这两个字作为异体字处理，定"布"为选用字，"佈"为停用字。2013年《规范字表》沿续了1955年《一异表》对这两个字的处理。

雅解

【布】bù ①棉、麻或化学纤维等织物的通称。《説文·巾部》:"布,枲(xǐ)織也。"《説文·木部》:"枲,麻也。"②公布;宣告。郑玄注《周禮·夏官·訓方氏》:"布告以教天下,……"③陈设;布置。《玉篇·巾部》:"布,陳列也。"④散布;分布。《集韻·暮韻》:"布,散也。"⑤施予;布施。《廣雅·釋詁三》:"布,施也。"

【佈】bù ①遍,散满。《廣韻·暮韻》:"佈,布徧(遍)也。"②宣告;宣布。《周禮·秋官·小司寇》:"令羣士,乃宣佈于四方,憲刑禁,乃命其屬入會,乃致事。"③布置。《徐霞客遊記·滇遊日記十一》:"主人復投轄佈枰。"

俗解

"宣布""布置",都是要有人去做的,所以传统(沿用)字用带"亻"旁的"佈"。

注意

"纺织品"义上只能用"布",如"布匹"不能写作"佈匹"。

词语

【布】白布;布帛;布袋;布丁;布兜;布爾什維克;布穀鳥;布朗族;布料;布匹;布衫;布衣;布依族;布藝;綢布;粗布;畫布;膠布;帘布;抹布;蔴布;棉布;尿布;瀑布;絨布;紗布;檑布;土布;细布;遮羞布;織布;桌布。

【佈】擺佈；頒佈；遍佈；佈菜；佈道；佈點；佈防；佈告；佈景；佈警；佈局；佈控；佈雷；佈满；佈設；佈施；佈網；佈展；佈陣；佈置；發佈；分佈；公佈；排兵佈陣；散佈；星羅棋佈；興雲佈雨；宣佈；雲佈雨潤；昭佈。

C

▲ 才／才纔

回顾

"才"和"纔"是原本就有的字义不同的两个字。1955年《简化表草案》把这两个字合并作"才"一个字。1956年《简化方案》予以确认。1964年《总表》和《字形表》、1986年《总表》、2013年《规范字表》，都相继沿续了1956年《简化方案》对这两个字的合并处理。

雅解

【才】cái ①才能。如：德～兼备；～华横溢。〔清〕徐灏《說文解字注箋·才部》："才、材古今字。因才為才能所專，故又加木作材也。"〔唐〕李玄植楷书《李孟常碑》："公諱孟常，字待賓（bīn），趙郡平棘人也。高陽才子……"（见图5）②"纔"的简化字。

图5

【纔】cái ①刚刚过去不久。如：怎么～来。《廣雅·釋言》："纔，暫也。"〔唐〕溫庭筠《菩薩蠻》："夜來皓月纔當午，重門悄悄無人語。"②副词，表示只有在某种情况下，然后怎么样。《古今小説·沈小霞相會出師表》："除非不要性命的，纔敢開口說句公道話兒。"

俗解

"刚过去不久"的意思上,或者作副词用时繁体用"纔";"才华"的意思上用"才"。

注意

除了"刚过去不久"这个意思上,或者作副词用时,"才"字可以写成繁体的"纔";别的如表示"才华"的意思时,都仍旧要写"才",不能写作"纔"。还有"才干""干才"的"干",是"能干"的意思,繁体应该写成"幹"而不能写作"乾";"才高八斗"的"斗"是量词,不能写成"鬥"。另外要注意表示"才华"的"才能",和表示"如何才能够做好"的"才能",两个词中的"才"的区别。表示"才华"的"才能"一词中,"才"字原本就这样写,不能写成"纔";"如何才能够做好"的"才能"一词中,可以用繁体的"纔"。

词语

【才】愛才;辯才;不才;才賦;才幹;才高八斗;才華;才俊;才力;才貌;才能(才华);才女;才氣;才情;才識;才疏學淺;才思;才學;才藝;才智;才子;成才;蠢才;德才兼備;幹才;宏才大略;將才;經世之才;俊才;可用之才;口才;郎才女貌;良才;量才錄用;奴才;奇才;屈才;全才;人才;恃才傲物;帥才;天才;通才;文才;秀才;庸才;育才;真才實學。

【纔】纔剛;纔幾天;纔來;纔能(够);纔是;纔一會兒;纔一天;纔走;方纔;剛纔;適纔。

▲ 采 [採寀]

回顾

"采""採""寀"原本是字义存在差别的三个字。1955年《简化表草案》把"采""採"两字合并作"采"一个字。1955年《一异表》改把"采""採"和"寀"一起归作一组异体字处理,定"采"为选用字,"採""寀"为停用字。2013年《规范字表》沿续了1955年《一异表》对这三个字的处理。

雅解

【采】㈠ cǎi ①采择;选取。如:～取;～集。《説文·木部》:"采,捋取也。"②开采。如:～矿;～油。《鹽鐵論·復古》:"往者豪强大家,得管山海之利,采鐵石鼓鑄,煮海為鹽。"③吸取。如:～纳;～用。〔三国·魏〕曹植《與楊德祖書》:"夫街談巷説,必有可采。"④文采。王逸注《楚辭·九章·懷沙》:"采,文采也。"〔清〕《御題高義園世寶·李孝彥跋》:"范文正高風表表,文采云為天下後世之仰服。"(见图6)⑤神色;神态。如:丰～。《儒林外史》第八回:"前晤尊公大人,幸瞻豐(丰)采。"㈡ cài 古代卿大夫的封地。《集韻·代韻》:"埰,臣食邑謂之埰,或省。"

图6

【採】cǎi ①采择;选取。《玉篇·手部》:"採,採摘也。"刘园集帖第16卷《東坡米芾帖·荷花》:"梁元帝作採蓮歌曰：……"（见图7）②开采；发掘。〔宋〕苏轼《上皇帝书》："……採礦伐炭，……"

图7

【寀】cài ①古代卿大夫的封地。郭璞注《爾雅》："官地为寀。"邢昺（bǐng）疏："寀，謂寀地。主事者必有寀地。寀，采也，采取賦稅，以供己有。《禮運》云：大夫有采（寀）以處其子孫是也。"②官职。《爾雅·釋詁上》："寀，官也。"

俗解

采集、开采，都是需要用手的，所以用加了"扌"的"採"来表示。另一个字"寀"的字义就是"卿大夫的封地"了。

注意

在书法创作中，要注意"采""採""寀"三个字在字义上的区别。"文采""丰采"这些意思上的"采"，不能写成停用字"採"和"寀"；"卿大夫的封地"这个意思上用传统（沿用）字时要写"寀"，不能写成"採"；"采摘""选取""收集""开采"这些意思上用传统（沿用）字时要写"採"，不要写成"寀"。另外，"采制"的"制"是"制作"的意思，繁体要用"製"。

词语

【采】詞采；丰采；神采；文采；無精打采；興高采烈；遺風餘采。

【採】博採衆長；採辦；採編；採茶；採伐；採訪；採

風；採購；採光；採花；採集；採掘；採礦；採錄；採納；採暖；採取；採桑；採收；採薇；採擷；採血；採寫；採信；採選；採樣；採藥；採用；採油；採摘；採製；採種；開採。

【寀】寀地。

▲ 彩［綵］

回顾

"彩"和"綵"原本是字义不同的两个字。1955年《一异表》把这两个字归作一组异体字处理，定"彩"为选用字，"綵"为停用字。2013年《规范字表》沿续了1955年《一异表》对这两个字的处理。

雅解

【彩】cǎi ①光彩。《廣韻·海韻》："彩，光彩。"〔唐〕张华《離情》："庭樹發紅彩，閨草含碧滋。"②多种颜色。《集韻·海韻》："彩，文色也。"〔宋〕张即之楷书《華嚴經殘册》："譬如工畫師，分布諸彩色"。（见图8）③负伤流血。如：挂～。周立波《暴风骤雨》第一部第十九："郭全海和警卫班的老金，都挂了彩。"④赌博或某些竞争活动中给得胜者的钱物。〔唐〕李白《送外甥鄭灌從軍三首》之一："六博爭雄好彩來"。⑤表示赞赏的欢呼。如：喝～。闻一多《大鼓师》："我唱过了形形色色的歌儿，我也听饱了喝不完的彩。"

图8

【綵】cǎi 彩色的丝织品。《玉篇·糸部》:"綵,五綵備。"《集韻·海韻》:"綵,繒也。"〔唐〕李邕《法華寺碑》:"繒綵四道,功德豈殊?甘露有加,香油不墜。"(见图9)

俗解

和丝织品有关的字一般都带"纟/糸"旁,可以由此记住"綵"的意思是彩色的丝绸。

图9

注意

"光彩""彩色""挂彩(负伤)""博彩""喝彩"等意思上的"彩"都不能写作停用字"綵"。

词语

【彩】博彩;彩車;彩帶;彩蛋;彩電;彩虹;彩繪;彩禮;彩鈴;彩迷;彩民;彩墨畫;彩排;彩噴;彩票;彩旗;彩色;彩頭;彩霞;彩信;彩繡;彩頁;彩印;彩雲;彩紙;出彩;掛彩;精彩;流光溢彩;七彩;水彩;五彩;絢麗多彩;雲彩。

【綵】綵綢;綵棚;綵球;剪綵;張燈結綵。

▲ 策 [筞策]

回顾

"策"和"筞"原本是字义存在差别的两个字;"策"是"策"的俗字。1955年《一异表》把这三个字归作一组异体字处理,定"策"为选用字,"筞""策"为停用字。2013年《规范字表》沿续了1955年《一异表》对这三个字的处理。

雅解

【策】cè ①马鞭。《説文·竹部》："策，馬箠也。""箠，擊馬也。"引申作"鞭打""督促""驾驭"等义。如：～马飞奔；鞭～。刘园集帖第18卷《董其昌·洛神賦》："攬騑轡以抗策，悵盤桓而不能去。"(见图10) ②古时用于计算的小筹。用

图10

于揲(shé)卦时，和蓍作用相同。《廣韻·麥韻》："策，籌也。"③计谋。如：计～。《廣韻·麥韻》："策，謀也。"④谋划。如：～划。⑤汉字书法中"挑"的古称。〔明〕张绅《书法通釋·八法》："策亦畫也。不言畫者，其法仰筆趯(lì)鋒輕擡而進，有鞭策之勢，故言策不言畫。"⑥星名。一是指天策星，天蝎星座的G星。杜预注《左傳·僖公五年》："天策，傳説星。"又指策星，仙后星座的γ星。《史記·天官書》："漢中四星，曰天駟。旁一星，曰王良。王良策馬，車騎滿野。"《晉書·天文志上》："(王良)前一星曰策星，王良之御策也。主天子之僕，在王良旁。"⑦古代帝王对臣下使用的一种文书。《漢制度》："帝之下書有四：一曰策書，二曰制書，三曰詔書，四曰誡敕。"⑧简册。〔汉〕蔡邕《獨斷》卷上："策者，簡也。"《集韻·麥韻》："册，通作策。"引申作记载(写在策上)。⑨姓氏。

【筴】㈠jiā 夹物品的器具，又指筷子。《廣雅·釋器》："筴，謂之箸。"《集韻·洽韻》："筴，箸也。"引申作"箝制"义。〔唐〕韩愈《曹成王碑》："掇黃岡，筴漢陽。" ㈡cè

①小箕。陆德明引司马云："小箕曰筴。"②同"策"。指用来占卜的蓍草。《儀禮·士冠禮》："筮人執筴抽上韇①，兼執之，進受命於主人。"

【筞】同"策"。《龍龕手鑑·竹部》："筞，策的俗字。"

俗解

"筴"的下半是"夾"，由此可以帮助记住它有 jiā 这个读音，以及"夹物品的器具"这个字义。

注意

"策"和"筴"只在"用来占卜的蓍草"这个意思上相通，在"鞭打""督促""驾驭""计策"等意思上，"策"都不能写作停用字"筴"。

词语

【策】鞭策；策動；策反；策劃；策立；策論；策略；策馬揚鞭；策勉；策士；策應；策源地；出謀劃策；計策；決策；良策；羣策羣力；上策；失策；束手無策；萬全之策；下策；政策；中策。

【筴】執筴（手执蓍草）。

【筞】（用同"策"）。

▲ 谄(諂)[諂]

回顾

"諂""諂"原本是读音和字义都不相同的两个字；"諂"

---

① "韇"，音 dú。古代占卜用的蓍草筒。

是"諂"的简化字。1955年《一异表》把"諂"和"謟"归作一组异体字处理,定"諂"为选用字,"謟"为停用字。1956年《简化方案》把偏旁"言"简化作"讠"。1964年《总表》把"諂"整字简化作"谄"。《字形表》、1986年《总表》,都沿续了1964年《总表》对"諂"字的简化处理。2013年《规范字表》沿续了1955年《一异表》对"諂""謟"两字的异体字处理,以及1986年《总表》对"諂"字的简化处理。

雅解

【諂】chǎn 奉承;献媚。如:～媚。《说文·言部》:"諂,諛也。"

【謟】tāo ①可疑。《爾雅·釋詁下》:"謟,疑也。"②超越本分。孔晁注《逸周書·酆謀》:"謟,僭也。"③隐瞒。杜预注《左傳》:"謟,藏也。"

【谄】"諂"的简化字。

俗解

"謟"字的右半"舀"和"滔"字的右半相同,利用这一点可以记住"謟"的读音和"滔"相同,读tāo,不读chǎn。再从读音不同,记住两字字义不同。

注意

"諂""謟"两字读音和字义都不相同,不能互换使用。

词语

【諂】不諂不驕;諂詞令色;諂媚;諂佞;諂笑;諂諛。

【謟】謟瀆(因怀疑而轻慢);謟過(隐瞒过错)。

▲ 嗔 – 瞋

回顾

"嗔""瞋"是字义不同的两个字。1955年《一异表》把这两个字归作一组异体字处理,定"嗔"为选用字,"瞋"为停用字。2013年《规范字表》作了调整,把"瞋"转为规范字收入二级字表,序号5903,并加注规定:"瞋:义为发怒时睁大眼睛。不再作为'嗔'的异体字。"

雅解

【嗔】chēn ①生气。也作"謓"。《集韵·真韵》:"謓,《说文》:'恚①也',或从口。"〔清〕段玉裁《说文解字注·口部》:"嗔,今俗以爲謓恚字。"《世說新語·德行》:"丞相見長豫輒喜,見敬豫則嗔。"②责怪;埋怨。如:～怪。〔唐〕李贺《野歌》:"男兒屈窮心不窮,枯榮不等嗔天公。"

【瞋】chēn ①睁大眼睛。《说文·目部》:"瞋,張目也。"《紅樓夢》第三回:"雖怒時而似笑,即瞋視而有情。"②怒,生气。《廣韻·真韻》:"瞋,怒也。"

俗解

"嗔"带"口"旁,表示用嘴巴表现生气;"瞋"带"目"旁,表示用眼睛表现愤怒。

注意

"瞋"是规范字,不要再把它当作"嗔"的停用异体字。

---

① 恚,读 huì,义为愤怒;怨恨。《说文》:"恚,恨也。"

不要把"嗔"写成"瞋"。

词语

【嗔】嗔叱；嗔妒；嗔忿；嗔怪；嗔恚；嗔責；怪嗔；嬌嗔；笑嗔；轉嗔為喜。

【瞋】瞋恨；瞋沮（愤怒沮丧）；瞋目；瞋怒；瞋視。

▲ 吃 [喫]

回顾

"吃"和"喫"原本是字义存在差别的两个字。1955年《异体字表草案》把这两个字归作一组异体字处理，以"吃"为选用字，"喫"为停用字。1955年《一异表》予以确认。2013年《规范字表》沿续了1955年《一异表》对这两个字的处理。

雅解

【吃】㈠ chī ①说话结巴。如：口～。《説文·口部》："吃，言蹇難也。"②行动迟缓。〔唐〕孟郊《冬日》："凍馬四蹄吃，陟卓難自收。"③吞咽食物。如：～饭；～肉。④下棋用语，指除去对方棋子。《儒林外史》第五十三回："到了半盤，四處受敵，待要吃他幾子，又被他占（佔）了外勢。"⑤旧时赌博用语，指收进赌注。巴金《赌》："这些注很快地就给庄家吃进去了。"⑥吸收。如：这纸不～墨。⑦耗费。如：～力。⑧承受。如：～不消。《紅樓夢》第一百零六回："只怕大老爺和珍大爺吃不住。"㈡ qī 用于"吃吃"一词，表示笑声。如：～～笑。《集韻·迄韻》："吃，吃吃，笑皃（貌）。"

【喫】㈠ chī ①吞咽食物。《玉篇·口部》："喫，啖(dàn)也。"《廣雅·釋詁二》："啖，食也。" ②"吸"的意思。如：～烟。③表示"承受"的意思。〔明〕朱有燉《豹子和尚自還俗》："那做賊的，官司裏拿將去，喫不過拷問，索招了賊贓。" ④消灭。多用于军事、赛棋。如：～掉敌人一个团。用车～掉他的炮。㈡ kài 用于"喫(kài)詬"一词，"用力争辩"的意思。《集韻·卦韻》："喫，喫詬，力争。"

俗解

笔画多一些的"喫"，义项少于笔画少的"吃"。

注意

"喫"没有"吃"的"结巴、笑声"等义；"吃"也没有"喫"的 kài 音及相应的"喫詬"用法。表示"结巴""笑声"的"吃"不能写成停用字"喫"；"喫詬"的"喫"不能写作"吃"。"吃干饭"的"干"，对应的繁体字是"乾"，不能写成"幹"。

词语

【吃】口吃，吃(qī)吃(qī)笑。

【喫】喫飽；喫不開；喫不消；喫草；喫醋；喫得消；喫飯；喫官司；喫喝；喫貨；喫驚；喫苦；喫苦耐勞；喫虧；喫裏扒外；喫請；喫水；喫透；喫香；喫一塹長一智；喫齋；喫準；大魚喫小魚；好喫；好漢不喫眼前虧；好馬不喫回頭草；湖喫海喝；敬酒不喫喫罰酒；喫(kài)詬；癩蛤蟆想喫天鵝肉；請喫；缺喫少穿；軟硬不喫；死了張屠夫，

不喫混毛猪；通喫；兔子不喫窝边草；小喫；坐喫山空。（除了"喫詬"，字头"喫"下词语中的"喫"都可用"吃"。）

▲ 冲 / 沖衝

回顾

"冲"和"衝"是原本就有的字义不同的两个字。1955年《简化表草案》把这两个字合并作"冲"一个字。1956年《简化方案》予以确认。1964年《总表》和《字形表》、1986年《总表》、2013年《规范字表》，都相继沿续了1956年《简化方案》对这两个字的合并处理。

雅解

【冲】㈠chōng《玉篇·冫部》："冲，俗沖字。"①用（被）水冲。如：～洗、～刷。〔清〕黄肇敏《黄山纪游》："按此处古有橋名聖泉，乾隆間為蛟水沖（冲）塌。"②山区的平地。如：韶山～。③会计用语，收支账目或两户应支付的款项互相抵销。如：～账、～销。《紅樓夢》第七十五回："幸而後手裏漸漸翻過來了，除了沖（冲）賬的，反贏了好些。"④"衝"的简化字。㈡chòng "衝"的简化字。

【衝】㈠chōng ①抵触；碰撞。如：～突；～锋。〔清〕雍正《世宗御書四宜堂法帖》："但有衝鋒破陣之才，而不能潔己愛人撫纓士衆"。（见图11）②交通要道；通道交叉的地方。如：要～。《玉篇·行部》："衝，交道也。"《漢書·酈食其傳》："夫

图11

陳留，天下之衝，四通五達之郊也。"③朝着；对着。《玉篇·行部》："衝，向也。"《山海經·海外北經》："隅有一蛇，虎色，首衝南方。"㈡ chòng ①猛烈。如：说话太～。②朝着；对着。如：～我来。《玉篇·行部》："衝，向也。"

俗解

"冲"一般用于液体或气体；"衝"一般用于非液体或非气体的事物。

注意

用于液体或气体时，如"冲茶""用温开水冲服（服药）"的"冲"不能写作"衝"；"气冲斗牛"的"冲"不能写作"衝"。还有"气冲斗牛"的"斗"，是指天上二十八星宿中的斗宿，不能写作"鬥"。"怒发冲冠"的"发"，指头发，繁体写法是"髮"，不能写作"發"。

词语

【冲】冲茶；冲淡；冲抵；冲服；冲積；冲劑；冲決；冲擴（照片）；冲涼；冲泡；冲蝕；冲刷；冲洗；冲銷；冲瀉；冲印；冲賬；怒氣冲冲；怒氣冲天；氣冲冲；氣冲斗（dǒu）牛；氣冲霄漢；興冲冲。

【衝】衝程；衝刺；衝動；衝犯；衝鋒；衝鋒槍；衝鋒陷陣；衝擊；衝口而出；衝浪；衝力；衝量；衝破；衝殺；衝突；衝撞；衝（chòng）牀；衝（chòng）壓；俯衝；橫衝直撞；緩衝；脉衝；怒髮衝冠；首當其衝；天剋地衝；要衝；一飛衝天；折衝樽俎；左衝右突。

▲ 仇[讎讐]– 雠(讎)[讐]

回顾

"仇"是原本就有的,和"讎""讐"两字在字义上存在差别的字;"讎""讐"互为异体字。"雠"是"讎"的简化字。1955年《异体字表草案》把"仇""讎""讐"三字归作一组异体字处理,以"仇"为选用字,"讎""讐"为停用字。1955年《一异表》予以确认。1956《简化方案》把偏旁"言"简化作"讠"。1964年《总表》把"讎"整字简化作"雠",作为规范字收入三级字表。1986年《总表》沿续了1964年《总表》对"讎"的简化处理,并加注规定:"雠:用于校雠、雠定、仇雠等。表示仇恨、仇敌义时用仇。"2013年《规范字表》沿续了1986年《总表》对"讎"的简化处理,并把"雠"作为规范字收入二级字表,序号6351;同时又沿续了1955年《一异表》对"仇""讎""讐"三字的处理,把"讎""讐"处理为"仇"(序号0133)的停用异体字;另又把"讎""讐"两字归作一组异体字,定"讎"为选用字,"讐"为停用字。《对照表》把"讎"列为"雠"的繁体字;"讎""讐"列为"仇"的停用异体字;"讐"列为"讎"的停用异体字;另给"讎"字加注:"用于'校雠''雠定''仇雠'等,但须类推简化作'雠'……。其他意义用'仇'。"

雅解

【仇】㈠ chóu ①仇恨。如:报~。《廣雅·釋詁三》:"仇,惡也。"《玉篇·人部》："仇，怨也。"②仇敵。如：～人。《史記·游俠列傳》："（郭）解兄子斷揚掾頭，由是楊氏與郭氏為仇。"㈡ qiú 姓氏。

【讎】chóu ①對答。《說文·言部》："讎，猶䧹（應）也。"《玉篇·言部》："讎，對也。"②相等；類同。《爾雅·釋詁上》："讎，匹也。"顏師古注《漢書·霍光傳》："言其功相等類也。"③校勘書稿，兩人各持一本對校。如：～校。《正字通·言部》："讎，校勘書籍曰讎。比言兩本相對覆如仇也。"④同"仇"。《廣韻·尤韻》："讎，仇也。"⑤姓氏。

【讐】同"讎"。《字彙補·言部》："讐，與讎同。"

【雠】"讎"的简化字。

俗解

"讎"的本义是对答，所以有"言"。引申为两人对校书稿。

注意

要注意"校雠"和"校对"的区别。"校雠"是两人对校；"校对"是一人独校。表示"对校"意思的"雠（讎）"不要写成"仇"；一人独校的"校对"义上不要用"雠（讎）"。姓氏"仇（qiú）"不要写成"讎"或"讐"。

词语

【仇】報仇；不解之仇；仇敵；仇恨；仇家；仇人；仇殺；仇視；仇外；仇冤；仇怨；恩仇；恩將仇報；反目成仇；復仇；公報私仇；公仇；嫉惡如仇；記仇；家仇；結

仇；舊恨新仇；苦大仇深；千仇萬恨；親痛仇快；深仇大恨；世仇；同仇敵愾；血海深仇；冤仇。

【讎】仇讎；讎定；讎校；讎匹；校讎；無言不讎。

【讐】（用同"讎"，姓氏除外）。

▲ 绸(綢)[紬]

回顾

"綢"和"紬"原本是读音和字义存在差别的两个字；"绸"是"綢"的简化字。1955年《一异表》把"綢""紬"两字归作一组异体字处理，定"綢"为选用字，"紬"为停用字。1956年《简化方案》把偏旁"糸"简化作"纟"。1964年《总表》把"綢"整字简化作"绸"，把"紬"整字简化作"䌷"，均作为规范字收入。1964年《字形表》只把"綢"简化作"绸"收入。1986年《总表》沿续了1964年《总表》对"綢""紬"两字的简化处理。2013年《规范字表》重新把"紬"处理为"綢"的停用异体字，同时沿续了1986年《总表》对"綢"字的简化处理。

雅解

【綢】chóu ①缠束。如：～缪。《说文·糸部》："綢，繆也。"洪兴祖注《楚辭·九歌·汀君》："綢，縛束也。"〔清〕黄易隶书《朱子家訓》："宜未雨而綢繆"。（见图12）②丝织品的总称。如：～缎。《紅樓夢》第一百零五回："綢

图12

缎一百三十卷。"

【紬】㈠ chóu 粗绸。《說文·糸部》:"紬,大絲繒(zēng)也。"段玉裁注:"大絲,較常絲為大也。"《紅樓夢》第八回:"只見吊着半舊的紅紬軟帘。"㈡ chōu 抽引;《釋名·釋采帛》:"紬,抽也,抽引絲端出細緒也。"《文選·宋玉〈高唐賦〉》:"紬大絃而雅聲流,冽風過而增悲哀。"李善注引《學林》曰:"紬,引也。音抽。"

【绸】"綢"的简化字。

俗解

"紬"的右半和"抽"的右半相同,由这一点可以帮助记住"紬"除了有 chóu 音和"粗绸"义,还有"chōu"音和"抽引丝端"义。

注意

"紬"没有"綢"的"缠束"义;"綢"没有"紬"的"抽引"义。即使在"绸缎"义上,"紬"也只表示粗绸,而"綢"可以表示包括细绸在内的所有丝绸。所以,在书法创作中,要仔细区分两字的字义。"缠束"义上的"绸(綢)"不能写作停用字"紬",如"綢繆"不能写作"紬繆";"抽引"义上的"紬(chōu)"不能写作"绸(綢)",如"紬繹"不能写作"綢繹"。

词语

【綢】綢緞;綢密;綢繆;綢子;絲綢;未雨綢繆。

【紬】紬(chōu)繹。

▲ 丑 / 丑醜

回顾

"丑"和"醜"是原本就有的字义不同的两个字。1955年《简化表草案》把这两个字合并作"丑"一个字。1956年《简化方案》予以确认。1964年《总表》和《字形表》、1986年《总表》、2013年《规范字表》,都相继沿续了1956年《简化方案》对这两个字的合并处理。

雅解

【丑】chǒu ①地支第二位。如:子～寅卯。〔明〕文徵明辑《停雲館帖·元名人書卷第九》:"辛丑十月三日,與徵君同宿愚隱老師犬室。"(见图13)②戏曲行当。如:～角;小～。〔元〕乔孟符《金錢記》"丑扮馬求上。"③"醜"的简化字。

图 13

【醜】chǒu ①可恶的。如:～态;～事;出～。《説文·鬼部》:"醜,可惡也。"〔明〕董其昌行书《徐公家訓碑》:"醜行滅宗臭遺万(萬)年。"(见图14)②样子难看。如:～陋;貌～。《玉篇·酉部》:"醜,皃(貌)惡。"

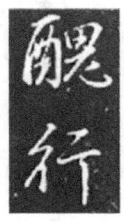

图 14

俗解

"小丑"不是指难看的人,而是戏曲的行当之一。鬼在人们心目中是很难看的,所以形容难看时传统(沿用)字要用右半是"鬼"的"醜"。

注意

表示地支的"丑"和表示戏曲行当"小丑"的"丑",都不能写成繁体字"醜"。

词语

【丑】丑旦;丑角;丑時;文丑;武丑;小丑;子丑寅卯。

【醜】醜八怪;醜惡;醜化;醜話;醜劇;醜類;醜陋;醜名遠揚;醜史;醜事;醜态;醜聞;醜媳婦總要見公婆;醜行;醜小鴨;出醜;出乖露醜;家醜不可外揚;揭醜;露醜;獻醜;遮醜。

▲ 出 / 出齣

回顾

"出"和"齣"是原本就有的字义不同的两个字。1955年《简化表草案》把"齣"简化作"龆"。1956年《简化方案》改把"出"和"齣"合并作"出"一个字。1964年《总表》和《字形表》、1986年《总表》、2013年《规范字表》,都相继沿续了1956年《简化方案》对"出""齣"两字的合并处理。

雅解

【出】chū ①从里面到外面,与"进""入"相对。如:～来;～门。《集韻·至韻》:"出,自内而外也。"②显露。如:～名;水落石～。《玉篇·出部》:"出,見也。"③产生;

出产。《正字通·凵部》:"出,生也。"④"齣"的简化字。

【齣】chū 戏曲中的一个独立剧目。如:一～戏。

俗解

除了在"戏曲中一个独立剧目"这个意思上可以用"齣",其他词语中一般都用"出"。

注意

除了在表示"戏曲中的一个独立剧目"这个意思时,"出"可以写作"齣",其他地方"出"都不能写成"齣"。还有"出发""发出"的"发",对应的繁体字是"發",不能写作"髮";"出征"的"征"本来就这样写,不存在对应的繁体字,不能写作"徵";"复出"的"复",对应的繁体字是"復",不能写作"複";"和盘托出"的"托"是用手托举的意思,不能写作停用字"託";"人才辈出"的"才"不能写作"纔";再就是注意"险象百出"的"象"不能写作"像"。"象"和"像"都是规范字,不存在简繁关系。

词语

【出】拔出;擺出;搬出;半路出家;半路殺出;爆出;悖入悖出;輩出;別出心裁;撥出;播出;不出所料;超塵出俗;超出;超凡出俗;層出不窮;層見疊出;出版;出榜;出殯;出兵;出彩;出操;出岔子;出差;出產;出場;出廠;出車;出乘;出醜;初出茅廬;出處;出錯;出道;出典;出點子;出動;出爾反爾;出發;出訪;出份子;出風頭;出伏;出港;出格;出閣;出工;出恭;出乖

露醜；出關；出軌；出國；出海；出航；出汗；出乎尋常；出乎意料；出戶；出活；出貨；出擊；出繼；出家；出嫁；出價；出界；出借；出境；出鏡；出九；出局；出具；出圈(juàn)；出口；出口成章；出口傷人；出來；出欄；出類拔萃；出力；出列；出籠；出爐；出路；出亂子；出落；出馬；出賣；出毛病；出門；出面；出苗；出名；出沒；出謀劃策；出納；出牌；出品；出圃；出其不備；出其不意；出奇；出奇制勝；出氣；出氣筒；出錢；出勤；出去；出讓；出人頭地；出人意料；出任；出入；出喪；出色；出山；出身；出神；出神入化；出生；出聲；出生入死；出師；出使；出示；出世；出事；出手；出售；出書；出雙入對；出水；出臺；出攤；出逃；出題；出挑；出梟；出庭；出頭；出頭露面；出徒；出土；出脫；出外；出問題；出息；出席；出險；出現；出綫；出項；出血；出行；出巡；出芽；出言；出演；出洋；出洋相；出迎；出遊；出淤泥而不染；出浴；出獄；出院；出月；出月子；出展；出戰；出賬；出招；出診；出陣；出征；出眾；出資；出走；出租；出主意；淡出；嫡出；迭出；獨出心裁；奪門而出；狗嘴裡吐不出象牙；發出；蜂湧而出；付出；復出；趕出；高潮迭出；和盤托出；紅杏出牆；呼之欲出；花樣百出；豁出去；禍從口出；交出；傑出；進出；刊出；看不出；看出；裡出外進；量入為出；令出必行；漏洞百出；露出；慢工出細活；名師出高徒；排出；派出；派出所；旁出；噴薄欲出；破繭

而出；破門而出；破綻百出；歧出；傾巢而出；青出於藍；情人眼裡出西施；全盤托出；人才輩出；日出；如出一轍；入不敷出；入主出奴；掃地出門；伸出；深居簡出；深入淺出；神出鬼沒；滲出；勝出；師出有名；師出無名；事出有因；視如己出；售出；庶出；輸出；水落石出；四出；歲出；掏出；逃出；騰出；提出；跳出；槊出；挺身而出；凸出；突出；推陳出新；推出；退出；脱口而出；脱穎而出；外出；無出其右；悟出；析出；喜出望外；顯出；險象百出；現出；言出必行；言出法隨；演出；羊毛出在羊身上；一言既出，駟馬難追；湧出；魚貫而出；月出；勻出；早出晚歸；展出；昭君出塞；政出多門；支出；直進直出；指出；自出機杼；晝伏夜出；足不出户；卓而出羣。

【齣】一齣戲。

▲ 锄(鋤)[鉏耡]

回顾

"鋤""鉏""耡"原本是字义存在差别的三个字；"锄"是"鋤"的简化字。"鉏"的读音和"鋤""耡"两字的读音也不完全相同。1955年《简化表草案》把"鋤""鉏"合并作"鉏"一个字。1955年《一异表》改把"鋤""鉏"和"耡"一起归作一组异体字处理，定"鋤"为选用字，"鉏""耡"为停用字。1956年《简化方案》把偏旁"金"简化作"钅"。1964年《总表》和《字形表》，还有1986年《总表》，都把

"鋤"整字简化作"锄"。2013年《规范字表》沿续了1955年《一异表》对"鋤""鉏""耡"三个字的异体字处理，以及1986年《总表》对"锄"字的简化处理。

雅解

【鋤】chú ①锄头。《釋名·釋用器》："鋤，助也，去穢助苗長也。"②用锄头锄草，松土。〔唐〕李绅《憫農》："鋤禾日當午，汗滴禾下土。"③除去；诛灭。如：～奸。《宋史·李綱傳》："誅鋤內奸，使君子之道長。"

【鉏】㈠chú ①除草、翻土的农具。《說文·金部》："鉏，立薅所用也。"段玉裁注："薅者，披去田艸（草）也。云立薅者，古薅艸（草）坐為之，其器曰槈，其柄短。若立為之，則其器曰鉏。"②用锄头锄地。〔唐〕戴叔伦《屯田詞》："麥苗漸長天苦晴，土乾确确鉏不得。"③诛灭；除去。〔宋〕许梦莘《三朝北盟會編》卷三十五："鉏去姦（奸）惡，汲引賢能。"㈡zhù 同"耡"。古代税法名称，"助藉税"，即十一之税。《集韻·御韻》："耡，《說文》：'商人七十而耡，助藉税也。'……或作鉏。"㈢jǔ 鉏鋙（yǔ）。不相配合。《集韻·語韻》："鉏鋙，相距（拒）皃（貌）。"《正字通·金部》："鉏鋙，不相入。"㈣chá 鉏牙。器物如锯齿般参差不齐的边缘。《集韻·麻韻》："鉏，鉏牙，物傍（旁）出也。"㈤xú ①古代国名。《左傳·襄公四年》："后羿自鉏遷於窮石。"杜预注："鉏，羿本國名。"②姓氏。

【耡】chú ①古代税法名称。《說文·耒部》："耡，耤，税也。"《廣雅·釋詁二》："耡,税也。"②佐助。《周禮·地官·遂人》："教甿稼穡以興耡,利甿以時器。"郑玄注引杜子春云："謂起民人令相佐助。"贾公彦疏："耡,助也,興起其民以相佐助。"③古代里宰治事处。郑玄注《周禮·地官·里宰》："耡者,里宰治處也,若今街彈之室。"④锄头。《正字通·耒部》："耡,耕耡。"⑤挖土。〔清〕顾山贞《客滇述·川貴寇亂》："耡得一物,如春石而黑色。"⑥铲除。《清史稿·循吏傳·李炳濤》："耡强梗,撫良懦。"

【锄】"鋤"的简化字。

俗解

"鋤""鉏""耡"三字,只在"锄头""锄土""诛灭"三义上相通。

注意

使用传统（沿用）字时,"鉏（jǔ）铻""鉏（chá）牙"等词中的"鉏",还有姓氏和古国名"鉏",都不能写作"鋤"或者"耡";古代助籍税名称建议写"耡";"佐助""古代里宰治事处"等义上要用"耡"。另外,"锄奸"的"奸",是"内奸"的意思,原本就这样写,不能写成"姦"。

词语

【锄】春锄;锄草;锄地;锄禾;锄奸;锄强扶弱;锄頭;锄土;夏锄。

【鉏】鉏（chá）牙;鉏（jǔ）铻（yǔ）。

【耡】耡粟（井田制中一井所纳的税粟）。

▲ 棰 [箠]

回顾

"棰"和"箠"原本是字义存在差别的两个字。1955年《一异表》把这两个字归作一组异体字处理,以"棰"为选用字,"箠"为停用字。2013年《规范字表》沿续了1955年《一异表》对这两个字的处理。

雅解

【棰】chuí ①同"捶",敲打。《集韻·紙韻》:"捶,《说文》:'以杖擊也。'或从木。"②同"箠"。鞭子;马鞭。《正字通·木部》:"棰,同箠。"③棍棒。《莊子·天下》:"一尺之棰,日取其半,萬世不竭。"

【箠】chuí 马鞭。《説文·竹部》:"箠,擊馬也。"《玉篇·竹部》:"箠,擊馬箠也。"

俗解

短木棒是木头做的,所以在这个字义上用带"木"旁的"棰";"箠"带"竹",指用竹子做的马鞭。

注意

"敲打"义上的"棰"和表示短木棒的"棰"不要写作"箠"。

词语

【棰】棒棰;棰打(用棒子打);棰挞(chì)(拷打);棰顿(捶敲);棰革(杖鞭,泛指刑具);棰掠(拷打);棰罵(打骂）；棰辱（拷打侮辱）；棰殺；棰損（打伤）；棰撻（拷打）；棰杖；鼓棰；一尺之棰，日取其半，萬世不竭。

【箠】鞭箠；箠策（赶马的鞭杖）；箠楚（鞭打）；箠打（用鞭子打）；箠殴（鞭打）；箠轡（马鞭和缰绳，泛指御马用具）；箠搒（péng）（鞭打）；馬箠（马鞭）。

▲ 粗 [觕麤]

回顾

"粗""觕""麤"原本是字义存在差别的三个字。1955年《一异表》把这三个字归作一组异体字处理，定"粗"为选用字，"觕""麤"为停用字。2013年《规范字表》沿续了1955年《一异表》对这三个字的处理。

雅解

【粗】cū ①糙米；粗粮。《説文・米部》："粗，疏也。"《莊子・人間世》："吾食也執粗而不臧"。②粗糙。〔清〕段玉裁《説文解字注・米部》："凡物不精者皆謂之粗。"③粗野；鲁莽。如：～鲁。〔唐〕杜甫《少年行》："不通姓氏粗豪甚，指點銀瓶索酒嘗。"④物体径围大。如：这根棒子很～。《玉篇・米部》："粗，麤（粗）大也。"⑤略微。如：～知一二。《文選・張衡〈東京賦〉》："值余有犬馬之疾，不能究其精詳，故粗為賓言其梗槩（概）如此。"

【觕】㈠cū ①牛角直。《廣韻・姥韻》："觕，牛角直下。"②粗略。颜师古注《漢書・藝文志》："觕，粗略也。"③粗

粗[觕麤] | C

糙；不精。《集韻·模韻》："粗，大也，疏也，物不精也。或作觕。"㈡ chù 同"触（觸）"。《玉篇·角部》："觕，同觸。"㈢ chéng 同"衞"。《集韻·庚韻》："衞，獸角長曰衞。或作觕。"

【麤】cū ①行超远。《説文·鹿部》："麤，行超遠也。"②警惕。《廣韻·模韻》："麤，《字統》云：警防也。鹿之性相背而食，慮人獸之害也，故從三鹿。"③粗糙；粗劣。《玉篇·麤部》："麤，不精也。"④粗疏；粗浅。《玉篇·麤部》："麤，疏也。"⑤粗大。《廣雅·釋詁一》："麤，大也。"⑥草鞋、麻鞋之类。颜师古注《急就篇》："麤者，麻枲（xǐ）雜履之名也。"

俗解

"粗"带"米"旁，本义是粗米，引申到粗糙、粗略、粗大、粗暴等义；"觕"由"牛"和"角"构成，和牛角有关，所以表示"牛角直下"义，并有同"触（觸）"的用法；"麤"由三个"鹿"构成，本义与鹿的习性相关，有"行超远""警惕"等义。

注意

"粗""觕""麤"三字，从汉代起已分用，字义有别。《正字通·角部》："觕乃粗義，非粗音也。……古蓋各造粗字，至漢分之：麤為塵起之粗，平聲；觕為一切之粗，上聲。故班固《藝文志》連用則異聲，分用則同字者，又不可不辨也。"为防止歧义，这三个字不宜相混使用。还有"粗布"

的"布"原本就这样写,不能写作停用字"佈";"粗枝大叶"的"叶"是"树叶"的意思,对应的繁体字是"葉";"粗制滥造"的"制"是"制作"的意思,对应的繁体字是"製"。

词语

【粗】財大氣粗;粗暴;粗鄙;粗笨;粗布;粗茶淡飯;粗糙;粗淡;粗紡;粗放;粗工;粗話;粗獷;粗糲;粗糧;粗劣;粗魯;粗略;粗眉大眼;粗樸;粗淺;粗聲粗氣;粗識;粗疏;粗俗;粗率;粗通;粗心;粗鹽;粗野;粗衣淡飯;粗重;粗壯;粗枝大葉;粗製濫造;粗中有細;村粗;大老粗;臉紅脖子粗;去粗存精;五短三粗。

【觕】牴觕(除此罕用)。

【麤】(现罕用)。

▲ 村 [邨] – 邨

回顾

1955年《异体字表草案》把"村""邨"归作一组异体字,以"村"为选用字,"邨"为停用字。同年《一异表》予以确认。2013年《规范字表》作了调整,把"邨"转作规范字收入三级字表,序号6530,并加注规定:"可用于姓氏人名";同时在《对照表》中仍把"邨"列为"村"的停用异体字。

雅解

【村】cūn 村庄。如:～落;～寨。《廣韻·魂韻》:"村,墅也。"《集韻·魂韻》:"村,聚也。"

【邨】cūn ①同"村"。《集韻·魂韻》:"村聚也,通作邨。"〔清〕段玉裁《說文解字注·邑部》:"邨,本音豚,屯聚之意也。俗讀此尊切,又變字為村。"②特指城市中的社区。如:(营口)渤海新～。

俗解

"村""邨"两字音义相同,用法有别。

注意

姓氏人名中的"邨"不要写作"村";城市新建社区名称中的"邨"也不要写作"村"。为防止城乡混淆,除了村名中原本用的"邨"字,乡村意思上的"村"还是不要写作"邨"为好。

词语

【村】村夫;村婦;村姑;村口;村裡;村落;村民;村舍;村俗;村童;村頭;村野;村寨;村鎮;村莊;村子;度假村;地球村;兒童村;柳暗花明又一村;農村;山村;鄉村;新村;杏花村。

【邨】(多见于姓氏人名、地名)。

D

▲ 呆 [獃]

回顾

"呆""獃"原本是字义存在差别的两个字。1955 年《异体字表草案》把"呆""獃""騃"三字归作一组异体字处理,以"呆"为选用字,"獃""騃"为停用字。同年《一异表》予以确认。2013 年《规范字表》作了调整,剔除"騃"字,只把"呆""獃"两字归作一组异体字处理,定"呆"为选用字,"獃"为停用字。

雅解

【呆】㈠ dāi ①痴;傻。如:～头～脑。《水浒全传》第三十九回:"驚得呆了半晌。"②停留;居住。如:～在家里。周立波《暴风骤雨》第二部十五:"刘桂兰呆在赵家,白日照常去工作,下晚回到家里来。"㈡ ái 死板,不灵活。如:～板。

【獃】dāi(又读 ái)痴;傻;不灵活。《廣韻·咍韻》:"獃,獃癡,象(像)犬小時未有分别。"《集韻·咍韻》:"獃,癡也。"

俗解

"獃"的意思是"像狗小时未开化的样子,不识事理",所以带"犬"旁。

注意

"獃"只有"痴呆"义,没有"停留、居住"义。表示"停留""居住"义的如"呆在家里""呆在这里别动"的"呆",不能写作停用字"獃"。还有 2013 年《规范字表》已不再把"駷"作"呆"的停用异体字处理,不要再把"痴呆"的"呆"写作"駷"。

词语

【呆】呆在家裡;呆賬;呆着別動;呆滯。

【獃】獃板;獃若木雞;獃頭獃腦;發獃;嚇獃了。

▲ 当 / 當噹

回顾

"當"和"噹"原本是字义不同的两个字;"当"是"當""噹"两字的共用简化字。

1955 年《简化表草案》把"當"简化作"当";把"噹"简化作"咣"。1956 年《简化方案》改为把"當""噹"合并简化作"当"一个字。1964 年《总表》和《字形表》、1986 年《总表》、2013 年《规范字表》,都相继沿续了 1956 年《简化方案》对"當""噹"两字的合并简化处理。

雅解

【當】㈠ dāng ①对等;相称。如:门～户对;罚不～罪。杨树达《詞詮》卷二:"當,内動詞,與今口語'相當'同。"②担任。如:选他～组长。《玉篇·田部》:"當,任也。"③承受。如：担～。《字彙·田部》："當，承也。"④应该。如：理～如此；～用则用，～省则省。《字彙·田部》："當，理合如是也。"⑤事情发生的时间或地点。如：～场；～地。文徵明行草书《明妃曲》："意態由来（來）畫不成，当时（當時）枉殺毛延壽。"（见图15）㈡ dàng ①事理合宜。如：恰～。《正字通·田部》："當，事理合宜也。"②抵押。如：典～。《正字通·田部》："當，凡出物質錢，俗謂之當。"③同一时间。如：～天。《西遊記》第二回："當日起來打混，暗暗維持，子前午後，自己調息。"。

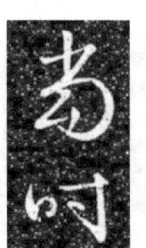

图15

【噹】dāng 象声词，金属等器物撞击发出的声音。如：叮～；～～响。《西遊記》第七十回："行者聞說，將金杯連酒望空一撒，噹的一聲響亮，那個金杯落地。"

【当】"當""噹"二字的共用简化字。

俗解

"当"作象声词用时繁体用"噹"；其他地方繁体用"當"。

注意

"当"对应的繁体字有"當"和"噹"两个。在写"当"的繁体字时，要区分不同语境正确选用。只有做象声词用时，"当"的繁体才写作"噹"；其他地方繁体都写作"當"，不能写作"噹"。另外，"并无不当"的"并"，不要写作"並"或"併"。

词语

【當】(dāng) 本當；不當數；不敢當；不可當；長歌當哭；充當；擔當；當班；當兵；當差；當場；當朝；當成；當初；當廚；當此；當代；當道；當敵；當地；當斷不斷；當官；當歸；當行(háng)出色；當紅；當機立斷；當即；當家；當街；當間(jiàn)；當今；當緊；當局；當局者迷；當空；當量；當令；當面；當面鑼，對面鼓；當年；當前；當權；當然；當仁不讓；當時；當世；當事人；當堂；當頭；當頭棒喝；當頭一棒；當務之急；當下；當先；當心；當選；當腰；當真；當政；當之無愧；當值；當中；當眾；當子；當作；吊兒郎當；對酒當歌；罰不當罪；奮勇當先；該當何罪；甘當孺子牛；敢作敢當；雞毛當令箭；老當益壯；理當；理所當然；烈日當空；另當別論；滿滿當當；門當戶對；名不當實；男大當婚，女大當嫁；難當重任；旗鼓相當；銳不可當；首當其衝；死馬當活馬醫；瓦當；武當山；相當；亞當；一夫當關；以假當真；一馬當先；一以當十；以一當十；應當；有難同當；又當別論。

(dàng) 安步當車；并無不當；大而無當；當鋪；當日；當天；當晚；當午；當夜；當月；得當；典當；防衛過當；勾當；家當；精當；了當；恰當；上當受騙；失當；適當；贖當；順當；停當；妥當；正當；值當；直截了當。

(dang-轻声) 便當；行(háng)當；穩當。

【噹】噹噹響；噹啷；叮噹；叮叮噹噹；叮鈴噹啷；小叮噹。

▲ 党 / 党黨

回顾

"党"和"黨"是原本就有的字义不同的两个字。1955年《简化表草案》把这两个字合并作"党"一个字。1956年《简化方案》予以确认。1964年《总表》和《字形表》、1986年《总表》、2013年《规范字表》，都相继沿续了1956年《简化方案》对这两个字的合并处理。

雅解

【党】dǎng ①古民族名：党项。《集韻·蕩韻》："党，党项，虜名。"②姓氏。③"黨"的简化字。

【黨】dǎng ①政党。如：中国共产～。朱德《纪念党的四十周年》："工人有党（黨）气掀天，战斗曾经四十年。"②等类，引申为朋党。如：结～营私。郑玄注《禮記·仲尼燕居》："黨，類也。"〔西晋〕索靖章草《急就章》："盗贼繫囚榜笞臀，朋黨謀敗相引牽。"（见图16）③姓氏，与"党"通。

图 16

俗解

"党"字多见于少数民族名"党项"和姓氏；"政党""朋党"义上的本字是"黨"。

注意

"党项"的"党"和姓氏的"党",原本就有,不存在对应的繁体字,不能写作"黨"。另外,"党团"的"团",是"团体"的意思,繁体是"團",不能写作"糰";"党员证"的"证",繁体要写"證",不能写"証"。

词语

【党】党項。

【黨】參政黨;黨報;黨部;黨費;黨綱;黨徽;黨籍;黨紀;黨課;黨齡;黨派;黨旗;黨同伐異;黨團;黨委;黨務;黨小組;黨校;黨性;黨羽;黨員;黨章;黨證;黨政軍;黨支部;狐朋狗黨;結黨營私;朋黨;私黨;死黨;同黨;餘黨;政黨;執政黨。

▲ 荡(蕩)[盪]

回顾

"蕩"和"盪"原本是字义存在差别的两个字;"荡"是"蕩"的简化字。1955年《一异表》把"蕩""盪"两个字归作一组异体字处理,定"蕩"为选用字,"盪"为停用字。1956年《简化方案》把偏旁"昜"简化作"㐆"。1964年《总表》把"蕩"整字简化作"荡"。《字形表》予以贯彻。1986年《总表》沿续了1964年《总表》对"蕩"字的简化处理。2013年《规范字表》沿续了1955年《一异表》对"蕩""盪"两字的异体字处理,以及1986年《总表》对"蕩"字的简化处理。

雅解

【蕩】dàng ①来回摆动。如：晃～。杜预注《左傳·僖公三年》："蕩，搖也。"〔明〕彭汝楠小楷《岸圃大觀》："石林攢簇，輕波蕩漾"。（见图17）②震动。《禮記·樂記》："地氣上齊，天氣下降，陰陽相摩，天地相蕩。"郑玄注："蕩猶動也。"③放纵。如：淫～。《廣雅·釋詁四上》："蕩、逸、放、恣，置也。"《篇海類編·器用類·网部》："置，棄也。"韦昭注《國語·周語中》："置，廢也。"④洗涤。如：～涤。也作"盪"。《釋名·釋言語》："蕩，盪也，排盪去穢垢也。"⑤平坦。毛传："蕩，平易也。"⑥积水长草的洼地。如：芦～。〔宋〕王安石《東陂》："荷葉初開筍（笋）漸抽，東陂南蕩正堪游（遊）。"

图17

【盪】dàng ①洗涤的器具。《説文·皿部》："盪，滌器也。"②洗涤。〔清〕段玉裁《説文解字注·皿部》："盪，凡貯水於器中，摇蕩之去滓，……皆曰盪。盪者，滌之甚者也。"

【荡】"蕩"的简化字。

俗解

"蕩"是"艹"头，可以从这一点联系到是"芦荡（蕩）"的"荡（蕩）"，再进一步由芦苇随风摆动，来联系"蕩"字的"摆动"义；"盪"的下部是"皿"，与器具有关，可以从这一点记住它的本义是"洗涤的器具"。

注意

"蕩""盪"两字,只在洗涤这个意思上可以通用。表示来回摆动、放纵、平坦、积水长草的洼地,如"动荡""放荡""浩荡""芦荡"这些意思时,"荡"都不能写作停用字"盪",需要时可以用"荡"字对应的繁体字"蕩"。

词语

【蕩】闖蕩;蕩婦;蕩槳;蕩平;蕩然無存;蕩漾;蕩悠悠;蕩舟;放蕩;浩蕩;空蕩蕩;浪蕩;蘆蕩;飄蕩;傾家蕩產;掃蕩;坦蕩;葦蕩;遊蕩。

【盪】盪滌;盪口;盪氣迴腸;動盪;搖盪。

▲ 淀 / 淀澱

回顾

"淀"和"澱"是原本就有的字义不同的两个字。1955年《简化表草案》把这两个字合并作"淀"一个字。1956年《简化方案》予以确认。1964年《总表》和《字形表》、1986年《总表》、2013年《规范字表》,都相继沿续了1956年《简化方案》对这两个字的合并处理。

雅解

【淀】diàn ①浅的湖泊。如:白洋～。《玉篇·水部》:"淀,淺水也。"《集韻·霰韻》:"淀,淺泉。"②"澱"的简化字。

【澱】diàn 沉积。如:沉～;～粉。

俗解

"淀"的笔画少，看上去比较清爽，可以联想到湖面；"澱"的笔画多，可以联想到沉淀产生渣滓。

注意

"浅的湖泊"这个意思上的"淀"，不能写成"澱"。如"白洋淀"不能写作"白洋澱"。

词语

【淀】白洋淀；茶淀；大浪淀鄉；淀泊；淀山湖；東淀；荷花淀；巨淀湖；太史淀。

【澱】沉澱；澱粉；積澱；胰澱粉酶。

▲ 雕 [彫琱鵰]– 凋

回顾

"雕""彫""琱""凋"原本是字义不同的四个字；"雕"和"鵰"互为异体字。1955年《异体字表草案》对"雕""鵰"两字作异体字处理，以"雕"为选用字，"鵰"为停用字。1955年《一异表》增添"彫""凋""琱"为对应"雕"的停用异体字。1964年《字形表》和1988年《通用字表》都把"凋"作为规范字收入。2013年《规范字表》中，"凋"也处理为规范字，序号4623。《对照表》把"彫""琱""鵰"列为"雕"的停用异体字。

雅解

【雕】diāo ①猛禽。雕属各种飞禽的通称。如：射～；

擒～。《説文·隹部》:"雕,鷻(tuán)也。"《説文·鳥部》:"鷻,雕也。"毛泽东行草《沁園春·雪》:"一代天驕,成吉思汗,只識彎弓射大雕。"(见图18)②奸猾;凶猛。〔清〕吴文英《吴下方言考·蕭韻》:"雕,奸惡也,吴諺謂奸猾為鵰。"③姓氏。

图18

【彫】diāo ①雕刻。《説文·彡部》:"彫,琢文(紋)也。"《廣雅·釋言》:"彫,鏤也。"《論語·公冶長》:"朽木不可彫也。"②文饰;彩绘。如:～弓;《廣雅·釋詁四》:"彫,畫也。"《荀子·大略》:"天子彫弓。"楊倞注:"彫謂彫畫為文飾。"

【琱】diāo 治玉;雕刻。《説文·玉部》:"琱,治玉也。"刘园集帖第5卷《宋賢四十五種·戊本·敷文臨褚書帝京篇》:"琱弓寫明月,駿馬疑流電。"(见图19)

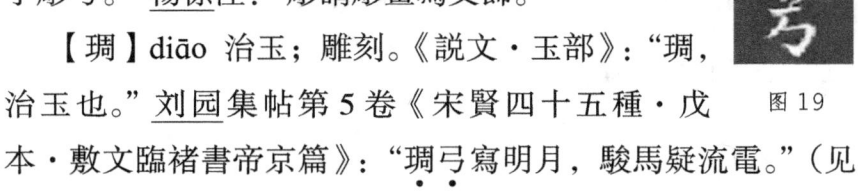

图19

【鵰】同"雕"。猛禽。《説文·隹部》:"雕,鷻也,从隹,周聲。鵰,籀文雕从鳥。"〔唐〕王维《觀獵》:"迴看射鵰處,千里暮雲平。"

【凋】diāo ①草木零落。如:～零;～谢。《説文·仌部》:"凋,半傷也。"王筠句读:"草木零落有漸,故曰半傷。"刘园集帖第16卷《東坡米芾帖·名花詩·牡丹花》行楷书:"蜀李旻每將牡丹花數枝分遺朋友以興平酥同贈,且曰:候花凋謝即同酥煎,食之,其風流貴重如此。"(见图20)②衰敗。《廣雅·釋詁四》:

图20

"凋，傷也。"

俗解

雕"的右半是"隹"，"鵰"的右半是"鳥"，所以这两个字的字义和飞禽（大鸟）相关；"彫"右半是"彡"，和彩画、纹饰相关，本义是文饰、彩绘；"琱"的左半是"王（玉）"，和玉相关，本义是对玉进行雕琢加工；"凋"的左半是"冫"，和寒冷相关，可联想到冷落、衰败。又："彫"和"琱"的区别是："琱"没有"文饰""彩绘"义。

注意

表示猛禽时，如"大雕""擒雕"的"雕"，不能写作"彫"或"琱"；"彫"的本义是文饰、彩绘，在书法创作中建议不要和"鵰"或"琱"混用，如"雕梁画栋"可写作"彫樑畫棟"，不要写作"鵰樑畫棟"或"琱樑畫棟"；"琱"的本义是治玉、雕刻，在书法创作中建议不要和"鵰"或"彫"混用，如"玉雕"可写作"玉琱"，但不要写作"玉鵰"或"玉彫"。另外，"雕像"的"像"不能写作"象"。

词语

【雕】大雕；擒雕；射雕；一箭雙雕。

【彫】彫弓；彫樑畫棟；彫飾。

【琱】琱版；琱蟲小技；琱花；琱刻；琱漆；琱砌；琱飾；琱塑；琱像；琱琢；浮琱；石琱；玉琱。

【鵰】（用同"雕"）。

【凋】凋敗；凋敝；凋殘；凋零；凋落；凋萎；凋謝。

▲ 吊[弔]

回顾

"吊"和"弔"是原本就有的,在使用上存在差别的两个字。1955年《异体字表草案》把这两个字归作一组异体字处理,以"弔"为选用字,"吊"为停用字。1955年《一异表》作了调整,定"吊"为选用字,"弔"为停用字。2013年《规范字表》沿续了1955年《一异表》对这两个字的处理。

雅解

【吊】diào 悬挂。如:～灯。

【弔】diào ①追悼死者。《説文・人部》:"弔,問終也。"《玉篇・人部》:"弔死曰弔。"《莊子・至樂》:"莊子妻死,惠子弔之。"②慰问;慰藉;怜悯。如:形影相～。毛传:"弔,傷也。"〔唐〕韩愈《後廿九日復上書》:"古之士,三月不仕則相弔。"《左傳・襄公十四年》:"有君不弔。"杜预注:"弔,恤也。"③伤怀往事。如:～古;凭～。〔南宋〕岳飞行草《至性獨存》:"天地为愁,草木淒悲。吊祭不至,精魂

图 21

(魂)何依。"(见图21)④旧时货币单位。一千个铜钱称作"一弔"。《紅樓夢》第三十六回:"就是晴雯、麝月他們七個大丫頭,每月人各月錢一弔"。又北京旧时以制钱百钱为一弔,后以铜钱十枚为一弔。

俗解

"悬挂"义上都用"吊"。

注意

"悬挂"义上,如"吊灯""吊扇"等词中的"吊",不能写作"弔"。

词语

【吊】吊膀子;吊車;吊牀;吊打;吊燈;吊頂;吊兒郎當;吊杆;吊鈎;吊詭;吊環;吊脚樓;吊蘭;吊橋;吊嗓子;吊扇;吊水;吊索;吊桶;吊胃口;吊銷;吊裝;龍門吊;塔吊;提心吊膽;懸吊。

【弔】弔古;弔祭;弔民伐罪;弔喪;弔死問疾;弔死問生;弔慰;弔文;弔孝;弔恤;弔唁;憑弔;形影相弔。

▲ 叠 – 迭

回顾

"迭"和"叠"是字义不同的两个字,现在都是规范字。1955年《简化表草案》把"迭""疊"两字合并作"迭"一个字。1956年《简化方案》予以确认。1964年《总表》改把"叠"和"迭"合并作"迭"一个字,并加注规定"在迭和叠意义可能混淆时,叠仍用叠"。同年《字形表》把"叠"和"迭"都作为规范字收入。1986年《总表》作了调整,不再把"叠"作为"迭"的繁体字处理。2013年《规范字表》把"迭""叠"都作为规范字收入一级字表,"迭"的序号1123,"叠"的序号3043。

雅解

【迭】dié ①交替。如：更～。《說文·辵部》："迭，更迭也。"《廣雅·釋詁三》："迭，代也。"〔明〕彭汝楠小楷《岸圃大觀》："軒之外為池，衡（横）從（縱）可十畝，並植紅白蓮，匝以長堤，葭葦樊之，細艸（草）柔葩，傍堤間發，四序迭榮。"（見图 22）②屢次；接連。如：高潮～起。李大钊《庶民的胜利》："所以境内境外战争迭起，连年不休。"③及。如：忙不～。张相《詩詞曲語辭彙釋》卷二："迭，猶及也。"

图 22

【叠】〔唐〕玄应《一切經音義》卷九引《蒼頡篇》："叠，重也。"《宋元以來俗字譜》："疊，《金瓶梅》作叠。"

"疊"字音 dié ①重叠；累积。《玉篇·畾部》："疊，重也，累也。"〔明〕彭汝楠小楷《岸圃大觀》："環池皆山，以鑿池累土而就，隨手堆疊，初無定格"。（見图 23）②重复；接連。如：～加；～見。〔宋〕岳飞《奉詔移偽齊檄》："驛騎交馳，羽檄疊至。"③折叠。《集韻·怗韻》："疊，屈也。"〔清〕朱骏声《説文通訓定聲·臨部》："疊（叠），謂衣裳襞積也。"④量词。如：一～纸。

图 23

俗解

"叠"指重叠，表示多个东西一个一个摞起来，或者是一层一层折叠起来，叠的结果是多个东西或者多层；"迭"指更替，一个事物换一个事物，更迭的结果还是一个事物。

注意

"叠"已是规范字，不再是"迭"的繁体字。不管在什么语境中，都不要把"迭"写作"叠"或"叠"的异体字"疊""曡""疉"中的任何一个。

词语

【迭】迭出；迭次；迭代；迭起；更迭；叫苦不迭；忙不迭。

【叠】層叠；層巒叠嶂；重叠；叠床架屋；叠翠；叠合；叠句；叠羅漢；叠聲；叠印；叠韻；叠嶂；叠字；堆叠；摺叠。

▲ 喋 [啑]

回顾

"喋""啑"原本是读音和字义存在差别的两个字。1955年《一异表》把这两个字归作一组异体字处理，定"喋"为选用字，"啑"为停用字。2013年《规范字表》沿续了1955年《一异表》对这两个字的处理。

雅解

【喋】㈠ dié ①话多，语言烦琐。如：～～不休。《集韻·帖韻》："喋，多言。"②流血。如：～血。《集韻·帖韻》："喋，血流皃（貌）。"〔唐〕颜师古撰《等慈寺碑》："陷堅挫猛，刮野掃地，喋血僵尸，

图 24

填坑满谷。"(见图24)㈡ zhá 喋(shà)喋。水鸟或鱼类吃食的样子。《玉篇·口部》:"喋,鸭喋(shà)食。"

【啑】㈠ shà ①啑喋。也作"喋喋",水鸟或鱼类吃食的样子。《玉篇·口部》:"啑喋,鸭食也。亦作喋。"《集韻·狎韻》:"啑喋,水鳥食皃(貌)。"②啑血,即歃血。〔唐〕玄应《一切經音義》卷八引《字書》曰:"啑,喋也,書也作歃,所洽反,謂以口微吸之也。"㈡ jié 多言。《集韻·葉韻》:"啑,多言。"

俗解

"喋"的右半和"蝶"的右半相同,可以利用这一点记住它的常用读音 dié,是"喋喋不休"和"喋血"的"喋";"啑"的右半和"捷"的右半相同,可以利用这一点记住它有不同于"喋"的读音 jié(另一个不同于"喋"的读音是 shà)。

注意

"喋"用于表示"话多"时的读音是 dié;"啑"用于表示"多言"时的读音是 jié。"喋血"的意思是血流遍地,这里"喋"读 dié;"啑"读 shà 时的"啑血"这个词,意思是用嘴微吸。要区分不同场合使用两字。

词语

【喋】喋喋不休;喋嗫(私语);喋血(血流遍地);喋喋(zhá)(水鸟或鱼类吃食)。

【啑】啑血(以嘴微吸);啑(shà)喋(zhá)(水鸟或鱼类吃食)。

▲ 冬/咚

回顾

"冬"和"咚"是原本就有的字义不同的两个字。1955年《简化表草案》把"咚""咚"两个字合并作"咚"一个字。1956年《简化方案》改为把"冬""咚"两字合并作"冬"一个字。1964年《总表》和《字形表》、1986年《总表》、2013年《规范字表》,都相继沿续了1956年《简化方案》对这两个字的合并处理。

雅解

【冬】dōng ①一年四季中的第四季。如:~天;~至。《说文》:"冬,四時盡也。"刘园集帖第20卷《赵子昂七种》:"關山險阻勞踰(逾)越,天涯穐(秋)老又嚴冬。"(见图25)②姓氏。③"咚"的简化字。

图 25

【咚】dōng 象声词,形容敲鼓声。如:~~响。《廣韻·冬韻》:"咚,鼓聲。"

俗解

"冬"表示季节,由底下的两点可联想滴水成冰;"咚"字上半是"鼓",表示鼓声。

注意

"冬季"义的"冬"原本就是这样写,不存在对应的繁体字,不能写作"咚"。

词语

【冬】冬不拉；冬菜；冬藏；冬蟲夏草；冬耕；冬菇；冬瓜；冬灌；冬候鳥；冬季；冬節；冬令；冬眠；冬暖夏涼；冬青；冬笋（筍）；冬天；冬閒；冬小麥；冬學；冬訓；冬衣；冬泳；冬月；冬運；冬蟄；冬裝；冬至；過冬；寒冬；季冬；立冬；隆冬；孟冬；暖冬；嚴冬；仲冬。

【鼕】鼕鼕响。

▲ 动(動)[働]

回顾

"動""働"原本是在字义上存在差别的两个字；"动"是"動"的简化字。1955年《简化表草案》把"動"简化作"动"。1955年《一异表》把"動""働"两字归作一组异体字处理，定"動"为选用字，"働"为停用字。1956年《简化方案》确认了1955年《简化表草案》对"動"字的简化处理。1964年《总表》和《字形表》、1986年《总表》，都相继沿续了1956年《简化方案》对"動"字的简化处理。2013年《规范字表》沿续了1955年《一异表》对"動""働"两字的异体字处理，以及1986年《总表》对"動"字的简化处理。

雅解

【動】dòng ①行動；做事。如：劳～；～作。《爾雅·釋詁下》："動，作也。" ②改變事物原來的位置或狀態。與静相對。如：移～；变～。《篇海類編·身體類·力部》："動，静之對。"王献之《吳興帖》："適諮議十六日告，風疾，故爾反側！餘可行未？東動靜不寧"。（见图26）③感应；感动。如：～人；感天～地。高诱注《吕氏春秋·具備》："動，感；神，化。言不誠不能行其化。"

图 26

【働】dòng 人劳动。

【动】"動"的简化字。

俗解

"働"带"亻"旁，专指人在劳动；"動"表示所有物体（包括人）的动作和变动。

注意

"働"只用于"劳动"一词的繁（异）体写法"勞働"，其他词中的"动"都不能写作"働"。需要时可用"动"对应的繁体字"動"。

词语

【動】按兵不動；擺動；搬動；暴動；被動；變動；不動產；衝動；出動；觸動；吹動；蠢蠢欲動；帶動；電動；調動；動筆；動兵；動產；動車；動詞；動粗；動盪；動感；動工；動滑輪；動畫；動火；動機；動靜；動力；動量；動亂；動輪；動脈；動漫；動腦；動能；動怒；動氣；動遷；動情；動人；動容；動身；動手；動態；動彈；動聽；動土；動武；動物；動向；動心；動刑；動搖；動議；動因；動用；動員；動輒；動嘴；動作；抖動；發動；反

動；風吹草動；風動；浮動；感動；鼓動；撼動；歡聲雷動；晃動；活動；機動；激動；驚動；雷打不動；流動；脈動；萌動；挪動；怦然心動；啓動；氣動；牽動；輕舉妄動；驅動；蠕動；山搖地動；煽動；騷動；生動；鬆動；手動；胎動；挑動；跳動；推動；拖動；妄動；巍然不動；聞風而動；紋絲不動；舞動；行動；伴動；移動；異動；原封不動；運動；躁動；震動；主動；自動。

【働】勞働。

▲ 斗 / 斗鬥 [鬦鬭鬪]

回顾

"斗""鬥""鬦""鬭""鬪"五字中，"斗"和"鬥"原本是读音和字义都不相同的两个字，"鬦""鬭""鬪"三字互为异体字。1955年《简化表草案》把"斗""鬥"两字合并成"斗"一个字。1955年《一异表》把"鬥""鬦""鬭""鬪"四字归作一组异体字处理，定"鬥"为选用字，"鬦""鬭""鬪"为停用字。1956年《简化方案》确认了1955年《简化表草案》把"斗""鬥"两字合并成"斗"的处理。1964年《总表》和《字形表》、1986年《总表》，都相继沿续了1956年《简化方案》对"斗""鬥"两字的合并处理。2013年《规范字表》沿续了1955年《一异表》对"鬥""鬦""鬭""鬪"四字的异体字处理，以及1986年《总表》对"斗""鬥"两字的合并处理。

雅解

【斗】㈠ dǒu ①量具；也指一种容量单位。十升为一斗。如：车载～量。《説文·斗部》："斗，十升也。象形，有柄。"②形状像斗的器物。如：烟～、漏～。《晉書·韓伯傳》："母方為作襦，令伯捉熨斗。"③圆形的指纹。如：～箕。④星宿名。如：北～。〔清〕朱骏声《説文通訓定聲·需部》："北斗七星，南斗六星，又天市垣小斗五星，皆象（像）斗形，故以為名。"〔元〕陈俨撰文《重修李白酒樓記》："援北斗兮斟（斠）桂漿"。（见图27）⑤姓氏。㈡ dòu "鬥"的简化字。

图 27

【鬥】dòu ①争斗。如：战～；～争。《説文·鬥部》："鬥，两士相对，兵杖在後。"于右任书孙中山《總理遺囑》："積四十年之經驗，深知欲達到此目的，必須喚起民衆，及聯（聯）合世界上以平等待我之民族，共同奮鬥。"（见图28）②比赛；争胜。如：～鸡；～牛士。〔宋〕史浩《杏花天》："两點春山鬥綠。"

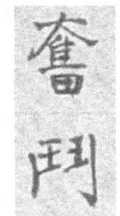

图 28

【鬭】dòu ①遇合；拼合。《説文·鬥部》："鬭，遇也。"《國語·周語下》："穀雒鬭，將毁王宫。"〔清〕段玉裁《説文解字注》："凡今人云'鬭接'者是遇之理也。周語'穀雒鬭，將毁王宫。'謂二水本異道而忽相接合為一也。古凡'鬭接'用'鬭'字，'鬥争'用'鬥'字。"②凑集。多人凑份子。《古今小説·新橋市韓五賣春情》："我們鬭分（份）銀子，與你作賀。"③爭斗。也作"鬥"。〔唐〕慧琳《一切經音義》引《蒼頡篇》:"鬭,爭也。"④競賽;比賽。也作"鬥"。〔唐〕慧琳《一切經音義》引《字鏡》:"鬭,競也。"⑤二物密合相接。如:～榫;～接。〔唐〕獨孤霖《書宣州疊嶂樓》:"因命植棟鬭樑出城屋之脊。"

【鬦】同"鬭"。《字彙‧鬥部》:"鬦,俗鬭字。"

【鬬】同"鬭"。《玉篇‧鬥部》:"鬬,鬭同。俗。"

俗解

"鬥"是相鬥,二者矛盾對立;"鬭"是相接,二物密切相合。"鬦""鬬"音義都和"鬭"相同。

注意

简繁字方面,除了"争斗""比赛"这两个意思上,"斗"对应的繁体字是"鬥",其他如"升斗""圆形的指纹(斗箕)""星宿名(北斗)"等意思上,"斗"原本就这样写,不存在对应的繁体字,不能写作"鬥"。还有使用规范字的"斗牛",对应的词有"斗(dǒu)牛"和"斗(dòu)牛"两个。"斗(dǒu)牛"是指二十八星宿中的斗宿和牛宿,这里的"斗"不能写成"鬥";"斗(dòu)牛"是指斗牛表演,其中的"斗"对应的繁体字是"鬥"。异体字方面,"鬦""鬬""鬭"主要用于"遇合""凑集""鬭接"等义,"争鬥""比赛"等义上避免用"鬦""鬬""鬭"为好。还有"才高八斗"的"才"是"才华"的意思,原本就是这样写,不存在对应的繁体字,不能写作"刚才"的"才"的繁体字"纔"。

词语

【斗】阿斗；北斗；奋斗；不可斗量；才高八斗；車斗；車載斗量；吊斗；斗柄；斗車；斗膽；斗拱；斗箕；斗酒詩百篇；斗笠；斗糧；斗牛（斗宿和牛宿）；斗篷；斗渠；斗筲；斗室；斗菸絲；斗轉星移；翻跟斗；翻筋斗；風斗；箕斗；勓斗；漏斗；墨斗；南斗；日進斗金；泰斗；五斗櫃；五斗米；星斗；星轉斗移；烟斗；熨斗。

【鬥】搏鬥；打鬥；單打獨鬥；鬥法；鬥雞；鬥牛；鬥毆；鬥氣；鬥巧；鬥士；鬥蟋蟀；鬥心眼；鬥勇；鬥爭；鬥志；鬥智；鬥嘴；惡鬥；奮鬥；格鬥；勾心鬥角；好鬥；決鬥；角鬥；困獸猶鬥；龍爭虎鬥；明爭暗鬥；內鬥；文鬥；武鬥；械鬥；戰鬥；戰天鬥地；爭鬥；爭奇鬥艷；坐山觀虎鬥。

【鬭】鬭份子；鬭接；鬭榫。

【閗】（用同"鬭"）。

【鬪】（用同"鬭"）。

▲ 遁 [遯]

回顾

"遁"和"遯"原本是读音和字义都不完全相同的两个字。1955年《异体字表草案》把这两字归作一组异体字处理，以"遁"为选用字，"遯"为停用字。1955年《一异表》予以确认。2013年《规范字表》沿续了1955年《一异表》对这两个字的处理。

遁 [遯] | D

雅解

【遁】㈠ dùn ①迁移。《說文·辵部》:"遁,遷也。"②隱匿。《廣雅·釋詁四》:"遁,隱也。"《後漢書·郅惲傳》:"(郅惲)會赦得出,乃與同郡鄭敬南遁蒼梧。"③躲避。《廣雅·釋詁三》:"遁,避也。"④欺骗。《廣雅·釋詁二》:"遁,欺也。"⑤逃跑。《說文·辵部》:"遁,逃也。"《左傳·莊公二十八年》:"諸侯救鄭,楚師夜遁。"⑥失去。李贤注《後漢書·劉趙淳于江劉周趙傳序》:"遁,失也。"㈡ qūn 同"逡",退。《集韻·諄韻》:"逡,逡巡,行不進,亦作遁。"㈢ xún 同"循"。流逸。陈奇猷校释《吕氏春秋·本生》:"范耕研曰:遁與循、巡同。……從流而下即是循"。

【遯】dùn 逃逸。《說文·辵部》:"遯,逃也。"《玉篇·辵部》:"遁,退還也,隱也。遯,同遁。"

俗解

"遯"只有 dùn 音及"逃逸""隐匿"义。

注意

"遁"读 dùn 时,只有在"逃逸""隐匿"等意思上,才能写成"遯";表示其他意思时,以及读 qūn、读 xún 时,"遁"都不能写作"遯"。

词语

【遁】遁(qūn)巡;遁(xún)流而下。

【遯】遯辭;遯卦;遯跡;遯入空門;遯世;遯形;鼠遯;逃遯;宵遯;隱遯。

E

▲ 恶／惡噁－䓖(䓖)

回顾

"惡"和"噁"是原本就有的，两个读音和字义都不同的字；"恶"是"惡""噁"两字的共用简化字。1956年《简化方案》把这两个字合并简化作"恶"一个字。1964年《总表》和《字形表》、1986年《总表》都沿续了1956年《简化方案》对这两字的合并简化处理。2013年《规范字表》作了调整，把"䓖"简化作"䓖"转为规范字收入三级字表，序号7519，并加注说明："䓖：化学名词用字，读è，如'二䓖英'等。"《对照表》则仍然把"噁"和"惡"一起列作"恶"的繁体字。

雅解

【惡】㈠è ①很坏的行为。如：作～；罪大～极。《说文·心部》："惡，過也。"《廣韻·鐸韻》："惡，不善也。"〔清〕乾隆楷书《清高宗御書洪範皇極》："遵王之道，無有作惡。"（见图29）②凶猛。如：凶～；～战。〔明〕黄元吉《流星馬》第一折："受了些惡戰討，雄爭鬭（鬥）。"③丑陋。如：丑～。李善注《文選·謝靈運》引杜預曰："惡，貌醜也。"

图29

㈡ wù 讨厌。如：厌～。《廣韻·暮韻》："惡，憎惡也。"《睡虎地秦墓竹簡·為吏之道》："毋喜富，毋惡貧。"

【噁】㈠ě 要呕吐的感觉。如：～心。周立波《暴风骤雨》第一部十三："西屋发出叫人噁心的马粪马尿的气味。" ㈡è 二～英。一种持久性有机污染物。

【恶】"惡"的简化字；"噁"读ě时的简化字。

【唲】"噁"读è时的简化字。

俗解

恶心时很想吐，和嘴有关，所以"恶心"的"恶"，对应的繁体字"噁"带"口"旁。

注意

"恶心"义上"恶"的繁体字是"噁"，其他如"恶劣""凶恶""厌恶（wù）"等义上，"恶"的繁体字是"惡"，都不能写作"噁"。科学名词"二唲英"的"唲"不能写成"恶"或"惡"。还有"除恶务尽"的"尽"，是"穷尽"的意思，对应的繁体字是"盡"，不能写成"儘"；"剪恶除奸"的"奸"是"奸贼"的意思，原本就这样写，不能写成停用字"姦"。

词语

【惡】不念舊惡；醜惡；除惡務盡；惡霸；惡變；惡報；惡補，惡臭；惡鬥；惡毒；惡感；惡貫滿盈；惡鬼；惡棍；惡果；惡狠狠；惡化；惡疾；惡浪；惡劣；惡露；惡馬有人騎；惡夢；惡名；惡魔；惡念；惡氣；惡人；惡少；惡聲惡氣；惡勢力；惡俗；惡徒；惡習；惡向膽邊生；惡行；惡性；惡言；惡意；惡語；惡運；惡戰；惡作劇；改惡從善；好惡(wù)；好逸惡(wù)勞；黑惡；怙惡不悛；嫉惡如仇；剪惡除奸；交惡；舊惡；可惡(wù)；面惡心善；窮山惡水；窮兇極惡；善有善報，惡有惡報；深惡(wù)痛絕；十惡不赦；是非善惡；首惡；萬惡；無惡不作；險惡；邪惡；兇惡；兇神惡煞；厭惡(wù)；揚善懲惡；憎惡(wù)；自食惡果；罪大惡極；罪惡；作惡多端。

【噁】噁(ě)心；二噁(è)英。

▲ 发 / 發髮

回顾

"發"和"髮"是本来就有的,读音和字义都不相同的两个字;"发"是"發""髮"两字的共用简化字。1955年《简化表草案》把"發"简化作"发"。1956年《简化方案》改把"發""髮"两个字合并简化作"发"一个字。1964年《总表》和《字形表》、1986年《总表》、2013年《规范字表》,都相继沿续了1956年《简化方案》对"發""髮"两字的合并简化处理。

雅解

【發】㈠ fā ①送出。如:～行;～射。《説文・弓部》:"發,䠶(射)發也。"〔唐〕李白《行行且遊獵篇》:"弓彎滿月不虛發"。②产生。如:～芽;～病。《後漢書・方術傳・華佗》:"此病後三朞(期)當發,遇良醫可救。"③兴旺。如:～达;～财。《孟子・告子下》:"舜發於畎①畝之中。"④因变化而显现。如:～霉。《左傳・昭公元年》:"天有六氣,……發為五色。"杜預注:"發,見也。"⑤高扬。郑玄注《禮記・樂記》:"發,猶揚也。"〔宋〕梦英楷书《夫子廟堂記碑》:"言婉思逸,真

---

① "畎",quǎn。《集韻・迥韻》:"畎,田畎也。"

可以發揚夫子之聖德。"(见图30) ⑥显露出来。如：～笑；～愁。《詩·周南·關雎序》："情發於聲，聲成文謂之音。" ⑦量词。如：一～子弹。《漢書·匈奴傳下》："弓一張，矢四發。"颜师古注："服虔曰：'發，十二矢也。'"㈡ fà "髪"的简化字。

图30

【髪】fà 毛发。如：头～；～廊。《説文·髟部》："髪，根也。"段玉裁、朱骏声改"根也"为"頭上毛也。"〔元〕俞和草书《前有樽酒行》："當季（年）意氣不肯平，白髪如絲歎何益。"(见图31)

【发】"發""髪"二字的共用简化字。

图31

俗解

带"髟"的字一般都和毛发有关，所以"头发"义上，"发"的繁体字是"髪"；剩下的"發"就是"发"的另一个繁体字了。也可以从两字读音的阴平和去声来区分。

注意

"发"的繁体字有"發"和"髪"两个，要注意区分不同语境正确选用。还有要注意，"发出"的"出"原本就这样写，不存在对应的繁体字，不要写作"齣"；"发霉"的"霉"也是原本就这样写，不要写作"黴"。

"发"对应的两个繁体字"發"和"髪"用错的情况，在书法创作中经常出现，需要特别加以注意。

词语

【發】百發百中；伴發；頒發；爆發；迸發；編發；並

發；播發；勃發；闡發；出發；觸發；猝發；催發；打發；彈無虛發；東窗事發；發榜；（工程）發包；發報；發標；發飆；發表；發兵；發病；發佈；發財；發顫；發車；發痴；發愁；發出；發怵；發達；發獃；發嗲；發電；發動；發抖；發端；發凡；發放；發奮；發憤；發瘋；發福；發紺；發糕；發稿；發光；發汗；發號施令；發狠；發橫；發話；發還；發慌；發揮；發昏；發火；發跡；發家；發酵；發掘；發覺；發刊；發狂；發睏；發愣；發力；發亮；發令；發落；發毛；發霉；發蒙；發明；發難；發蔫；發怒；（文稿）發排；發胖；發配；發脾氣；發票；發起；發情；發球；發熱；發人深思；發人深省；發韌；發散；發喪；發傻；發燒；發射；發生；發聲；發市；發誓；發送；發售；發酸；發條；發帖；發威；發問；發現；發祥地；發笑；發泄；發行；發虛；發芽；發言；發炎；發揚；發音；發育；發源；發願；發運；發展；發作；分發；告發；後發制人；煥發；揮發；激發；揭發；進發；開發；刊發；兩眼發花；萌發；派發；配發；噴發；批發；頻發；啓發；簽發；群發；散發；沙發；生發；始發；收發；首發；先發制人；研發；一觸即發；益發；意氣風發；引而不發；引發；印發；誘發；越發；朝發夕至；蒸發；整裝待發；振聾發聵。

【髮】鬢髮；髮際；髮膠；髮臘；髮廊；髮妻；髮卡；髮式；髮小；髮型；毫髮無損；鶴髮童顏；假髮；間

不容髮；結髮夫妻；理髮；令人髮指；落髮；毛髮；美髮；怒髮衝冠；披肩散髮；千鈞一髮；牽一髮而動全身；胎髮；燙髮；頭髮；脫髮；秀髮；鬚髮；銀髮；植髮；擢髮難數。

▲ 帆 [帆颿]

回顾

"帆"和"颿"原本是意思不同的两个字；"帆"和"帆"互为异体字。1955年《一异表》把"帆""帆""颿"三字归作一组异体字处理，定"帆"为选用字，"帆""颿"为停用字。2013年《规范字表》沿续了1955年《一异表》对这三个字的处理。

雅解

【帆】㈠ fān ①挂在船桅上利用风力使船前进的布篷。如：扬～远航。《廣韻·凡韻》："帆，船上幔也。"〔南宋〕赵孟坚跋《落水蘭亭卷》："季秋廿五日，揚風帆自雪（zhà）城東關言歸。道昇山，山風逗帆，覆舟幾殆，命由此刻也。造物見護，存一線生意不死，而此琷（寶）亦略涒（淹）濕，起之溪流中。其它行李盡不顧，披濕冱（hù）濘即投小寺烘焙不損壞。"（见图32）②帆船。〔唐〕刘禹锡《酬樂天揚州初逢席上見贈》："沉舟側畔千帆過，病樹前頭萬木春。"㈡ fàn 张帆行驶。《釋名·釋船》："帆，隨風張幔曰帆。"《廣韻·梵韻》："帆，船

图32

使風。"

【帆】同"帆"。〔宋〕劉敬叔《異苑》卷九:"船飛迅駛,有過猛帆,至縣乃遣之。"

【颿】fān ①馬奔馳。《説文·馬部》:"颿,馬疾步也。"《集韻·梵韻》:"颿,馬疾馳。"②同"帆"。《玉篇·馬部》:"颿,風吹船進也。"《廣韻·凡韻》:"帆,船上幔也。亦作颿。"

俗解

"颿"字由"馬"和"風"构成,本义是马跑得像风一样快,同"帆"的用法,是同音假借。"帆"和"帆"都是"巾"旁,和布织品有关,这两个字才是异体字关系。

注意

为了防止产生歧义,建议不要把"帆"写作"颿";当然"颿"也不要写作"帆""帆"。还有"千帆竞发"的"发",是"出发"的意思,对应的繁体字是"發",不能写作"髮";"帆板"的"板"原本就这样写,不存在对应的繁体字,不能写成"闆";"帆布"的"布",也是原本就这样写,不能写成停用字"佈"。

词语

【帆】沉舟側畔千帆過;帆板;帆布;帆船;帆檣;帆影;千帆競發;揚帆遠航;一帆風順。

【帆】(用同"帆")。

【颿】颿颿(急速前进的样子);颿風(疾风);驚颿(马名,出〔晋〕崔豹《古今注》)。

▲ 范 / 范範

回顾

"范"和"範"是原本就有的字义不同的两个字。1955年《简化表草案》把"範"简化作"范"。1956年《简化方案》改把"範"和"范"两个字合并作"范"一个字。1964年《总表》和《字形表》、1986年《总表》、2013年《规范字表》，都相继沿续了1956年《简化方案》对"範""范"两个字的合并处理。

雅解

【范】fàn ①姓氏。② "範"的简化字。

【範】fàn ①模型；模子。如：模～；规～。《集韵·范韵》："範，模也。"〔唐〕玄应《一切经音义》卷二引《通俗文》："以土曰型，以金曰鎔，以木曰模，以竹曰範。四者一物材别也。"〔唐〕欧阳通楷书《道因法师碑》："司徒以威容之盛垂範漢朝"。（见图33）②界限。如：～围；～畴。③姓氏。

图33

俗解

除了姓氏"范"，需要时其他地方一般都可用"範"。

注意

"模范"意义上的"范"和"範"早先只是通假关系。《集韵·范韵》："笵，通作範，范。"又：姓氏"范"不能写作繁体"範"；除非原本姓"範"。也就是说，"范"和"範"

是两个不同的姓,而且以姓"范"居多。注意不要混淆。

词语

【范】(多见于姓氏)。

【範】垂範;典範;範本;範疇;範例;範圍;範文;防範;風範;規範;就範;模範;失範;師範;示範。

▲ 仿 [倣髣]– 彷

回顾

"仿""彷""倣""髣"原本是字义不完全相同的四个字。1955 年《异体字表草案》把这四个字归作一组异体字处理,以"仿"为选用字,"彷""倣""髣"为停用字。1955年《一异表》予以确认。1964 年《字形表》和 1988 年《通用字表》都把"彷"作为规范字收入。2013 年《规范字表》把"仿""倣""髣"三字归作一组异体字处理,定"仿"为选用字,"倣""髣"为停用字;把"彷"字作为规范字收入二级字表,序号 3736。

雅解

【仿】㈠ fǎng ①似乎;好像。如:～佛。《说文·人部》:"仿,相似也。"②效法。如:模～。朱自清《滂卑故城》:"这种画分明仿希腊的壁雕;所以结构亭匀不乱。"㈡ páng 仿偟(彷徨)。《正字通·人部》:"仿,仿偟,犹徘徊。"

【倣】fǎng 效法;模仿。《玉篇·人部》:"倣,學也。"《集韻·養韻》:"放,效也,或从人。"

【髣】fǎng 用于"髣髴"一词，同"仿佛"。似乎；好像。〔唐〕玄应《一切經音義》卷二："仿佛，古文作肪肺，《聲類》作髣髴，同。謂相似"。〔宋〕徽宗 赵佶题《楮慧龍章雲篆詩文碑》："忽於几案間得龍章雲篆詩二十八字。其語悉神仙之妙，甚非世俗可以髣髴者。"（见图 34）

图 34

【彷】㈠ páng 彷徨。①徘徊；游荡。《玉篇·彳部》："彷，彷徨也。"《篇海類編·人事類·彳部》："彷，彷徨，猶徘徊。"〔唐〕白居易《讀史》："彷徨未忍决，遶（繞）澤行悲吟。"②犹豫不定。《世説新語·雅量》："潮水至，沈令起彷徨，問：牛屋下是何物？"㈡ fǎng 彷彿，也作"仿佛"。好像；相似。《正字通·彳部》："彷，彷彿，猶依稀。亦作仿佛，義同。"

俗解

"仿"主要的字义是"模仿""好像"；"彷"的字义是"彷徨"。"倣"比"仿"多一个"攵"，可由此联想到"效"字，从而记住"倣"的字义"效法"。"髣髴"只有"好像"义。

注意

"倣"只有"效法"义，没有"好像"义，所以"仿佛"的"仿"不能写作"倣"。"髣髴"只有"好像"义，没有"效法"义，所以"模仿"的"仿"不能写作"髣"。另外，"仿制"是"模仿制造"的意思，这里"制"对应的繁体字是"製"。

词语

【仿】仿若；相仿。

【倣】倣辦；倣古；倣建；倣冒；倣生；倣宋；倣傚；倣行；倣影；倣造；倣照；倣真；倣紙；倣製；模倣；效倣。

【髣】髣髴（同"仿佛"）。

【彷】彷徨；彷徉。

▲ 废(廢)[癈]

回顾

"廢""癈"原本是字义存在差别的两个字；"废"是"廢"的简化字。1955年《简化表草案》把"廢"简化作"废"。同年《一异表》把"廢"和"癈"两字一起归作一组异体字处理，定"廢"为选用字，"癈"为停用字。1956年《简化方案》把作为偏旁用时的"發"简化作"发"。1964年《总表》把"廢"整字简化作"废"。《字形表》、1986年《总表》都相继沿续了1964年《总表》对"廢"的简化处理。2013年《规范字表》沿续了1955年《一异表》对"廢""癈"两字的异体字处理，以及1986年《总表》对"廢"字的简化处理。

雅解

【廢】fèi ①倾圮(pǐ)；坍塌。《説文·广部》："廢，屋顿也。"朱骏声："倾圮无用之意。"《説文·土部》："圮，毁也。"《爾雅·釋言》："圮，覆也。"。②败坏。颜师古注《漢書·景十三王傳·臨江閔王劉榮》："廢，壞也。"③不再繼續使用或執行。如：～除；～止。《爾雅·釋詁下》："廢，止也。"④无用的。如：～物；～品。〔唐〕韦应物《至開化里壽春公故宅》："廢井没荒草，陰牖①生緑苔。"

【癈】fèi 久病不愈；残废。《說文·疒部》："癈，固病也。"段玉裁注："癈猶廢，固猶錮。如瘖聾跛躃斷者侏儒皆是。癈为正字，廢為叚(假)借字。"

【废】"廢"的简化字。

俗解

"癈"是"疒"旁，可由此记住它的字义是久病不愈，残废。

注意

不表示久病不愈，残废的，如"废品""废止""作废"的"废"，都不能写成"癈"。需要时可用"废"对应的繁体字"廢"。

词语

【廢】百廢待興；半途而廢；報廢；殘廢；廢弛；廢除；廢黜；廢話；廢舊；廢料；廢品；廢氣；廢棄；廢寢忘食；廢人；廢水；廢鐵；廢物；廢墟；廢渣；廢止；廢址；廢置；荒廢；偏廢；頹廢；窩囊廢；興廢；以人廢言；因噎廢食；預則立，不預則廢；作廢。

---

① 牖，读 yǒu，木头做的窗户。《說文·片部》："牖，穿壁以木為交窻(chuāng)也。"段玉裁注："交窻者，以木横直為之，即今之窗也。"

【癈】残癈；癈疾；癈人。

▲ 氛 [雰]

回顾

"氛"和"雰"原本是字义存在差别的两个字。1955年《一异表》把这两个字归作一组异体字处理，定"氛"为选用字，"雰"为停用字。2013年《规范字表》沿续了1955年《一异表》对这两个字的处理。

雅解

【氛】fēn ①古代指吉凶征兆中的凶兆之气。《說文·气部》："氛，祥氣也。"段玉裁注："氛，謂吉凶先見之氣。統言則祥氛二字皆兼凶吉，析言則祥吉氛凶耳。許意是統言。"徐灝箋："書傳言氛皆主凶事，無言祥吉者。"颜师古注《漢書·元帝紀》："氛，惡氣也。"〔明〕文徵明行草《離騷》："索瓊茅以筳篿兮，命靈氛為余占之。"（见图35）②寒气。《釋名·釋天》："氛，粉也。潤氣著（着）草木，因寒凍凝，色白若粉之形也。"

【雰】fēn ①同"氛"。《説文·气部》："雰，氛或从雨。" ②雾气。〔唐〕慧琳《一切經音義》卷六十八引《蒼頡篇》："雰，霧也。"《玉篇·雨部》："雰，霧氣也。"

图 35

俗解

"氛"一般指抽象的气氛，所以是"气"字头，在古代侧重于表示凶兆之气。如《漢書·元帝紀》中有"氛邪歲增"

这个词组。"雰"表示具体的寒气、雾气，所以是"雨"字头，在古代多用于表示祥瑞之气。如李绅《華山慶雲見》诗中有"晴光吐翠雰"句。

注意

表示气氛的"氛"和凶兆之气的"氛"，如"气氛""邪氛"的"氛"，不要写成"雰"；表示寒气、雾气的"雰"，如"雨雪雰雰"的"雰"，不要写成"氛"。

词语

【氛】氛圍；氛邪（凶邪）；氣氛。

【雰】（雨雪）雰雰；雰霧；雰祥（祥瑞的云气）。

▲ 丰/丰豐

回顾

"丰"和"豐"是原本就有的字义不同的两个字。1955年《简化表草案》把这两个字合并作"丰"一个字。1956年《简化方案》予以确认。1964年《总表》加注规定："四川省酆都县已改丰都县。姓酆的酆不简化作邦。"同年《字形表》也把"丰""豐"合并作"丰"一个字。1986年《总表》沿续了1964年《总表》对这两个字的合并处理。2013年《规范字表》在沿续1986年《总表》对这两个字合并处理的同时，删除了1986年《总表》中这组字所附的注。

雅解

【丰】fēng ①草木茂盛。《說文·生部》："丰，艸（草）盛丰丰也。"②美好的容貌和仪态。如：～采；～姿。〔清〕洪昇《長生殿·定情》："昨見宮女楊玉環，德性温和，丰姿秀麗。"③"豐"的简化字。

【豐】fēng ①多或数量大。如：～收；～富。刘园集帖第16卷《東坡米芾帖》："聖主憂民未解顔，天教瑞雪報豐年。"（见图36）②姓。

图 36

俗解

"丰"表示的是仪态；"豐"表示的是数量。

注意

"丰采""丰韵""丰姿"的"丰"原本就这样写，不存在对应的繁体字，不能写作"豐"。

词语

【丰】丰采；丰韻；丰姿。

【豐】地大物豐；豐碑；豐產；豐登；豐富；豐功偉績；豐厚；豐滿；豐茂；豐美；豐年；豐沛；豐饒；豐潤；豐盛；豐實；豐收；豐碩；豐衣足食；豐盈；豐裕；豐贍；豐足；人壽年豐；五穀豐登；物阜民豐；咸豐；永豐艦；羽毛未豐。

▲ 佛 [彿髴]

回顾

"佛""彿""髴"原本是字义不完全相同的三个字。1955年《异体字表草案》把这三个字归作一组异体字处理，以

"佛"为选用字,"彿""髴"为停用字。同年《一异表》予以确认。2013年《规范字表》沿续了1955年《一异表》对这三个字的处理。

雅解

【佛】㈠ fú 用于"仿佛"一词。《玉篇·人部》:"佛,仿佛也。"㈡ fó ①"佛陀"的简称,又特指佛教创始人释迦牟尼。《後漢書·西域傳》:"西方有神,名曰佛。"〔元〕释梵琦行书《送珠維那偈》有"佛祖"一词。(见图37)②佛教。

图 37

【彿】fú 用于"彷彿"一词。《正字通》:"仿佛,亦作彷彿。"

【髴】㈠ fú ①用于"髣髴"(见85页图34)一词。好像。《説文·髟部》:"髴,髴若似也。"段玉裁:"髴與人部仿佛之佛義同。"②妇女首饰。《廣韻·物韻》:"髴,婦人首飾。"㈡ fèi 用于"髴髴(fèi)"一词。头发乱。《集韻·未韻》:"髴,髣髴,髮亂。"

俗解

带"髟"的字,一般都和毛发有关,所以"髴"字有头发乱这个意思(读 fèi),又有"妇女首饰"的意思(首饰戴在头上)(读 fú)。"佛"字一般用于和佛教有关的词语。"彿"字只用于"彷彿"一词。

注意

只有"仿佛"一词可以写作"彷彿";"佛教""佛陀"的

"佛"不能写作"彿";"佛"和"彿"都不要写作"髴"。还有就是"佛面"的"面"是"面孔"的意思,原本就这样写,不存在对应的繁体字,不能写作"麵";"佛像"的"像"是"画像""塑像"的意思,和"象"字不存在繁简字关系,不能写作"象";"阿弥陀佛""弥勒佛"的"弥"是译音字,不要写成"瀰",需要时可以用"弥"本身的繁体字"彌";"佛历"是指部分佛教国家使用的历法,这个"历"字对应的繁体字是"曆",不能写成"歷"。

词语

【佛】拜佛;抱佛脚;不看僧面看佛面;大佛;阿彌陀佛;佛道;佛典;佛殿;佛法;佛骨;佛光;佛號;佛家;佛經;佛境;佛龕;佛口蛇心;佛窟;佛老;佛理;佛力;佛曆;佛門;佛事;佛手;佛寺;佛塔;佛堂;佛頭著糞;佛陀;佛像;佛學;佛牙;佛眼;佛爺;佛印;佛旨;佛珠;佛祖;佛(fú)戾;供佛;活佛;禮佛;立地成佛;如來佛;彌勒佛;念佛;浴佛。

【彿】彷彿。

【髴】髣髴(fèi)(头发乱)。

▲ 俯 [俛頫] – 颇(頗)

回顾

"俯""俛""頫"原本是读音和字义都存在差别的三个字。1955年《异体字表草案》把"俯"和"俛"归作一组异体字处理,以"俯"为选用字,"俛"为停用字。1955年《一异表》增添"頫"为对应"俯"的停用字。2013年《规范字表》沿续了1955年《一异表》对"俯""俛""頫"三字的处理,同时又把"頫"简化为"䫖",作为规范字收入三级字表,序号7399,并加注规定:"可用于姓氏人名,但须类推简化作'䫖'……,如'赵孟䫖'。"《对照表》则仍把"頫"和"俛"一起列为"俯"的停用异体字,同时又列为"䫖"的繁体字。

雅解

【俯】fǔ ①屈身;低头。如:～仰。《玉篇·人部》:"俯,謂下首也。"〔唐〕褚遂良行书《蘭亭序》:"夫人之相與,俯仰一世。"(见图38)②敬辞。旧时书信中用来称对方的动作。如:～允;～念。

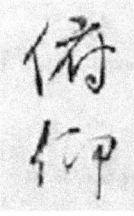

图38

【俛】fǔ 同"俯"。屈身;低头。《廣韻·麌(yǔ)韻》:"俯,《漢書》又作俛。"

【頫】㈠fǔ 低头。后作"俯"。《説文·頁部》:"頫,低頭也。"《廣韻·麌韻》:"頫,同俯。"㈡tāo 盥洗。《集韻·豪韻》:"頫,盥也。"㈢tiào 视;望。《爾雅·釋詁下》:"頫,視也。"

【䫖】"頫"的简化字。

俗解

"頫"的左半和"眺"的右半同形,可由此记住"頫"有tiào音及"眺望"义。

注意

"俯"没有"頫(覜)"字的 tāo 音(盥洗义)和 tiào 音(眺望义),"盥洗"以及"眺望"义上的"頫(覜)"都不能写作"俯";还有姓氏人名中的"頫(覜)"也不能写作"俯";而"低头"义上的"俯"还是不要写作"頫"为好。再有就是"俯冲"的"冲"是"冲锋"的意思,对应的繁体字是"衝";"前俯后仰"的"后"是"后面"的意思,对应的繁体字是"後"。

词语

【俯】俯察;俯衝;俯角;俯就;俯瞰;俯念;俯身;俯拾皆是;俯視;俯首;俯首貼耳;俯臥撐;俯仰;俯允;前俯後仰。

【俛】(用同"俯")。

【頫】頫(tiào)聘(周禮,大夫众来称"頫",寡来称"聘");殷頫(tiào)(《秋官·大行人》:"殷頫,謂一服朝之歲也。一服朝之歲,五服諸侯,皆使卿以聘禮來頫天子。"又《小行人》:"存、頫、省、聘、問,臣之禮也")。

▲ 复/複復－覆

回顾

"複"和"復"原本是字义不同的两个字;"复"是"複""復"两字的共用简化字;"覆"曾经做过"复"的繁体字,现在是规范字。1955 年《简化表草案》把"復""覆"

两个字合并简化作"复"一个字。1956年《简化方案》改把"復複覆"三个字合并简化作"复"一个字。1964年《总表》加注规定:"答覆、反覆的覆简化作复,覆盖、颠覆仍用覆。"同年《字形表》也把"復複覆"三字合并简化作"复"一个字,同时又把"覆"作为规范字收入。1986年《总表》又做了进一步调整,只把"復""複"两个字合并简化作"复","覆"不再作"复"的繁体字处理。2013年《规范字表》沿续了1986年《总表》对"複""復"两字的合并简化处理;"覆"作为规范字收入一级字表,序号3440。

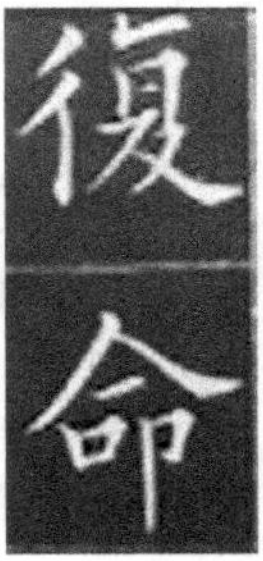

雅解

【復】fù 去而返回,或断而接续。如:～辟;～苏。《爾雅·釋言》:"復,返也。"〔清〕王澍楷书《范公神道碑》:"盖隶雲貴凡九年,是穐(秋),復命揔(總)督江南江西。"(见图39)

【複】fù 本义为夹衣。《説文·衣部》:"複,重(chóng)衣也。"引申为多重的事物。如:～杂;～印;～姓。〔宋〕陆游《遊西山村》:"山重水複疑無路,柳暗花明又一村。"〔明〕金勉楷书南朝 鲍照《蕪城賦》:"重江複關(關)①之隩②,四會五達之莊。"(见图40)

【复】"復""複"二字的共用简化字。

图39

图40

---
① 鲍照原文为"重關複江"。
② 隩,读 ào,隐蔽深邃之地。

【覆】fù ①翻转。如：反～；翻来～去。《说文·两部》："覆，覂（fěng）也。"《说文·两部》"覂，反覆也。"〔三国·魏〕钟繇(yáo)《贺捷表》："傅方反覆，胡修背恩，天道祸淫，不终厥命。"（见图41）②灭亡。如：颠～。朱熹集注："覆，倾败也。"③覆盖。如：～翼。《说文·两部》："覆，盖也。"④回复。如：～信；答～。也作"復"。《文明小史》第二十九回："到京覆命"。

俗解

偏旁"彳"往往和道路、行走相关，去而返回要走路，所以"去而返回"义上的"復"带"彳"旁；夹衣是衣服，所以"複"带"衤"旁，又从夹衣是双层的，引申用于表示多重的复杂事物。

图 41

注意

"复"的繁体字有"復"和"複"两个，要注意区分不同语境，正确选择使用。"覆"现在是规范字，不再是"复"的繁体字，无论什么情况下都不要再把"复"写作"覆"。另外"病情复发"的"发"，对应的繁体字是"發"，不能写作"髪"。

"复赛"这个词，写成"複赛"时的意思是指已经赛过一次以后，再赛一次。如：初赛以后又进行复（複）赛。写成"復赛"时的意思是指比赛因某种原因，比如恶劣天气等而暂时中断，等比赛条件具备时接着继续进行；或者运动员违反相关规定受到停赛的处罚，若干时日后恢复他的参赛资格。

书法创作中要注意按不同的语境正确选用"複"或"復"。

在书法创作中使用繁体字时,"複""復"两字用错是比较多见的情况。需要特别加以注意。

词语

【複】重複;繁複;複本;複比;複查;複詞;複道;複方(药方的一类);複肥;複分解;複輔音;複果;複合;複核;複合詞;複檢;複句;複利;複名數;複賽(初赛后再次比赛);複色光;複審;複式;複試(初试后再考一次);複誦;複述;複數;複胃;複習;複綫;複寫紙;複姓;複眼;複葉;複議(再一次评议);複音;複音詞;複印;複印機;複元音;複韻母;複雜;複診;複製;複種;年複一年;日複一日;山重水複;無以複加。

【復】報復;得而復失;復辟;復仇;復出;復旦;復讀;(病情)復發;復返;復工;復古;復歸;復國;復會(中止的会议恢复进行);復婚;復活;復活節;復交;復舊;復刊;復課;復禮;復明;復命;復賽(中断的比赛恢复进行);復生;復蘇;復位;復興;復學;復業;復原;復員;復圓;復職;故態復萌;光復;恢復;康復;克己復禮;匡復;平復;失而復得;收復;死而復生;死灰復燃;萬劫不復;往復;修復;周而復始。

【覆】答覆;翻雲覆雨;反覆;奉覆;覆被;覆巢;覆車之鑑;覆蓋;覆滅;覆沒;覆盆之冤;覆水難收;覆亡;覆信;覆轍;覆舟;回覆;批覆。

G

▲ 干／干乾［乹乾］幹［榦］- 乾

回顾

"干""乾""幹"是原本就有的，读音和字义都不相同的三个字；"乹""乾"是"乾"的异体字；"幹"和"榦"原本是读音和字义有部分相同的两个字。1955年《简化表草案》把"乾"和"干"两字合并作"干"一个字，把"幹"简化作"仐"，同时注明"'乾'用於'乾坤''乾隆'的時候仍舊作'乾'"。同年《一异表》把"乾""乹""乾"三字作为一组异体字处理，定"乾"为选用字，"乹""乾"为停用字；把"幹""榦"两字作为一组异体字处理，定"幹"为选用字，"榦"为停用字。1956年《简化方案》改把"干""乾""幹"三个字合并作"干"一个字，取消"仐"。1964年《总表》和《字形表》，都沿续了1956年《简化方案》对"干""乾""幹"三个字的合并处理。1964年《总表》另加注规定："乾坤、乾隆的乾读qián（前），不简化"。《字形表》另又把"乾"作为规范字收入。1986年《总表》沿续了1964年《总表》对这三个字的合并处理。2013年《规范字表》沿续了1955年《一异表》对"乾""乹""乾"三个字和"幹""榦"两个字的异体字处理，以及1986年《总表》

对"干""乾""幹"三字的合并处理,同时又把"乾"转为规范字收入一级字表,序号2215,并加注规定:"乾:读qián时不简化作'干',如'乾坤''乾隆'。"《对照表》则仍旧把"乾"和"幹"一起列作"干"的繁体字。

雅解

【干】㈠ gān ①盾,古代用来抵挡刀箭,护卫自身的兵器。如:～戈。刘园集帖第 16 卷《東坡米芾帖》:"即今漂泊干戈際,屢貌(貌)尋常行路人。"(见图 42)②干扰。〔唐〕杜甫《兵車行》:"哭聲直上干雲霄。"③牵连。如:～系;相～。巴金《寒夜》七:"周围的一切都跟他不相干了。"④干支。如:天～地支。⑤"乾"读 gān 时的简化字。㈡ gàn "幹"的简化字。

图 42

【乾】㈠ gān ①水分少,与湿相对。如:～燥;晒～。《集韻·寒韻》:"乾,燥也。"〔民国〕冯玉祥隶书《澆園》:"白菜和葱韭,只因乾旱久。"(见图 43)②拜认的亲属关系。如:～爹;～妈。《紅樓夢》第二十七回:"明兒你伏(服)侍我罷,我認你做乾女孩兒。"㈡ qián ①八卦之一;又为六十四卦之一。如:～坤。《易·説卦》:"乾為天,為圜,為君,為父,……"〔东晋〕王羲之《孝女曹娥碑》:"銘勒金石,質之乾坤。"(见图 44)②乾隆。〔清〕高宗爱新觉罗·弘历的年号。

图 43

图 44

【乾】同"乾"。《正字通·乙部》:"乾,俗乾字。"

【乾】同"乾"。《汉语大字典》"乾"条:"同'乾'。"

【幹】gàn ①事物的主体。如:树～;骨～。《廣韻·翰韻》:"幹,莖幹。"《字彙·干部》:"幹,草木莖也。"《玉篇·干部》:"幹,體也。"②做事。如:～活;～才。《古今小说·汪信之一死救全家》:"却说汪革到了临安府,幹事已畢。"③担任领导职务的人员。如:～部。

【榦】㈠gàn ①古代筑墙时夹板两边起固定作用的木桩。《說文·木部》:"榦,築牆耑(端)木也。"《書·費誓》:"魯人三郊三遂,峙乃楨榦,甲戌,我惟築。"②主干;躯干。《廣雅·釋詁三》:"榦,本也。"王念孫疏证:"莖、榦皆枝之本也。"㈡hán 井垣;井栏;或井栏上支撑辘轳的构件。《集韻·寒韻》:"榦,井上木。"《類篇·木部》:"榦,井欄承轆轤者。"〔明〕金勉楷书《蕪城賦》:"是以板築雉堞之殷(殷),井榦烽櫓之勤"。(见图45)

图45

俗解

"乾""乾""乾"三字字形相似,互为异体字,"干燥"义。"榦"字带"木",可由此记住它有"筑墙时夹板两边起固定作用的木桩"和"井栏或井栏上支撑辘轳的构件"两项字义。再由"榦"和"幹"字形相似,记住"榦"的"主干"义。剩下的一个"干",就是"干戈""干支""干系"的"干"了。

注意

"水分少"意思上,"干"的繁体字是"乾",不能写作"幹";"主干"意思上,"干"的繁体字是"幹",不能写作"乾"。"干戈""干支""牵连"相关的意思上,"干"原本就这样写,不存在对应的繁体字,不能写作"乾"或者"幹"。"乾隆"的"乾"不要写作"乹"或"亁"。"榦"则只在"主干""躯干"义上和"幹"字可以通用;但不能和"干""乾"通用。表示"井垣;井栏"时,"榦"不能写作"幹"。还有"干才"的"才"是"人才"的意思,原本就这样写,不存在对应的繁体字,不能写作繁体字"纔"。

词语

【干】比干;不干我的事;不肯干休;不相干;東干族;干礙;干犯;干戈;干紀;干連;干祿;干戚;干擾;干涉;干係;干預;干政;干支;決不干休;莫干山;若干;善罷干休;天干地支;相干;與我何干。

【乾】包乾;餅乾;不乾不净;不乾膠;擦乾;豆腐乾;風乾;乾巴巴;乾杯;乾貝;乾癟;乾冰;乾菜;乾草;乾柴烈火;乾脆;乾打壘;乾打雷,不下雨;乾瞪眼;乾電池;乾爹;乾兒子;乾飯;乾肥;乾粉;乾股;乾果;乾旱;乾嚎;乾涸;乾花;乾貨;乾結;乾净;乾酒;乾咳;乾渴;乾枯;乾哭;乾酪;乾冷;乾禮;乾糧;乾裂;乾餾;乾娘;乾女兒;乾親;乾澀;乾屍;乾瘦;乾爽;乾洗;乾笑;乾薪;乾啞;乾着急;乾燥;烘乾;壺裡乾(qián)坤；口乾舌燥；口血未乾；老白乾；晾乾；蘿蔔乾；霉乾菜；擰乾；葡萄乾；乾(qián)坤；乾(qián)隆；乳臭未乾；曬乾；唾面自乾；外強中乾；一乾二净；折乾。

【乹】（用同"乾"；"乾坤""乾隆"除外）。

【乾】（用同"乾"；"乾坤""乾隆"除外）。

【幹】才幹；詞幹；单幹；幹部；幹才；幹掉；幹活；幹架；幹將；幹勁；幹警；幹練；幹流；幹嗎；幹渠；幹什麼；幹事；幹細胞；幹綫；幹校；幹仗；高幹；公幹；骨幹；貴幹；基幹；精幹；精明能幹；精明強幹；埋頭苦幹；蠻幹；腦幹；能幹；軀幹；實幹；樹幹；洗手不幹；枝幹；主幹。

【榦】井榦(hán)；楨榦（筑墙时固定夹板的木桩；引申比喻贤才）；（在"主干"义上用同"幹"）。

▲ 杆 [桿]

回顾

"杆""桿"原本是读音不同，字义不完全相同的两个字。1955年《简化表草案》把这两个字合并作"杆"一个字。1955年《一异表》改把"杆""桿"两字作为异体字处理，定"杆"为选用字，"桿"为停用字。2013年《规范字表》沿续了1955年《一异表》对这两个字的处理。

雅解

【杆】gān 细长的木头；或形状类似细长木头的物体。如：

旗～；桅～。《論衡·變動》："旌旗垂旒，旒綴於杆，杆東則旒隨而西。"

【桿】gǎn ①木棍，或器物上像棍子的部分。如：笔～；秤～。〔金〕董解元《西廂記諸宫調》卷一："話兒不提朴刀桿棒，長槍大馬。"②量词。用于有桿（gǎn）的器物。如：一～秤；两～枪。〔清〕梁廷枏《粤海關志》："准其携帶鳥槍二三桿，以防盗賊。"③旧作英 美长度单位布耳（Pole）的通称。1 桿 = 5.0292 米。

俗解

"杆"表示的器物可以独立存在，如旗杆；"桿"表示的物体是附着于某一器物上的，如"枪桿"。"杆"表示的器物的形状比较规则（圆；细长），如旗杆、栏杆；"桿"表示的物体的形状没有杆那么规则，往往较短较粗，如"枪桿""笔桿"。

注意

"杆""桿"两字虽然有时通假使用，但是有所区分的。"杆"表示的物体一般细长并且形状规则；"桿"表示的物体一般较短较粗并且形状不十分规则。在"形状规则且细长的物体"这个意思上，如"旗杆""栏杆"的"杆"，不能写成"桿"。

词语

【杆】標杆；電綫杆；欄杆；馬杆；旗杆；順杆爬；桅杆；魚杆。

【桿】筆桿；桿秤；桿菌；杠桿；光桿；槍桿；鐵桿；腰桿。

▲ 肛 [疘]

回顾

"肛""疘"原本是字义不同的两个字。1955 年《一异表》把这两字归作一组异体字处理，定"肛"为选用字，"疘"为停用字。2013 年《规范字表》沿续了 1955 年《一异表》对这两个字的处理。

雅解

【肛】gāng 肛门。《集韻·東韻》："肛，肛門，腸耑（端）。"

【疘】gāng 直肠脱垂的疾病，即脱肛。《玉篇·疒部》："疘，下病也。"《廣韻·東韻》："疘，《文字集略》云：脱疘，下部病也。"

俗解

"肛"指肛门，是一种身体器官，所以带"月（肉）"旁；"疘"指脱肛，是一种疾病，所以带"疒"。

注意

除了"脱肛"，其他情况下都不要把"肛"写作"疘"。

词语

【肛】肛肠；肛道；肛管；肛門；肛瘘。

【疘】脱疘。

▲ 亘 [亙]

回顾

"亘""亙"原本是音义不同的两个字。1955年《异体字表草案》把"亘""亙"两字归作一组异体字处理,以"亙"为选用字,"亘"为停用字。1955年《一异表》作了调整,定"亘"为选用字,"亙"为停用字。2013年《规范字表》沿续了1955年《一异表》对这两个字的处理。

雅解

【亘】gèn ①空间和时间上连绵不断。如:～古未有。《北史·隋本纪下》:"旌旗亘千里。" ②横贯。如:横～。〔唐〕刘禹锡《沓潮歌》:"亘空欲駕黿鼉橋。"

【亙】gèng 用同"緪(gèng)"。月上弦。《正字通·二部》:"亙,月弦也……《詩》:'如月之亙。'"《詩·小雅·天保》作"如月之恆"。

俗解

"亙"的上下两横去掉后,剩下中间部分像"月",可由此联系"月上弦"这个字义。

注意

"亘""亙"两字读音以及字义都不相同,不能互相换用。不要把"亘"写成"亙";也不要把"亙"写成"亘"。

词语

【亘】亘古;横亘;绵亘。

【亙】（现代罕用）。

▲ 谷 / 谷穀

回顾

"谷"和"穀"是原本就有的字义不同的两个字。1955年《简化表草案》把这两个字合并作"谷"一个字。1956年《简化方案》予以确认。1964年《总表》和《字形表》、1986年《总表》、2013年《规范字表》，都相继沿续了1956年《简化方案》对这两个字的合并处理。

雅解

【谷】㈠ gǔ ①两山之间狭长有出口的地带。如：山～；峡～。〔清〕康熙临黄庭坚行书《步虚祠》："壬午冬臨山谷道人黃庭堅書"。（见图46）〔唐〕韓愈《贈唐衢》："奈何君獨抱奇材，手把鋤犁餓空谷。"②姓氏。③"穀"的简化字。㈡ yù 吐谷浑。古代少数民族名。《洛陽伽藍記》卷五："從吐谷渾西行三千五百里，至鄯善城。"

图46

【穀】gǔ 庄稼和粮食的总称。如：五～；稻～。《説文・禾部》："穀，續也，百穀之總名。"《玉篇・禾部》："穀，五穀也。"〔西晋〕索靖章草《急就章》："蝗蟲不起，五穀孰（熟）成。"（见图47）《史記・留侯世家》："留侯性多病，即道引不食穀。"

图47

俗解

"穀"字中有"禾",表示农作物;另一个"谷"就是"山谷"的"谷"了。

注意

"山谷"意义上的"谷",还有古代少数民族名"吐谷(yù)浑"的"谷"原本就这样写,不存在对应的繁体字,不能写作"穀"。还有"积谷防饥"的"谷"是"五谷"的意思,对应的繁体字是"穀";"饥"是"饥荒"的意思,对应的繁体字是"饑",不能写作"飢"。

"穀"字也作姓用,只是一般都是在古人姓名中出现,如:春秋时有穀伯绥,汉有穀思。现代姓"穀"的一般少见。注意不要把姓氏"谷"写成"穀"。

"谷""穀"用错在书法创作中多有出现,需要特别加以注意。

词语

【谷】波谷;低谷;飛谷;谷底;谷地;谷風;谷口;硅谷;海谷;河谷;進退維谷;空谷足音;浪谷;曼谷;山谷;深谷;深山窮谷;吐谷(yù)渾;溪谷;谿谷;峽谷;虛懷若谷;陽谷;伊犁縱谷;幽谷。

【穀】百穀;包穀;辟(bì)穀;布穀;布穀鳥;陳穀子爛芝麻;打穀;打穀機;稻穀;穀倉;穀草;穀貴餓農,穀賤傷農;穀類作物;穀梁傳;穀米;穀神星;穀物;穀雨;穀子;積穀防饑;米穀;晒穀;田穀;五穀。

▲ 刮 / 刮颳

回顾

"刮"和"颳"是原本就有的字义不同的两个字。1955年《简化表草案》把这两个字合并作"刮"一个字。1956年《简化方案》予以确认。1964年《总表》和《字形表》、1986年《总表》、2013年《规范字表》,都相继沿续了1956年《简化方案》对这两个字的合并处理。

雅解

【刮】guā ①用刀等贴着物体表面移动,去除其上面的某些物资。如:～胡子;～脸。《廣韻·鎋韻》:"刮,刮削。"上皇山樵正书《僧鹤洲零拓本瘗鹤铭·梁啓(啓)超题跋》:"窮冬潮落刮剔沙泥"。(见图48)②搜刮。如:～地皮。刘绍南《壮烈歌》:"土豪劣绅,一群狗党,万恶滔天,刮民血汗,休要太猖狂!"③"颳"的简化字。

图 48

【颳】guā 大风快速地吹过。如:～风。《篇海類編·天文類·風部》:"颳,惡風。"

俗解

"刮风"与风相关,所以繁体字用带"風"旁的"颳";"刮胡子""刮脸",要用剃刀,所以用"刂"旁的"刮"。

注意

"刮脸""搜刮"等意思的"刮"原本就这样写,不存在对应的繁体字，不能写作"颳"。

词语

【刮】顶刮刮；耳刮子；刮鼻子；刮擦；刮刀；刮地皮；刮宫；刮骨疗毒；刮刮叫；刮刮樂；刮鬍子；刮臉；刮目相看；刮破；刮痧；刮傷；刮鬚刀；刮削；搜腸刮肚；搜刮。

【颳】颳风。

▲ 拐 [枴]

回顾

"拐"和"枴"原本是字义不同的两个字。1955年《异体字表草案》把这两个字归作一组异体字处理，以"拐"为选用字，"枴"为停用字。1955年《一异表》予以确认。2013年《规范字表》沿续了1955年《一异表》对这两个字的处理。

雅解

【拐】guǎi ①把人或财物骗走。如：～骗；～卖。《字彙·手部》："拐，拐骗。"②转弯；转弯处。如：～弯；～角。《老殘遊記》第三回："進了大門，望西一拐，便是三間客廳。"

【枴】guǎi 枴杖。《廣韻·蟹韻》："枴，老人拄杖也。"

俗解

把人或财物拐走要用手，所以用"扌"旁的"拐"；（古时）拐杖是木头做的，传统（沿用）字用"木"旁的"枴"。

注意

"拐骗""拐弯"等意思的"拐",不能写作"枴"。

词语

【拐】胳膊肘往外拐;拐脖兒;拐帶;拐點;拐角;拐賣;拐騙;拐彎;坑蒙拐騙;七彎八拐。

【枴】枴棒;枴棍;枴杖。

▲ 柜／柜櫃

回顾

"柜"和"櫃"是原本就有的,读音和字义都不相同的两个字。1955年《简化表草案》把这两个字合并作"柜"一个字。1956年《简化方案》予以确认。1964年《总表》和《字形表》、1986年《总表》、2013年《规范字表》,都相继沿续了1956年《简化方案》对这两个字的合并处理。

雅解

【柜】㈠ jǔ 树名,柜柳,又名"榉柳"。《说文·木部》:"柜,木也。"段玉裁注:"柜,今俗作櫸"。㈡ guì "櫃"的简化字。

【櫃】guì ①收藏衣物的家具。如:衣～;保险～。《廣韻·至韻》:"櫃,篋。"②商店里的柜台。如:掌～。《水滸全傳》第二十九回:"那酒保去櫃上叫那婦人舀兩角酒下來。"

俗解

"柜"的右半是"巨",整字跟着读作 jǔ(仅音调不同),

原义是"榉柳"的意思;"櫃"右半"匚"里面是"貴",整字跟着读作 guì,"柜子""柜台"的意思。

注意

"柜柳"不能写作"櫃柳"。另外,"五斗柜"的"斗"是指抽屉,原本就这样写,不存在对应的繁体字,不能写成"鬥"。

词语

【柜】柜柳(又名"元宝枫")。

【櫃】保險櫃;櫥櫃;牀頭櫃;大衣櫃;翻箱倒櫃;櫃櫥;櫃上;櫃檯;櫃子;貨櫃;立櫃;錢櫃;書櫃;鐵櫃;五斗櫃;衣櫃;掌櫃;專櫃。

H

▲ 捍[扞]–扞

回顾

"捍"和"扞"是原本就有的字义存在差别的两个字。1955年《简化表草案》把这两个字合并作"扞"一个字。同年《一异表》改把"捍""扞"归作一组异体字处理,定"捍"为选用字,"扞"为停用字。2013年《规范字表》作了调整,把"扞"转为规范字收入三级字表,序号6522,并加注规定:"用于表示相互抵触,如'扞格'。其他意义用'捍'。"《对照表》则仍把"扞"列为"捍"的停用异体字。

雅解

【捍】hàn 护卫;抵御。如:~卫。也作"扞"。《集韻·翰韻》:"扞,衛也。或作捍。"《廣韻·翰韻》:"捍,抵捍。"〔清〕全祖望《小江湖梅梁銘》:"程純公帥廂卒,欲以身捍之。"

【扞】hàn ①护卫。后作"捍"。《廣韻·翰韻》:"扞,以手扞,又衛也。"②抵触。如:~格。《禮記·學記》:"發然後禁,則扞格而不勝。"郑玄注:"扞,堅不可入之貌。"

俗解

"扞"的右半是"干",可以由此联系"干戈"的"干"的"盾牌"义,从而记住"扞"有"抵触"义。

注意

"捍""扞"两字,"护卫"义上宜用"捍";"抵触"义上宜用"扞"。还有"捍御"的"御",是"防御"的意思,对应的繁体字是"禦"。

词语

【捍】捍護;捍衛;捍禦。

【扞】扞格;扞格不入。

▲ 蚝 [蠔]

回顾

"蚝"和"蠔"是原本就有的,读音和字义都不完全相同的两个字。1955年《简化表草案》把"蚝""蠔"两字合并作"蚝"一个字。同年《一异表》改把"蚝""蠔"两字作为一组异体字处理,定"蚝"为选用字,"蠔"为停用字。2013年《规范字表》沿续了1955年《一异表》对这两个字的处理。

雅解

【蚝】㈠ cì 毛虫。李汉注韩愈等《城南聯句》:"蚝,《玉篇》:'毛蟲也。'"㈡ háo 牡蛎。也作"蠔"。陈残云《香飘四季》:"社组织一个临时副业队,由徐炳华领头去突击挖蚝壳。"

【蠔】háo 牡蛎。《本草綱目・介部・牡蠣》:"釋名:牡哈、蠣哈、蠔。"

俗解

"蚝"的本义是毛虫,所以右半是"毛"。读 háo 时本字是右半为"豪"的"蠔",即牡蛎。

注意

读 cì,表示毛虫的"蚝",如韩愈等《城南聯句》:"痒肌遭蚝(cì)刺,啾耳聞雞生"句中的"蚝",不能写作"蠔"。

词语

【蚝】蚝(cì)刺。

【蠔】蠔白(牡蛎肉);蠔油。

▲ 合/合閤 – 阁(閣)[閤]

回顾

"合""閤"是一组一对二的简繁字("合"对应"合""閤");"閣""閤"是 1955 年《一异表》作为一组异体字处理的两个字;"阁"是"閣"的简化字。1955 年《异体字表草案》把"閣"和"閬"归为一组异体字处理,以"閣"为选用字,"閬"为停用字。1955 年《一异表》改把"閣"和"閤"归作一组异体字处理,标音 gē,定"閣"为选用字,"閤"为停用字。1956 年《简化方案》把"合""閤"两字合并作"合"一个字,把偏旁"門"简化作"门"。1964 年《总表》也把"合""閤"两字合并作"合"一个字,并把"閣"整字简化作"阁"。《字形表》、1986 年《总表》、2013 年《规范字表》,都沿续了 1964 年《总表》对"合""閤"两字的合并处理，以及对"閤"的简化处理。2013年《规范字表》还沿续了1955年《一异表》对"閤""閣"两字的处理。

雅解

【合】hé ①闭拢；合拢。如：闭～；～拢。《说文·亼部》："合，合口也。"刘园集帖第20卷《赵子昂七种》："階前合抱香入雲，月裏僊人親手植。"（见图49）②聚集。如：集～；聚～。韦昭注《國語·楚語下》："合，會也。"③两物或多物并作一物，多指机构。如：～并；～成。辛弃疾《美芹十論·觀釁(xìn)》有"自古天下離合之勢，常係乎民心。"④不违背。如：符～；～格。《論衡·自然》："不合自然，故其義疑，未可從也。"⑤和睦；融洽。如：百年好～。《詩·小雅·常棣》："妻子好合，如鼓瑟琴。"⑥全部；整个。如：～计；～家。鲁迅《彷徨·肥皂》："堂前有了灯光，就是号召晚餐的烽火，合家的人们便都齐聚在中央的桌子周围。"⑦折算。如：折～。《秧歌剧选·货郎担》："刘二嫂：'货郎，今年我纺下五斤线线，还没有算账咧，你给我合了钱。'"⑧共同；一起。如：～唱；～作。〔唐〕陆德明《經典釋文·毛詩音義上》："(南朝·梁)沈重云：'按鄭(玄)《詩譜》意：《大序》是子夏作，《小序》是子夏、毛公合作。'"⑨姓氏。⑩"閤"读hé时的简化字。

图49

【閣】gé ①门开后插在两旁用来固定门扇的长木桩。《爾雅·釋宮》："所以止扉謂之閣。"郭璞注："門辟旁長橛也。"②架子上置放食物的木板。〔清〕段玉裁《说文解字注·门部》："閤，本訓直欀（櫺），所以扞(hàn)格者，引申之，橫者可以庋(guǐ)物亦曰閤。"③宫廷中收藏图书、安置贤才或绘像表功的房子。《三辅黄图·阁》引《漢宫殿疏》："天禄、麒麟閤，蕭何造，以藏秘書，處賢才也。"④宫殿。司马贞索隐："一云'閤'即宫閣。"⑤我国古代中央官署。李贤注《後漢書·仲長統傳》："臺閣謂尚書也。"⑥近现代的内阁。如：组～。⑦供游息眺望的楼房。如：亭台楼～。〔唐〕慧琳《一切經音義》卷三十八引《蒼頡篇》："閣，樓也。"〔明〕彭汝楠小楷《岸圃大觀》："從（従）壹天飛閣以度，閣盡為廊"。（见图50）⑧通"閤"。有"丞相官府的门""宾馆""女子卧室"等义。⑨姓氏。

图50

【閤】㈠ gē ①大门旁的小门。《説文·門部》："閤，門旁户也。"②宫中小门。《洪武正韻·合韻》："閤，内中小門。"③宰相官署的门，也指宰相官署。〔清〕顧炎武《日知録》卷二十四："《漢舊儀》：'丞相聽事閤，曰黄閤。'"④宫禁；宫殿。《三國志·吴志·魯肅傳》："肅將入閤拜，權起禮之。"⑤内室。《六書故·工事一》："今人皆以小室為閤也。"⑥置放；禁受。用同"搁（擱）"。〔元〕高栻《集賢賓·怨别》："赤緊的關山路遠，一去無音，閤不住雙眸淚垂。"⑦用同"閣"，指楼房；或夹室；又特指收藏图书的房子。《正字通·門部》："閤，宋太宗藏經之子集天文圖書，分六閤，與閣同。"⑧姓氏。㈡ hé ①全。如：～家团圆。《袁郎中全集·尺牍·乞改稿二》："伏乞台臺憫吳閤縣之生民。"②闭。《平原游击队》："昨晚上就没有閤过眼。"

【阁】"閣"的简化字。

俗解

"合""閤""閣"三字中，读 gé 时，如"楼阁""束之高阁"等词中的"阁"，繁体要用"閣"，可联系"閣"字"門"内的"各"的读音来记；读 hé 时，除了表示"全"的"合家""合府"等词中可用"閤"，其他词中一般都用"合"。

注意

"合拢""集合""结合""合并""符合""百年好合""合计""折合""合作"等意思上的"合"，都不能写作"閤"。"楼阁"的"阁"可写作"閣"，不要写成"閤"。还有"亭台楼阁"的"台"，繁体写法是"臺"；"合家团圆"的"团"，对应的繁体字是"團"，不要写成"糰"。

词语

【合】百合；悲歡離合；閉合；不謀而合；場合；重合；凑合；撮合；縫合；復合（分开了又重新合在一起）；複合（多种成分合成）；苟合；光合作用；合并；合唱；合成；合訂本；合法；合格；合股；合夥；合計；合脚；合金；合理；合力；合流；合龍；合攏；合謀；合拍；合情合理；合羣；合適；合數；合算；合體；合同；合圍；合眼；合頁；合意；合議庭；合營；合影；合約；合轍；合資；合奏；合

租；合作；符合；化合；回合；匯合；會合；混合；集合；交合；膠合；結合；聚合；離合；裏應外合；聯合；貌合神離；彌合；磨合；黏合；捏合；凝合；偶合；耦合；配合；拼合；起承轉合；契合；前仰後合；巧合；切合；情投意合；融合；糅合；適合；説合；四合院；天人合一；天作之合；同流合污；統合；投合；吻合；烏合之眾；嚴絲合縫；咬合；一拍即合；迎合；癒合；折合；整合；志同道合；珠聯璧合；綴合；綜合；總合。

【閣】參閣；出閣；閣僚；閣樓；閣下；閣員；閨閣；束之高閣；亭臺樓閣；文昌閣；組閣。

【閤】閤家。

▲ 和 [咊龢] – 龢

回顾

"和""龢"原本是字义不完全相同的两个字；"和""咊"互为异体字。1955年《异体字表草案》把"和""龢"归作一组异体字，以"和"为选用字，"龢"为停用字。1955年《一异表》增添"咊"为"和"的停用异体字。2013年《规范字表》作了调整，把"龢"转作规范字收入三级字表，序号8095，并加注规定："可用于姓氏人名。"《对照表》则仍把"龢"和"咊"一起列为"和"的停用异体字。

雅解

【和】㈠ hé ①和谐；和平。如：握手言～；将相～。

《廣雅·釋詁三》:"和,諧也。"〔明〕董其昌行书《徐公家訓碑》:"和睦妯娌"。(见图51)②和顺;平和。如:心平气～;～颜悦色。《廣韻·戈韻》:"和,順也。"〔唐〕張說《早霽南樓》:"心遠居無陋,神和生自足。"③伴随;连同。如:～盘托出;～衣而卧。梁启超《澳亞歸舟雜興》有"蕩胸海風和露吸"句。④数学用词。指两个或两个以上的数相加的结果。⑤连词。如:张三～李四。〔宋〕岳飞《滿江紅》①:"三十功名塵與土,八千里路雲和月。"⑥介词。引入相关的比较对象。如:这房子能～别处的一样吗?《紅樓夢》第八回:"好幾處都有,都稱贊得了不得,還和我們尋呢!"⑦日本民族名。如:大～民族。⑧姓氏。㈡ hè ①声音相应,和谐地跟着唱或伴奏。如:琴瑟～鳴;一唱一～。《説文·口部》:"咊,相應(應)也。"《玉篇·口部》:"咊為和古文。"《廣韻·過韻》:"和,聲相應。"②以诗歌酬答。如吴玉章诗题"和朱总司令游(遊)南泥湾"。㈢ hú 打麻将或纸牌时某一家的牌达到取胜的要求。如:我～了;～牌。㈣ huó 把粉状物掺和在一起,或加水搅拌使其有粘性。如:～面;～泥。〔明〕冯惟敏《僧尼共犯》:"塑像和成一塊泥,哄殺俺全然是你。"㈤ huò ①把粉状或粒状物掺和在一起,或加水搅拌使其成为比较稀的状态。如:～稀泥。②洗涤或煎药时换水的次数。如:洗了三～。"

图 51

【咊】hé 同"和"。《玉篇·口部》:"咊為和古文。"

---

① 也有学者认为《滿江紅》不是岳飞所作。

【龢】《説文·龠部》:"龢,調也。讀與和同。"《篇海類編·器用類·龠部》:"龢,《左傳》:'如樂之龢。'又徒吹曰龢,今作和,又諧也,合也。"

俗解

"龢"的义项少于"和"的义项。两字只在"和谐"义上相通,其他如"和盘托出""两数相加的和""一唱一和"以及做介词、连词、还有日本民族名等义项,"龢"都没有。

注意

除了原来就用"龢"的地方,以及姓氏人名,一般情况下不宜把"和"写作"龢";即使是人名,原用"和"的也不要写作"龢"。另外,"和盘托出"的"托"是"托举"的意思,原本就这样写,不存在对应的繁体字,不能写成"託";"和(huó)面"的"面"是指面粉,对应的繁体字是"麵"。

词语

【和】風和日麗;共和;和藹;和而不同;和風細雨;和服;和好;和解;和局;和樂;和美;和睦;和暖;和盤托出;和平;和棋;和氣;和洽;和親;和善;和尚;和聲;和事佬;和數;和順;和談;和田玉;和婉;和弦;和諧;和煦;和顔悦色;和議;和約;和悦;和衷共濟;和(hè)詩;和(hú)牌;和(huó)麵;和(huò)稀泥;攪和(huo);人和;調和;心平氣和;一唱一和(hè);議和。

【咊】(用同"和")。

【龢】（多见于姓氏人名）。

▲ 后 / 后後

回顾

"后"和"後"是原本就有的字义不同的两个字。1955年《简化表草案》把这两个字合并作"后"一个字。1956年《简化方案》予以确认。1964年《总表》和《字形表》、1986年《总表》、2013年《规范字表》，都相继沿续了1956年《简化方案》对这两个字的合并处理。

雅解

【后】hòu ①帝王或者帝王的妻子。如：～妃；皇～。《爾雅·釋詁上》："后，君也。"《釋名·釋親属》："天子之妃曰后。"〔北魏〕《宕昌公暉福寺碑》："太皇太后聖慮淵詳"。（见图52）②姓氏。③"後"的简化字。

图 52

【後】hòu "前"的反义。如：～面；～任。《説文·彳部》："後，遲也。"《玉篇·彳部》："後，前後。"〔明〕彭汝楠小楷《岸圃大觀》："稍却循曲弄仄行抵南幢丈室，室前後各四楹，……"（见图 53）

俗解

"后"像从侧面看上去的一位戴着皇冠的君主的头。"尸"像皇冠的侧面；"口"像脸的侧面。

图 53

"後"带"彳"旁，和行走有关。本义是行走时落在别人后面。

注意

"帝后"意义上的"后"原本就这样写，不存在对应的繁体字，不能写作繁体的"後"。还有"后发制人"的"制"，是"制服"的意思，也是原本就这样写，不存在对应的繁体字，不能写成"製"。

"后""後"两字用错这种情况在书法创作中频繁出现，需要特别加以注意。

词语

【后】稱王封后；川后；后帝；后妃；后宫；后冠；后稷；后里（台灣地名）；后辟；后王；后辛；后羿；皇后；皇太后；皇天后土；吕后；母后；齊后破環；太后；天后；王后；武后；西太后；夏后氏；仙后座；蕭太后；影后；元后。

【後】鞍前馬後；跋前躓後；百年之後；背後；不甘人後；步人後塵；不孝有三，無後為大；博士後；茶餘飯後；抄後路；扯後腿；懲前毖後；此後；大難不死，必有後福；敵後；殿後；讀後；斷後；爾後；飯後；顧前不顧後；光前裕後；過後；後半晌；後半世；後半天；後半夜；後備；後輩；後壁；後邊；後步；後代；後爹；後盾；後發制人；後方；後房；後夫；後福；後父；後顧之憂；後滾翻；後果；後漢；後漢書；後話；後患；後悔；後會有期；後記；後繼有人；後腳；後襟；後勁；後晉；後進；後景；後來；後來居上；後浪推前浪；後臉；後梁；後路；後慮；後媽；後門；後面；後母；後腦；後年；後娘；後怕；後期；後起之秀；後勤；後鞧；後人；後任；後晌；後身；後生；後世；後事；後手；後嗣；後臺；後唐；後天；後頭；後腿；後退；後衛；後效；後心；後續；後學；後裔；後遺症；後影；後援；後院；後罩房；後肢；後周；後主；後綴；後坐力；雞口牛後；今後；靠後；課後；空前絕後；裹急後重；落後；馬後炮；名門之後；幕後；末後；腦後；寧為雞口，不為牛後；前俯後仰；前赴後繼；前後；前腳後步；前倨後恭；前事不忘，後事之師；前仰後合；前因後果；秋後；然後；日後；善後；稍後；身後；事後；思前想後；嗣後；隨後；螳螂捕蟬，黃雀在後；退後；往後；午後；先後；先來後到；先禮後兵；先斬後奏；歇後語；延後；以後；雨後春筍；預後；瞻前顧後；之後；滯後；爭先恐後；最後。

▲ 胡 / 胡 [衚] 鬍

回顾

"胡"和"鬍"是原本就有的字义不同的两个字；"胡"和"衚"原本也是字义存在差别的两个字。1955年《简化表草案》把"胡"和"鬍"两字合并作"胡"一个字。同年《一异表》把"胡""衚"两字归作一组异体字处理，定"胡"为选用字，"衚"为停用字。1956年《简化方案》确认了1955

年《简化表草案》对"胡""鬍"两字的合并处理。1964年《总表》和《字形表》、1986年《总表》，都相继沿续了1956年《简化方案》对"胡""鬍"两字的合并处理。2013年《规范字表》沿续了1986年《总表》对"胡""鬍"两字的合并处理和1955年《一异表》对"胡""衚"两字的异体字处理。

雅解

【胡】hú ①随意乱来。如：～说；～闹。〔金〕<u>董解元</u>《西厢记諸宫调》卷三："九百孩儿，休把人廝哄，你甚胡来我怎信？"②古代称西北地区少数民族及其物品。如：～人；～椒；～琴。《集韻·模韻》："胡，虜惣（總）稱。"③姓氏。④"鬍"的简化字。

【鬍】hú 长在脸上或下巴密长的毛。如：～须；～子。《中華大字典·髟部》："鬍，俗謂須曰鬍子。"

【衚】hú 用于"衚衕"一词，等同于"胡同"，即小巷。《正字通·行部》："衚衕，街也。今京師巷道名衚衕，或省作胡同、㖧（hú）㖼（tóng）。"

俗解

胡子是毛状物，所以繁体要用"髟"为部首的"鬍"；胡同是道路，所以传统字用带"彳""亍"等构件的"衚"。

注意

除了"胡子"义，其他意义上的"胡"都不能写作"鬍"；除了"胡同"义，其他意义上的"胡"都不能写作"衚"。

词语

【胡】板胡；柴胡；大胡；二胡；高胡；胡扯；胡豆（蚕豆）；胡粉；胡風；胡蜂；胡佛；胡搞；胡瓜；胡亥；胡話；胡混；胡笳；胡椒；胡攪蠻纏；胡侃；胡來；胡亂；胡蘿蔔；胡麻；胡鬧；胡琴；胡人；胡適；胡説；胡説八道；胡思亂想；胡桃；胡塗；胡毋敬；胡言亂語；胡楊樹；胡謅；胡作非為；花裏胡哨；京二胡；京胡；迷胡；四胡；五胡十六國；一派胡言；中胡；墜胡。

【鬍】八字鬍；大鬍子；刮鬍刀；鬍匪；鬍鬚；鬍子；山羊鬍。

【衚】衚衕。

▲ 划 / 划劃

回顾

"划"和"劃"是原本就有的，读音和字义都不相同的两个字。1955年《简化表草案》把这两个字合并作"划"一个字。1956年《简化方案》予以确认。1964年《总表》和《字形表》、1986年《总表》、2013年《规范字表》，都相继沿续了1956年《简化方案》对这两个字的合并处理。

雅解

【划】㈠ huá ①拨水前进。如：～船；～桨。《廣韻·麻韻》："划，撥進船也。"《五燈會元》卷四十九："却向乾地上划船，高山頭起浪。"②小船。如：～子。〔清〕魏源《城守篇·守禦下》："急募善檝，載鍬乘划。"③猜拳行酒。如：～拳。④合算。如：～得来；～不来。⑤"劃"的简化字。
㈡ huà "劃"的简化字。

【劃】㈠ huá 用尖锐的器物把物件割开或在物件的表面刻过去。如：～破；～拉。《説文·刀部》："錐刀（畫）曰劃。"〔唐〕孟浩然《行出東山望漢川》："萬壑歸於漢，千峯（峰）劃彼蒼。"㈡ huà ①把一个整体分成几部分。如：～分；区～。梁启超《教育政策私議學校經費議》："但劃其權限，不許干涉校中款項。"②分拨。如：～拨。茅盾《林家铺子》："我是來找你劃一点貨的。"

俗解

"划""劃"合并之前，"划"没有 huà 这个读法，只有 huá 这个读法。读 huà 的是繁体的"劃"，和"劃"左半的"畫"同音。

注意

"划船""划得来"等意义上的"划"，原本就这样写，不存在对应的繁体字，不能写作"劃"。

词语

【划】划不來；划船；划得來；划槳；划龍舟；划拳；划算。

【劃】策劃；籌劃；出謀劃策；規劃；劃(huá)拉；劃(huá)破；劃撥；劃地為王；劃定；劃分；劃歸；劃價；劃界；劃清界綫；劃時代；計劃；謀劃；企劃；區劃；整齊劃一。

▲ 欢(歡)[懽讙驩]

回顾

"歡""懽""讙""驩"原本是字义不同的四个字;"欢"是"歡"的简化字。1955年《简化表草案》把"歡"简化作"欢"。同年《一异表》把"歡""懽""讙""驩"四个字归作一组异体字处理,定"歡"为选用字,"懽""讙""驩"为停用字。1956年《简化方案》、1964年《总表》和《字形表》、1986年《总表》,都相继确认、沿续了1955年《简化表草案》对"歡"的简化处理。2013年《规范字表》沿续了1955年《一异表》对"歡""讙""懽""驩"四字的异体字处理,以及1986年《总表》对"歡"的简化处理。

雅解

【歡】huān 喜乐。如:～乐。《说文·欠部》:"歡,喜樂也。"〔清〕萧方骏褚楷书法《重修嘉祥縣龍王廟碑記》:"百姓歡樂,紳耆咸在"。(见图54)

【懽】㈠huān 同"歡"。欢喜。《说文·心部》:"懽,喜歡也。"段玉裁注:"懽與歡,音義皆略同。"《正字通·心部》:"懽,同歡。"《吕氏春秋·本味》:"不謀而親,不約而信,相為殫智竭力,犯危行苦,志懽樂之,此功名所以大成也。"㈡guàn 忧惧无处诉说。《爾雅·釋訓》:"懽懽、愮①愮,憂無告也。"《廣韻·换韻》:"懽,憂無告也。"

图54

---

① "愮",读 yáo。忧;恐惧。

【讙】㈠ huān 喧哗。《說文·言部》："讙，譁也。"《篇海類編·人事類·言部》："讙，衆聲也。"㈡ huàn 同"唤"。呼唤。《篇海類編·人事類·言部》："讙，音唤，呼也。"

【驩】huān ①马名。《說文·馬部》："驩，馬名。"②马和乐的样子。《正字通·馬部》："驩，《備考》：馬和樂貌。"

【欢】"歡"的简化字。

俗解

"懽"是"忄"旁，与心情有关，所以有"忧无告"的意思（这时读 guàn）；"讙"是"言"旁，有"众人发声""喧哗"的意思；"驩"是"馬"字旁，自然和马有关，有"马名""马和乐"等义。

注意

"欢乐"的"欢"不能写作"讙"或"驩"，需要时最好就写它对应的繁体字"歡"。还有"尽欢"的"尽"，是"穷尽"的意思，对应的繁体字是"盡"，不能写成"儘"。

词语

【歡】悲歡離合；不歡而散；合歡；歡愛；歡蹦亂跳；歡唱；歡暢；歡度；歡歌；歡呼；歡叫；歡聚；歡快；歡樂；歡鬧；歡慶；歡聲雷動；歡聲笑語；歡送；歡騰；歡天喜地；歡喜；歡笑；歡心；歡欣；歡顏；歡迎；歡娛；歡愉；歡悅；歡躍；盡歡；狂歡；聯歡；男歡女愛；人歡馬叫；喜歡；新歡。

【懽】懽懽（guànguàn，忧惧无处诉说）。

【讙】讙驚(喧哗驚恐);讙訟(喧哗争讼);讙嚻(喧哗吵闹)。

【驥】馮驥彈鋏(指怀才不遇或有才华的人希望得到恩遇);簡驥(依礼行事而被人误解为简慢无礼)。

▲ 回 / 回迴

回顾

"回"和"迴"是原本就有的字义不同的两个字。1956年《简化方案》把这两个字合并作"回"一个字。1964年《总表》和《字形表》、1986年《总表》、2013年《规范字表》,都相继沿续了1956年《简化方案》对这两个字的合并处理。

雅解

【回】huí ①返到原处。如:～来;～家。〔唐〕王翰《凉州词》:"古來征戰幾人回?"②掉转方向。如:～头;～眸。《説文·口部》:"回,轉也。"③答复。如:～信;～复。鲁迅《故事新编·奔月》有"回老爷……"④量词,用于行为、动作,相当于'次'。如:来过两～。〔宋〕辛弃疾《水調歌頭·盟鷗》有"一日走千回"句。⑤民族名:回族。⑥"迴"的简化字。

【迴】huí 又作"廻"。《玉篇》:"廻,同迴。"曲折环绕。如:～荡;～旋。《廣韻·隊韻》:"迴,曲也。"彭汝楠小楷《岸圃大觀》:"從(従)壺天飛閣以度,閣盡為廊,夷斜相錯,蜿蜒即于平地,朱檻

图 55

廻（迴）翔，如虹如帶。"（見圖55）

俗解

"来回"的"回"表示按原路返回，"回信"也是回复给原写信的人；"迴荡"的"迴"所表示的是环形的、曲折的。

注意

"返到原处""掉转""回复"等意义上，以及作量词和民族名的"回"原本就这样写，不存在对应的繁体字，都不能写作"迴"。还有"回复"的"复"对应的繁体字是"復"，不能写作"複"；"回历"是指回族的历法，这里"历"对应的繁体字是"曆"，不能写作"歷"；"千回百折"的"折"是"曲折"的意思，不能写作"摺"。

词语

【回】百折不回；班师回朝；不堪回首；駁回；撤回；春回大地；打道回府；大地回春；返回；趕回；回拜；回報；回稟；回採；回茬；回潮；回嗔作喜；回程；回春；回答；回單；回電；回跌；回防；回訪；回復；回顧；回光返照；回歸；回歸帶；回歸年；回歸綫；回鍋；回國；回函；回合；回紇；回話；回還；回火；回擊；回見；回教；回敬；回絕；回空；回扣；回來；回老家；回禮；回曆；回流；回籠；回爐；回路；回落；回馬槍；回門；回民；回眸；回目；回娘家；回暖；回聘；回棋；回遷；回青；回請；回去；回身；回升；回聲；回收；回手；回首；回溯；回天乏術；回天無力；回填；回條；回帖；回頭；回味；回

鄉；回想；回響；回銷；回心轉意；回信；回血；回憶；回音；回應；回贈；回漲；回執；回轉；回族；回嘴；幾回；來回；每回；妙手回春；上回；收回；頭回；退回；起死回生；請聽下回分解；送回；挽回；下回；一回；章回小説；召回；折回；這回；走回。

【迴】低迴；峰迴路轉；迴避；迴腸盪氣；迴盪；迴風；迴環；迴廊；迴流；迴繞；迴文詩；迴翔；迴形針；迴旋；輪迴；千迴百折；巡迴；迂迴。

【廻】（用同"迴"）。

【逥】（用同"迴"）。

▲ 毁［燬譭］

回顾

"毁""燬""譭"原本是字义不完全相同的三个字。1955年《一异表》把这三个字归作一组异体字处理，定"毁"为选用字，"燬""譭"为停用字。2013年《规范字表》沿续了1955年《一异表》对这三个字的处理。

雅解

【毁】㈠ huǐ ①破坏。如：～坏。《小爾雅·廣言》："毁，壞也。"〔明〕董其昌审定《戲鴻堂法書·第四冊·千字文》："蓋此身髮（髪），四大五常。恭惟鞠養，豈敢毁傷。"（见图56）②减损；亏缺。《説文·土部》："毁，缺也。"《廣雅·釋言》："毁，虧

图 56

也。"③诽谤。如：诋～；～誉。朱熹："毁者，稱人之惡而損其真。"㈡ huī 儿童乳齿脱换。《集韻·寘韻》："毀，齔（chèn）也。"韦昭注《國語·鄭語》："毀齒曰齔。"《孔子家語·本命》："是以男子八月生齒，八歲而齔；女子七月生齒，七歲而齔。"

【燬】huǐ ①烧毁。《字彙·火部》："燬，火焚壞也。"〔清〕吴锦章《南嶽祝聖寺僧心月嘱跋》："常州 天甯（寧）寺石刻五百應真圖像，為祇園至寶，咸同間燬扵（於）兵世。"（见图57）②烈火。《爾雅·釋言》："燬，火也。"《玉篇·火部》："燬，烈火也。"

【譭】huǐ 毁谤。《集韻·紙韻》："諐，謗也。或作譭，通作毀。"

图57

俗解

"燬"是"火"字旁，专门用于表示大火烧毁；"譭"是"言"字旁，专门用于表示用语言诋毁；"毁"可用于表示所有意义上的损坏。

注意

在不是表示大火烧毁的场合，"毁"不要写作"燬"；在不是表示用语言诋毁的场合，"毁"不要写作"譭"。另外，"冲毁"是指被大水冲坏，这里"冲"不能写成"衝"，需要时可以用"沖"。

词语

【毁】拆毁；冲毁；摧毁；捣毁；毁害；毁坏；毁家纾

難；毀滅；毀棄；毀容；毀傷；毀損；毀於一旦；毀約；撕毀；銷毀；炸毀；墜毀。

【燬】焚燬；燒燬。

【譭】詆譭；譭謗；譭譽。

▲ 汇／匯彙

回顾

"匯"和"彙"原本是字义不同的两个字；"汇"是"匯""彙"两字的共用简化字。1955年《简化表草案》把"匯"简化作"汇"。1956年《简化方案》调整为把"匯""彙"两个字合并简化作"汇"一个字。1964年《总表》和《字形表》、1986年《总表》、2013年《规范字表》，都相继沿续了1956年《简化方案》对"匯""彙"两字的合并简化处理。

雅解

【匯】huì 又作"滙"。《正字通·水部》："匯，或作滙。"①河流相会合。《集韵·隊韵》："匯，水回合也。"〔明〕彭汝楠小楷《岸圃大觀》："水自河三摺而滙（匯）于池，經瓠渟可步，盤旋隱（隱）現。"（见图58）②货币从一处流动到另一处。如：～款；～兑。

【彙】huì 聚集；总合。如：～總；～編。〔清〕黄宗羲《朱止谿先生墓葬誌銘》："復選用漢至明，凡二十二代之詔、令、奏、疏、彙為一集，曰《經世書》。"

【汇】"匯""彙"二字的共用简化字。

图58

俗解

"匯"是原物的流动,到了目的地,出发地就没有原物了;"彙"是原物的镜像,如彙编,编成的材料印行后,原来的材料仍然分散存在。

注意

"汇"对应的繁体字有"匯"和"彙"两个,要按不同语境区分使用。"汇款"意义上的"汇",对应的繁体字是"匯",不能写成"彙";"汇总"意义上的"汇",对应的繁体字是"彙",不能写成"匯"。

词语

【匯】百老匯;創匯;電匯;換匯;匯兑;匯費;匯合;匯價;匯款;匯流;匯率;匯票;匯市;結匯;票匯;僑匯;融匯;套匯;外匯;信匯;押匯;郵匯。

【彙】詞彙;辭彙;彙報;彙編;彙集;彙刊;彙展;彙整;彙總;語彙;字彙;總彙。

▲ 伙 / 伙夥 – 夥

回顾

"伙"和"夥"是原本就有的字义不同的两个字。1955年《简化表草案》把"伙"跟"火"合并作"火"。1956年《简化方案》改为把"伙""夥"两个字合并作"伙"一个字。1964年《总表》沿续了1956年《简化方案》对这两个字的合并处理,但加注规定"作多解的夥不简化"。同年《字形表》在对这两字按合并处理的同时，另又把"夥"字作为规范字收入。1986年《总表》沿续了1964年《总表》对"伙""夥"这两个字的处理。2013年《规范字表》作了调整，把"夥"转为规范字，收入三级字表，序号7669。《对照表》则仍把"夥"列为"伙"的繁体字，并把1964年《总表》上的注改为："夥：作'多'解时不简化作'伙'"。

雅解

【伙】㈠ huǒ ①伙食。如：～房；起～；搭～。②"夥"不作"多"解时的简化字。㈡ huo 用于"家伙"一词。①指杂物、工具或武器。如：家～什；抄起家～。②指人（表示亲昵或轻视）或牲畜。如：这个家～。

【夥】huǒ ①由同伴组成的集体。如：团～；合～。《中華大字典·夕部》："夥，衆也。世稱合股營業謂合夥。"②同伴；参加同一组织或共同活动的成员，由"团夥"引申而来。如：同～；～伴。〔明〕阮大铖《燕子箋·試窘》："我們是接場中相公的，夥計，今年規矩森嚴，莫擠近柵欄邊。"

俗解

起伙做饭是要烧火的，所以"伙"字有"火"；团伙是由多人组成的，所以对应的繁体"夥"字有"多"。

注意

"伙食"义上的"伙"原本就是这样写，不存在对应的繁体字，不能写作"夥"。

"退伙"一词有两个意思，使用传统（沿用）字时，两个意思要用不同的字。当表示"从某个伙食单位中退出来，不再在这里吃饭"这个意思时，要使用"伙"，写成"退伙"；当表示"从某个团伙中退出来，不再做这个团伙的成员"这个意思时，要使用"夥"，写成"退夥"。

"散伙"也有两个意思，使用传统（沿用）字时，两个意思也要用不同的字。当表示"一个伙食单位解散"这个意思时，要用"伙"，写成"散伙"；当表示"一个团体解散"这个意思时，要用"夥"，写成"散夥"。

还有"搭伙"和"搭夥"。"搭伙"是指加入某个伙食单位，和大家一起起伙吃饭；"搭夥"是说参加某个团体，或者两个或多人合作做某件事，比如"我們搭夥做買賣好嗎？"

词语

【伙】幫伙；包伙；搭伙（搭帮吃饭）；伙房；伙夫；伙食；傢伙（huo）；開伙；入伙（加入伙食单位）；散伙（解散伙食单位）；退伙（退出伙食单位）；小伙子。

【夥】拆夥；搭夥（结伴）；大夥儿；大家夥；合夥；夥伴；夥耕；夥計；夥同；夥種；結夥；入夥（参加某个团体）；散夥（解散团体）；同夥；團夥；退夥（退出团体）；一夥子。

▲ 获 / 獲穫

回顾

"獲"和"穫"原本是两个字义不同的字；"獲"是

"獲""穫"两字的共用简化字。1955年《简化表草案》把"獲"简化作"获"。1956年《简化方案》改为把"獲""穫"两个字合并简化作"获"一个字。1964年《总表》和《字形表》、1986年《总表》、2013年《规范字表》,都相继沿续了1956年《简化方案》对"獲""穫"两字的合并简化处理。

雅解

【獲】huò ①打腊或打战俘获的。如:捕～;抓～。《説文·犬部》:"獲,獵所獲也。"郑玄注《禮記·檀弓下》:"獲謂係虜之。"〔明〕文徵明小楷《千字文》:"誅斬賊盜,捕獲叛亡。"(见图59)②得到。如:～得;～取;～救。《廣雅·釋詁三》:"獲,得也。"《漢書·武帝紀》:"(太初)四年春,貳師將軍廣利斬大宛王首,獲汗血馬來。"

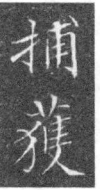

图 59

【穫】huò 收割庄稼。如:收～。《説文·禾部》:"穫,刈穀也。"《玉篇·禾部》:"穫,刈禾也。"〔清〕雍正《世宗御書四宜堂法帖》:"數十年來户口日繁,而土田止(只)有此數,非率天下農民竭力畊(耕)耘,兼收倍穫,欲家室盈寧,必不可得。"(见图60)

图 60

【获】"獲""穫"二字的共用简化字。

俗解

"穫"字是"禾"旁,与庄稼相关,所以"收获庄稼"义上繁体要用"穫";"獲"的"犭"旁表示和动物相关,所以表示打猎捕获猎物,也泛指获得财物、知识、荣誉等。

注意

"获"对应的繁体字有"獲""穫"两个,写繁体字时要区分不同语境正确选择使用。

词语

【獲】捕獲;不勞而獲;查獲;大獲全勝;大有斬獲;俘獲;獲得;獲獎;獲救;獲利;獲鹿縣;獲取;獲勝;獲釋;獲悉;獲益;獲益匪淺;獲益良多;獲知;獲致;獲准;獲罪;繳獲;接獲;截獲;虜獲;孟獲;拿獲;破獲;起獲;擒獲;人贓俱獲;榮獲;如獲至寶;拾獲;一無所獲;斬獲;抓獲。

【穫】收穫。

J

▲ 饥／飢饑

回顾

"飢"和"饑"原本是字义不同的两个字;"饥"是"飢""饑"两字的共用简化字。1955年《简化表草案》把"飢""饑"两个字合并作"飢"一个字。1956年《简化方案》予以确认,又把偏旁"食"简化作"饣"。1964年《总表》把"饑"简化作"饥"。1964年《字形表》和1986年《总表》都沿续了1964年《总表》对"饑"的简化处理。2013年《规范字表》做了调整,把"飢""饑"两个字合并简化作"饥"一个字。

雅解

【飢】jī 饿。如:～饿;～肠。〔唐〕慧琳《一切經音義》卷二十九引《蒼頡篇》:"飢,餒也,腹中空也。"刘园集帖第3卷《宋賢四十五種·黄山谷詩翰·謝永新宋今惠石耳長句》:"飢欲食首山薇,渴欲飲穎川水。"(见图61)〔元〕劉時中《端正好·上高監司》:"甑生塵老弱飢,米如珠少壯荒。"

【饑】jī 荒年。如:～荒;～年。《爾雅·釋天》:"饑,穀不孰(熟)為饑。"郭璞注:"五穀不成。"〔清〕

图 61

王澍楷书《范公神道碑》："……嘗以山東饑潦請賑救"。（见图 62）

【饥】"飢""饑"二字的共用简化字。

俗解

"飢""饑"两字的字形，区别在于右半。右半笔画少的"飢"是"肚子饿"的"飢"；右半笔画多的"饑"是"饑年"的"饑"。

图 62

注意

表示"饥饿"的"饥"，对应的繁体字是"飢"，不能写成"饑"；表示"饥荒""饥年"的"饥"，对应的繁体字是"饑"，不能写成"飢"。另外，"积谷防饥"的"谷"是指五谷，对应的繁体字是"穀"。

词语

【飢】充飢；號寒啼飢；飢不擇食；飢腸轆轆；飢餓；飢寒交迫；飢渴；飢色；忍飢挨餓；如飢似渴。

【饑】積穀防饑；饑荒；饑饉；饑民。

▲ 几 / 几幾

回顾

"几"和"幾"是原本就有的，读音和字义都不相同的两个字。1955 年《简化表草案》把"几""幾"两个字合并作"几"一个字。1956 年《简化方案》予以确认。1964 年《总表》和《字形表》、1986 年《总表》、2013 年《规范字表》，都相继沿续了1956年《简化方案》对这两个字的合并处理。

雅解

【几】㈠jī ①小桌子。如：茶～。《说文·几部》："几，踞几也。"〔明〕彭汝楠小楷《岸圃大观》："推櫺则几案悉受山水"。（见图63）② "幾"的简化字。㈡jǐ "幾"的简化字。

图63

【幾】㈠jǐ ①询问数目的多少。如：～个人；～时。《玉篇·丝部》："幾，幾多也。"〔宋〕张即之书法《詩三首·懷保叔寺鏞公》："十載幾番閒往返，鏞公為我眼添青。"（见图64）②做代词。如：这～个人；这～辆车。㈡jī 非常接近。如：～乎。《爾雅·釋詁下》："幾，近也。"

图64

俗解

"几""幾"二字，读阴平时用"几"（"非常接近"义上用"幾"）；读上声（第三声）时用"幾"。又："几"很像茶几的样子。

注意

"茶几"义上的"几"原本就这样写，不存在对应的繁体字，不能写作"幾"。还有"吃几碗干饭"的"干"，对应的繁体字是"乾"，不能写作"幹"。

词语

【几】茶几；窗明几净；几案。

【幾】曾幾何時；吃幾碗乾飯；凡幾；好幾；幾(jī)乎；

141

幾次；幾度春風；幾多；幾個；幾何；幾何體；幾何學；幾回；幾家歡樂幾家愁；幾斤幾兩；幾經；幾年；幾日；幾時；幾歲；幾天；幾許；幾樣；老幾；寥寥無幾；庶幾；所剩無幾；未幾；相差無幾；相去無幾。

▲ 绩(績)[勣]–勣(勣)

回顾

"績"和"勣"原本是字义不完全相同的两个字。1955年《一异表》把这两字归作一组异体字处理，定"績"为选用字，"勣"为停用字。1956年《简化方案》把偏旁"糹"简化作"纟"；偏旁"貝"简化作"贝"。1964年《总表》把"績"整字简化作"绩"。《字形表》和1986年《总表》都沿续了1964年《总表》对"績"的简化处理。2013年《规范字表》作了调整，把"勣"简化作"勣"，转为规范字收入三级字表，序号6932，并加注规定："可用于姓氏人名"。《对照表》则仍把"勣"列为"績"的停用异体字。

雅解

【績】jì ①把麻绳等纤维搓捻成绳或线。《说文·糸部》："績，緝也。"②功业；成绩。如：政～；戰～。《爾雅·釋詁下》："績，成也。"《廣韻·錫韻》："績，功業也。"东魏刻本《李仲璇修孔子廟碑》："政績絹熙之美"。(见图65)

图65

【勣】jì 功绩；事业。也作"績"。《玉篇·力部》：

"勣，功也。"《集韻·錫韻》："勣，功名。通作績。"

【绩】"績"的简化字。

【勣】"勣"的简化字。

俗解

带"纟"旁的字一般都和纺织或纺织品有关，所以"績"比"勣"多了"把麻绳等纤维搓揉成绳或线"的意思。

注意

"把麻绳等纤维搓揉成绳或线"意思上的"绩"，不能写成"勣"；姓氏人名中的"勣（勣）"不要写成"绩（績）"。

词语

【績】成績；豐功偉績；功績；績差股；績紡（緝麻与纺织）；績火（夜间纺织时照明的灯火）；績效；績優股；績織（緝麻与织布）；業績；戰績。

【勣】（现代多见于姓氏人名）。

▲ 夹(夾)[袷袂]− 袷

回顾

"夾"和"袷"原本是字义不完全相同的两个字；"袂"和"袷"互为异体字；"夹"是"夾"的简化字。1955年《一异表》把"夾""袂""袷"三字归作一组异体字处理，定"夾"为选用字，"袂""袷"为停用字。1956年《简化方案》把"夾"简化作"夹"。1964年《总表》和《字形表》、1986年《总表》，都相继沿续了1956年《简化方案》对"夾"

的简化处理。2013年《规范字表》作了调整，把"袷"转为规范字收入二级字表，序号5000，并加注规定："用于'袷袢'，读qiā。读jiá时用'夹'。"《对照表》则仍把"袷"和"裌"一起列为"夾"的停用字；同时把"夾"列为"夹"的繁体字。

雅解

【夾】㈠jiā ①从左右相持。如：～住。《說文·大部》："夾，持也。"段玉裁注："捉物必兩手，故凡持曰夾。"②在左右两边。如：两面～攻。〔唐〕玄应《一切經音義》卷十二："夾，在兩邊也。"彭汝楠小楷《岸圃大觀》："夾埠（岸）垂（垂）楊，一望蔥蒨（郁），咸予手植。"（见图66）③掺杂。如：～杂；～带。《古今韻會舉要·洽韻》："夾，兼也，相雜也。"㈡jiá 双层的。如：～衣；～層。〔唐〕李贺《秦宮詩》："越羅夾衫迎春風"。

图66

【袷】㈠jiā 夹衣。《説文·衣部》："袷，衣無絮。"徐锴《繫傳·衣部》："袷，夾衣也。"㈡jié 相交的衣领。《集韻·洽韻》："袷，領也。"郑玄注《禮記·深衣》："袷，交領也。"㈢qiā 用于"袷袢"一词。袷袢是维吾尔、塔吉克等民族男子所穿的一种无领对襟长袍。

【裌】㈠jiā 同"袷"。《玉篇·衣部》："裌，同袷。"㈡xié 衣襟。《集韻·帖韻》："裌，衽也。"

【夹】"夾"的简化字。

俗解

"夾"字中间的"大"和两边的小"人"都是人的象形，整个字像两个人相向夹一人。"袷""裌"带"衤"旁，都和衣服有关，本义分别是"夹衣""衣襟"。

注意

一般情况下，不提倡把"夹"写成"袷"或"裌"，尤其是和衣服无关的如"夹住""夹杂""夹层"等意思上。需要用传统（沿用）字时，建议用繁体字"夾"。另外，"袷袢"不能写作"夾袢"；"夹板"的"板"原本就这样写，不存在对应的繁体字，不能写成"闆"；"夹注"的"注"，是"注解"的意思，对应的传统（沿用）字是停用字"註"。

词语

【夾】(jiā)報夾；彈夾；汗流夾背；夾板；夾層；夾帶；夾道；夾縫；夾攻；夾擊；夾角；夾緊；夾具；夾克；夾批；夾鉗；夾墙；夾生飯；夾室；夾私；夾心；夾雜；夾竹桃；夾註；夾子；皮夾子；票夾；文件夾。

(jiá)夾襖；夾衫；夾衣；馬夾。

【袷】袷袢。

【裌】（现罕用）。

▲ 家 / 傢

回顾

"家"和"傢"是原本就有的两个字义不同的字。1955

年《简化表草案》把这两个字合并作"家"一个字。1956年《简化方案》予以确认。1964年《总表》和《字形表》、1986年《总表》、2013年《规范字表》，都相继沿续了1956年《简化方案》对这两个字的合并处理。

雅解

【家】jiā ①住所；家庭。如：回～；在～。《说文·宀部》："家，居也。"《玉篇·宀部》："家，人所居，通曰家。"②专门从事某种职业的人。如：音乐～；画～；农～。鲁迅《且介亭杂文二集·"题未定"草》八："中国的史家是早已明白了这一点的。"③量词。如：两～饭馆；三～商店。鲁迅《呐喊·社戏》："住户不满三十家……只有一家很小的杂货店。"④"傢"的简化字。

【傢】jiā ①家庭用具。如：～伙；～具。《紅樓夢》第十四回："一面又搬起傢伙：桌圍、椅搭、坐褥、氊席、痰盒、脚踏之類。"②对人或牲畜的戏谑性称呼。如：这～伙。

俗解

家庭用具都是人用的，所以"傢"字有"亻"旁。

注意

"家庭""专家"意义上，以及做量词时的"家"，原本就是这样写，不存在对应的繁体字，不能写作"傢"。还有"家长里短"的"里"，是"乡里"的意思，本来就这样写，不能写作繁体的"裏"或异体字"裡"；"家当"的"当"，繁体不能写作"噹"；"家累"的"累"，不能写作繁体的"纍"。

词语

【家】安家；白手起家；百家爭鳴；敗家子；搬家；半路出家；本家；別家；兵家；廠家；抄家；成家；持家；仇家；出家；船家；傳家；打家劫舍；大家；當家；道家；店家；東家；獨家；發家；法家；方家；泛家浮宅；分家；革命家；公家；觀察家；官家；管家；國家；國破家亡；行（háng）家；閤家；畫家；皇家；毀家紓難；活動家；家暴；家財；家產；家常；家長里短；家醜；家畜；家傳；家慈；家當；家道；家底；家電；家丁；家法；家訪；家風；家父；家鴿；家規；家計；家家戶戶；家教；家景；家境；家居；家眷；家累；家門；家母；家奴；家譜；家禽；家人；家史；家世；家事；家室；家書；家屬；家俬；家庭；家徒四壁；家務；家鄉；家小；家信；家兄；家學；家訓；家嚴；家宴；家業；家用；家喻戶曉；家園；家賊；家宅；家長；家政；家裝；家族；酒家；居家；看家；科學家；客家；老家；戀家；良家；買家；賣家；美食家；名家；墨家；男家；內當家；娘家；農家；奴家；女家；婆家；起家；傾家蕩產；親家；窮家富路；全家；人家；儒家；如數家珍；喪家之犬；商家；上家；少東家；身家；世家；書家；輸家；私家；思想家；頭家；土家族；玩家；下家；小家；養家；醫家；一家之言；藝術家；贏家；漁家；冤家；雜家；咱家；政治家；住家；專家；莊家；資本家；自成一家；作家。

【傢】傢伙；傢具；傢什。

▲ 奸[姦]

回顾

"奸"和"姦"是原本就有的字义不同的两个字。1955年《简化表草案》把这两个字合并作"奸"一个字。1955年《一异表》改把这两个字归作一组异体字处理，定"奸"为选用字，"姦"为停用字。2013年《规范字表》沿续了1955年《一异表》对这两个字的处理。

雅解

【奸】jiān 奸诈。〔清〕雍正《世宗御書四宜堂法帖·勸農論》："仍嚴禁非時之斧斤，牛羊之踐踏，奸徒之盜竊，亦為民利不小。"（见图67）

图 67

【姦】jiān 淫乱；私通。《說文·女部》："姦，私也。"《漢書·荆燕吳傳》："定國與父康王姬姦，生子男一人。"

俗解

"姦"字有三个"女"，表示不正当男女关系。

注意

"奸""姦"二字虽然有通假用法，但"奸"的本义是"奸诈"，"姦"的本义是"不正当男女关系"。〔清〕段玉裁《说文解字注·女部》："奸，今人用奸为姦，失之。"〔清〕邵瑛《説文解字羣經正字》："但俗有奸、姦通用者，則非也。"所以，表示"奸诈"的如"奸臣""奸计""奸细"等词中的

"奸",都不能写作停用字"姦"。

词语

【奸】鋤奸；漢奸；奸臣；奸宄(guǐ)；奸滑；奸計；奸佞(nìng)；奸商；奸徒；奸細；奸笑；奸邪；奸雄；奸賊；奸詐；狼狽為奸；老奸巨滑；内奸；作奸犯科。

【姦】姦夫；姦情；姦污；姦淫；强姦；輪姦；通姦。

▲ 鉴(鑒)[鑒鑑]

回顾

"鑒""鑑"是在使用习惯上稍有不同的两个字；"鑒""鋻"互为异体字；"鉴"是"鑒"的简化字。1955年《简化表草案》把"鑒"简化作"鉴"。1955年《一异表》把"鑒""鑑""鋻"三字归作一组异体字处理，定"鑒"为选用字，"鑑""鋻"为停用字。1956年《简化方案》确认了1955年《简化表草案》对"鑒"的简化处理。1964年《总表》和《字形表》、1986年《总表》，都相继沿续了1956年《简化方案》对"鑒"的简化处理。2013年《规范字表》沿续了1955年《一异表》对"鑒""鑑""鋻"三个字的异体字处理，以及1986年《总表》对"鑒"的简化处理。

雅解

【鑒】jiàn ①同"鑑"。《廣韻·鑑韻》："鑒，同鑑。"②用于书信的开头。如：台～；鈞～。请人看信的意思。

【鋻】同"鑒""鑑"。《干禄字書·平聲》："鋻，同鑒。"

《字彙·金部》："鑒，同鑑。"

【鑑】jiàn ①古代盛水的大盆。《說文·金部》："鑑，大盆也。" ②（铜制的）镜子。《廣雅·釋器》："鑑謂之鏡。" ③照（镜子）。《廣雅·釋詁三》："鑑，照也。" ④儆戒；借鉴。《廣韻·鑑韻》："鑑，誡也。"《正字通·金部》："考觀古今成敗為法戒者，皆曰鑑。" ⑤察；见。《龍龕手鑑·金部》："鑑，察也。" ⑥姓氏。

【鉴】"鑒"的简化字。

俗解

"金"在下的"鑒""鉴"多用于"审察"义，如"鉴（鑒鑒）定""鉴（鑒鑒）别""鉴（鑒鑒）赏"。〔北宋〕米芾《貫經堂米帖》："以請鑒賞家共印證之。"（见图68）"金"在左的"鑑"多用于"镜子"及其引申义，如"借鑑""以史為鑑"等。〔明〕彭汝楠小楷《岸圃大觀》："其水則自木蘭漸流，歷（歷）数十折至此，輕瀾平漪，澂碧可鑑"。（见图69）

图68

图69

注意

用于写在书信开头的"台鉴""钧鉴"等场合时，"鉴"不要写成"鑑"，需要时可用它自身的繁体字"鑒"或停用字"鍳"。另外，"台鉴"的"台"，不要写作"臺"。

词语

【鑒】大鑒；鑒別；鑒定；鑒核；鑒賞；鑒識；鑒真；

鑒證；鈞鑒；台鑒；印鑒。

【鉴】（用同"鑒"）。

【鑑】波平如鑑；光可鑑人；鑑察；鑑戒；鑑往知來；借鑑；前車之鑑；以史為鑑；殷鑑。

▲ 姜 / 姜薑

回顾

"姜"和"薑"是原本就有的字义不同的两个字。1955年《简化表草案》把这两个字合并作"姜"一个字。1956年《简化方案》予以确认。1964年《总表》和《字形表》、1986年《总表》、2013年《规范字表》，都相继沿续了1956年《简化方案》对这两个字的合并处理。

雅解

【姜】jiāng ①多见于姓氏。②"薑"的简化字。

【薑】jiāng ①薑黄，又名郁金、宝鼎香、毫命、黄薑等。《集韻·陽韻》："薑，《説文》：'禦溼（濕）之菜。'或省。"《吕氏春秋·本味》："和之美者，陽樸之薑，招摇之桂。"②生薑，姜属植物的块根茎。

俗解

除了姓氏用"姜"，其他相关词语中繁体都用"薑"。

注意

姓氏的"姜"原本就这样写，不存在对应的繁体字，不能写作"薑"；还有"干姜"两字的繁体是"乾薑"。

词语

【姜】（多见于姓氏）

【薑】乾薑；薑桂；薑黃；薑是老的辣；薑湯；生薑。

▲ 侥(僥)[傲]-徼

回顾

"僥""傲""徼"三字，"徼"的字义和"僥""傲"不同；"僥""傲"二字的字义也存在差别；"侥"则是"僥"的简化字。1955年《异体字表草案》把"僥""傲""徼"三字归作一组异体字处理，以"徼"为选用字，"僥""傲"为停用字。1955年《一异表》作了调整，定"僥"为选用字，"徼""傲"为停用字。1956年《简化方案》把偏旁"堯"简化作"尧"。1964年《总表》把"僥"整字简化作"侥"。《字形表》把"侥""徼"都作为规范字收入。1986年《总表》沿续了1964年《总表》对"僥"字的简化处理。1988年《通用字表》把"侥""徼"都作为规范字收入。2013年《规范字表》沿续了1986年《总表》对"僥"的简化处理，同时把"徼"作为规范字收入二级字表，序号6134。《对照表》只把"傲"列作"侥"的停用字，"徼"不再作"侥"的停用字，同时把"僥"列作"侥"的繁体字。

雅解

【僥】㈠ yáo 焦僥。同"僬僥"。古代传说中的矮人。《说文·人部》："僥，南方有焦僥，人长三尺，短之极。"㈡ jiǎo

企图意外获得或免去不幸。《集韻·筱韻》："僥，僥倖，求利不止皃（貌）。"〔元〕鲜于枢行书《韓愈送李願歸盤谷序》："伺候扵（於）公卿之門，奔走扵（於）形勢之途，足將進而趑趄，口將言而囁嚅，處污穢而不羞，觸刑辟而誅戮，僥倖扵（於）萬一，老死而後止者，其為人，賢不肖何如也？"（见图70）㈢ jiāo 伪。《集韻·蕭韻》："僥，偽也。"

【儌】㈠ jiǎo 通"徼"。①求取。李贤注《後漢書·王霸傳》："儌，要也。"②边界。《正字通·人部》："儌，邊徼亦作儌。"《武都太守李翕西狹頌碑》："儌外來庭，面縛兩千餘人。"㈡ jiāo 同"僥"。伪。《集韻·蕭韻》："僥，偽也，或从敫。"

【徼】㈠ jiào ①巡察；巡逻。《説文·彳部》："徼，循也。"杨倞注《荀子·富國》："徼，巡也。"②边境；边界。《玉篇·彳部》："徼，邊徼也。"《字彙·彳部》："徼，境也，塞也，邊也。"刘园集帖第15卷《仁聚堂法帖·智·李秀才東園亭記》："朝廷達官大人自閩陬①嶺徼出而顯者，往往皆是。"（见图71）③小路。《廣韻·嘯韻》："徼，小道也。"④终极；归终。王弼注《老子》："徼，歸終也。"⑤激发；激励。《史記·仲尼弟子列傳》："今王誠發士卒佐之以徼其志"。㈡ jiǎo 徼幸。也作"僥幸"。《正字通·彳部》："徼，別作僥。"㈢ jiāo 窃取；抄袭。《廣

---

① 陬，读 zōu，山的角落。

韻·蕭韻》："儌，抄也。"

俗解

"僥""儌"二字都是"亻"旁；"徼"是"彳"旁。从偏旁的不同可提示记住"徼"的字义和"僥""儌"不同。再进一步，从"徼"的"彳"旁可知"徼"有和道路、行走相关的"巡察""边境""小路"等字义。另外，"儌"没有"僥"的"矮人"义，不要把"僬侥"写作"僬儌"。

注意

"徼"已转作规范字，不再是"僥"的停用异体字。不要把"僥"写作"徼"。需要时可用"僥"对应的繁体字"僥"。

词语

【僥】僬侥。

【儌】儌倖（同"僥倖"）。

【徼】邊徼。

▲ 秸 [稭]

回顾

"秸""稭"原本是字义存在差别的两个字。1955年《一异表》把这两个字归作一组异体字处理，定"秸"为选用字，"稭"为停用字。2013年《规范字表》沿续了1955年《一异表》对这两个字的处理。

雅解

【秸】㈠ jiē 农作物脱粒后剩下的茎秆。如：麦～；豆～。

〔清〕魏源《江南吟十首》之一："洋銀價高漕斛大，納過官糧餘秸稃。"㈡ jí 布穀鳥。如：～鞠。《集韻·質韻》："秸，秸鞠，鳴鳩也。"〔宋〕朱熹注《詩·曹風·鳲鳩》："鳲鳩，秸鞠也，亦名戴勝，今之布穀（穀）也。"

【稭】jiē 去了外皮和穗的禾稈。《說文·禾部》："稭，禾藁去其皮，祭天以為席也。"段玉裁注："謂禾莖既刈之，上去其穗，外去其皮，存其淨莖，是曰稭。"

俗解

秸是未去皮的禾稈；稭是去了皮的禾稈。

注意

"秸"和"稭"的字義不同又相近，使用中要仔細區分；特別是"秸鞠"不能寫成"稭鞠"。

詞語

【秸】豆秸；秸（jí）鞠；秸稃（禾稈）；麥秸；黍秸（黍的莖稈）。

【稭】藁稭（祭祀時用的草席）；火麻稭；稭莞（用禾稈編成的席子）；稭席（同"稭莞"）；苴稭（古代祭祀時陳列祭品的草席）；蔴稭（剝了皮的麻稈）；葙稭（農作物莖稈編成的鋪墊物）。

▲ 洁(潔)[絜]- 絜

回顧

"潔"和"絜"原本是字義不同的兩個字；"洁"是"潔"

的简化字。1955年《简化表草案》把"潔"简化作"洁"。1955年《一异表》把"潔"和"絜"归作一组异体字处理，定"潔"为选用字，"絜"为停用字。1956年《简化方案》确认了1955年《简化表草案》对"潔"的简化处理。1964年《总表》和《字形表》、1986年《总表》，都相继沿续了1956年《简化方案》对"潔"的简化处理。2013年《规范字表》作了调整，除了把"潔"简化作"洁"，另又把"絜"转为规范字收入三级字表，序号7282，并加注规定："絜：读xié或jié时均可用于姓氏人名。"《对照表》则仍把"絜"列为"潔"的停用字。

雅解

【潔】jié ①干净。引申为指洁净的东西。如：清～。《説文新附·水部》："潔，瀞（净）也。"《廣韻·眉韻》："潔，清也。"〔唐〕欧阳询《度尚帖》："度尚……事母至孝，盡心供養清潔。"（见图72）②德行操守清白。如：廉～。～身自好。管子《明法》："……如此，則愨①愿之人失其職，而廉潔之吏失其治。"③简明；精练。如：简～。④指和尚。如：～郎（元代对和尚的称呼，省作"潔"）。⑤姓氏。

图72

【絜】(一) jié ①一束麻。《説文·系部》："絜，麻一耑（端）也。"段玉裁注："一耑（端）猶一束也。"②干净。后作"潔"。

---

① 愨，《正字通·心部》："愨，俗慤字。"慤，音què，忠厚诚实。《廣韻·覺韻》："慤，善也；愿也；誠也。"

〔清〕段玉裁《說文解字注·糸部》："絜，又引申為潔净。俗作潔，经典作絜。"③廉洁；清明。〔晋〕刘陶《告廬江郡教》："徵士杜君，德懋行絜。"㈡ xié 用绳子度量围长。《集韻·屑韻》："絜，約束知大小也。"段玉裁注《説文》"絜"字："引申之圍度曰絜。"

【洁】"潔"的简化字。

俗解

"潔"只有 jié 一个音；比"潔"多一个读音 xié 的是"絜"。

注意

"清洁"意思上的"洁"，用到繁体字时，宜用它本身的繁体"潔"。表示"一束麻"的"絜(jié)"，和表示"用绳子度量围长"的"絜(xié)"，不要写作"洁"或"潔"。还有姓氏人名中的"絜"不要写作"洁"或"潔"。

词语

【潔】简潔；潔白；潔净；潔具；潔郎；潔癖；潔身自好；廉潔；清潔。

【絜】絜(xié)矩（审度事理，推此及彼）。

▲ 借 / 借藉 – 藉

回顾

"借"和"藉"是原本就有的，读音和字义都有差别的两个字。1956 年《简化方案》把"借""藉"两字合并作"借"

一个字。1964年《总表》予以沿续，同时加注规定："藉口、凭藉的藉简化作借，慰藉、狼藉等的藉仍用藉"。同年《字形表》在把"借""藉"两字合并作"借"一字的同时，另又把"藉"作为规范字收入。1986年《总表》沿续了1964年《总表》对这两字的处理。2013年《规范字表》作了调整，把"藉"作为规范字收入一级字表，序号3390，同时把1986年《总表》关于"藉"字的注改为："读jí或用于慰藉、衬垫义时不简化作'借'，如'狼藉(jí)''枕藉(jiè)'。"《对照表》则仍然把"藉"列作"借"的繁体字。

雅解

【借】jiè ①借贷。如：～款；～书。《説文·人部》："借，假也。"《字彙·人部》："借，貸也。"《史記·周本紀》："秦借道兩周之閒（間）。""周恐，借之畏於韓，不借畏於秦。" ②"藉"的简化字。

【藉】㈠jí 凌乱。如：狼～。《説文·艸部》："藉，艸（草）不編狼籍（藉）。"〔明〕文徵明小楷《前後赤壁賦》："肴核既盡，杯盤狼籍（藉）。"（见图73）㈡jiè 古代祭祀朝聘时陈列礼品的垫物。《説文·艸部》："藉，祭藉也。"后引申指依托之物。①依靠。如：凭～。②假托。如：～口；～故。③纵横交错躺在一起。如：枕～。④安慰。如：慰～。《後漢書·隗囂傳》："報以殊禮，言稱字，用敵國之儀，所以慰藉之良厚。"

图73

俗解

"借""藉"两字在读 jiè 时的区别是:"借"用于"借贷"义,即"借了要还"的"借";除了这个字义,其他相关词语中一般都用"藉"。读 jí 时两字没有合并使用,还是用"藉"。

注意

"借贷"义上的"借"原本就是这样写,不存在对应的繁体字,不能写作"藉"。还有"借鉴"的"鉴",繁体应写"鑑";"借书证"的"证",对应的繁体字是"證",不能写作"証";"借题发挥"的"发",对应的繁体字是"發",不能写作"髮"。

词语

【借】背城借一;拆借;草船借箭;籌借;出借;東挪西借;好借好還,再借不難;假借;借詞;借代;借貸;借刀殺人;借道;借調;借讀;借方;借風使船;借腹生子;借古諷今;借故;借光;借花獻佛;借火;借鑑;借鏡;借酒澆愁;借據;借款;借米下鍋;借屍還魂;借壽;借書證;借宿;借梯子下樓;借題發揮;借條;借位;借問;借用;借喻;借約;借閱;借韵;借債;借賬;借支;借重;借字;劉備借荊州;挪借;求借;賒借;外借;續借;轉借;租借。

【藉】(jí)杯盤狼藉;狼藉;聲名狼藉。

(jiè)藉端;藉故;藉機;藉口;藉以;藉重;藉助;憑藉;慰藉;蘊藉;枕藉。

▲ 斤 [觔]

回顾

"斤"和"觔"是字义存在差别的两个字。1955 年《一异表》把这两个字归作一组异体字处理，定"斤"为选用字，"觔"为停用字。2013 年《规范字表》沿续了 1955 年《一异表》对这两个字的处理。

雅解

【斤】jīn ①量词。重量单位。旧制 1 斤 16 两；现 1 斤 10 两；公制 500 克。②察之过分。如：斤斤计较。《爾雅·釋訓》："斤斤，察也。"《後漢書·吳漢傳》："及在朝廷，斤斤謹質，形於體貌。"③古代一种砍物工具，与斧相似。《说文·斤部》："斤，斫木也。"段玉裁注："砍木之斧，則謂之斤。"王筠句读："斤之刃橫，斧之刃縱"。周纬《中国兵器史稿·周代劈砍长兵（斧、戉、戚、斤）》："斧之用为直劈，斤之用则为横断也。"〔清〕陈兆仑《紫竹山房临古法帖·洞庭春色赋》："豈千歲之妙質，而死斤斧扵（於）鴻毛。"（见图 74）

图 74

【觔】jīn ①重量单位，同"斤"。《字彙·角部》："觔，今俗多作斤字。"②同"筋"。《正字通·角部》："觔，與筋同。"

俗解

"觔"只在做重量单位用时和"斤"通假。

注意

"斤""觔"两字,只在用作重量单位时可以通假。在"察之过分(斤斤计较)""砍物工具(斤斧)"两义上,"斤"不能写作"觔"。

词语

【斤】斤斧;斤斤計較;弄斤操斧。

【觔】半觔八两;觔两(同"斤两");千觔;市觔。

▲ 尽/盡儘

回顾

"盡""儘"原本是读音和字义都不同的两个字;"尽"是"盡""儘"两字的共用简化字。1955年《简化表草案》把"盡"简化作"尽",把"儘"简化作"侭"。1956年《简化方案》改为把"盡""儘"两字合并简化作"尽"一个字。1964年《总表》和《字形表》、1986年《总表》、2013年《规范字表》,都相继沿续了1956年《简化方案》对"盡""儘"两字的合并简化处理。

雅解

【盡】jìn 竭;完。如:穷～;～情。《廣韻·軫韻》:"盡,竭也。"〔宋〕云胜隶书《新譯三藏聖教序》:"將微蠡量海,未能窮(窮)盡於溟(深)困(淵)者也。"(见图75)

【儘】jǐn ①力求达到最大限度、最大可能。

图75

如：～可能；～量。②以某个范围为极限。如：～着这点米下锅。③让某人或某事在先。如：单间不多，先～女生住。

【尽】"盡""儘"两字的共用简化字。

俗解

"盡"用在没有余量的情况，比如"盡頭"，表示到头了，前面再没有路了；"儘"一般用在还有余量的情况，比如"儘量满足"，往往是不能满足全部要求，尚有一部分要求不能满足。

注意

"尽"对应"盡"和"儘"两个繁体字，在书法创作中，要区分不同语境正确选择使用。还有"吃尽当（dàng）光"的"当"，表示典当，对应的繁体字是"當"，不能写作"噹"；"江郎才尽""人尽其才"的"才"是"才华"的意思，原本就这样写，不存在对应繁体字，不能写作"纔"；"历尽沧桑""历尽艰险"的"历"，是"经历"的意思，对应的繁体字是"歷"，不能写作"曆"；"淋漓尽致"的"漓"，原本就这样写，不存在对应的繁体字，不能写作"灕"。

词语

【盡】不盡長江滾滾流；吃盡當光；除惡務盡；彈盡糧絕；地盡其利；飛鳥盡；費盡唇舌；費盡心機；費盡心思；感激不盡；趕盡殺絕；各盡其職；各盡所能；各盡所用；耗盡；機關算盡；江郎才盡；絞盡腦汁；竭盡全力；筋疲力盡；盡本分；盡歡；盡力；盡情；盡然；盡人皆知；盡人

情；盡人事；盡如人意；盡善盡美；盡數；盡頭；盡孝；盡心；盡興；盡義務；盡在不言中；盡責；盡職；盡忠；鞠躬盡瘁；恪盡職守；苦盡甘來；歷盡滄桑；歷盡艱險；淋漓盡致；鳥盡弓藏；前功盡棄；窮盡；窮形盡相；取之不盡；人盡可夫；人盡其才；仁至義盡；山窮水盡；喪盡天良；受用不盡；書不盡言；損失殆盡；同歸於盡；兔盡狗烹；無窮無盡；物盡其用；詳盡；薪盡火傳；言不盡意；言無不盡；言之不盡；一網打盡；一言難盡；一飲而盡；意猶未盡；應有盡有；用盡心思；油盡燈枯；斬盡殺絕；自盡。

【儘】儘管；儘可能；儘快；儘量；儘早；儘自。

▲ 径(徑)[逕]‒迳(逕)

回顾

"徑"和"逕"原本是字义不完全相同的两个字；"径""迳"依次分别是"徑"和"逕"的简化字。1955年《简化表草案》把"徑"简化作"徑"，把"逕"简化作"迳"。1955年《一异表》把"徑"和"逕"归作一组异体字处理，定"徑"为选用字，"逕"为停用字。1956年《简化方案》把偏旁"巠"简化作"圣"。1964年《总表》把"徑"整字简化作"径"。《字形表》和1986年《总表》都沿续了1964年《总表》对"徑"字的简化处理。2013年《规范字表》作了调整，把"逕"简化作"迳"后转为规范字收入三级字表，序号6745，并加注规定："可用于姓氏人名、地名"。《对照表》除了把"俓"列为"径"的繁体字,把"逕"列作"迳"的繁体字,又仍然把"逕"列作"俓"的停用字。

雅解

【俓】㈠ jìng ①小路。也泛指道路。如:曲～通幽;路～。《說文·彳部》:"俓,步道也。"《玉篇·彳部》:"俓,小路也。"〔清〕成亲王《揚州襍(雜)詠八首》:"竹西路俓水邊樓"。(见图 76)②几何学名词。如:直～;半～。〔宋〕李诫《營造法式·統釋下》:"圜俓七,其圍二十有二。"③直捷。如:～直。《集韻·俓韻》:"俓,直也。"㈡ jīng ①经过。《集韻·青韻》:"俓,行過也。"按:现作"经(經)"。②南北为径(俓)。李善注《文選·張衡〈西京賦〉》:"南北為俓。"按:现作"经(經)"。

图 76

【逕】jìng ①同"俓",小路。《玉篇·辵部》:"逕,路逕也。"②经过。《字彙·辵部》:"逕,過也。"③直捷。《類篇·辵部》:"逕,直也。"④古文中也指直径。〔三国·魏〕曹植《承露盤銘序》:"皇帝乃詔有司鑄銅建承露盤,在芳林園中,莖長十二丈,大十圍,上盤逕四尺九寸,下盤逕五尺。"

【径】"俓"的简化字。

【迳】"逕"的简化字。

俗解

"俓"带"彳"旁,与道路相关,侧重"小路"义;"逕"带"辶"旁,与行走相关,侧重"经过""直捷"义。

注意

"路径""直径"的"径"繁体不要写作停用字"迳",需要时可用"径"对应的繁体字"徑";"径直"可写作"迳直"。还有就是姓氏人名、地名中的"迳"不要写作"径",如要写简化字,应写作"迳"。

词语

【徑】半徑;大相徑庭;獨闢蹊徑;捷徑;徑賽;徑庭;口徑;路徑;門徑;內徑;曲徑;田徑;途徑;外徑;直徑。

【迳】迳向;迳行;迳行辦理;迳直;迳自。

▲ 局 [侷跼]

回顾

"局""侷""跼"原本是字义不完全相同的三个字。1955年《一异表》把这三个字归作一组异体字处理,定"局"为选用字,"侷""跼"为停用字。2013年《规范字表》沿续了1955年《一异表》对这三个字的处理。

雅解

【局】jú ①局促。《說文·口部》:"局,促也。"②狭小。《管子·白心》:"大者寬,小者局。"③弯曲。《玉篇·口部》:"局,曲也。"④卷曲。毛传:"局,捲也。"⑤近;短。《小爾雅·廣詁》:"局,近也。"⑥局部;部分。郑玄注《禮記·曲記上》:"局,部分也。"⑦机关或单位。如:邮~;文化~;

中华书～。茅盾《子夜》二："一面请公安局派警察保护工厂，一面呈报社会局。"⑧量词。棋类或球类比赛的一个阶段。如：三～两胜；输了一～。〔唐〕白居易《因梦有悟》："欹曲幾杯酒，從容一局棋。"①⑨局面；形势。如：时～；大～。⑩宴游等娱乐性集会。如：饭～。老舍《四世同堂·偷生》："今儿个又有四个饭局！"⑪圈套。如：设～。《紅樓夢》第十二回："王熙鳳毒設相思局。"

【侷】jú 用于"侷促"一词，也作"局促"。①短小；狭小。《廣韻·燭韻》："侷，侷促，短小。"黄侃《礼学略说》："然其历时修短，含义广侷，则迥不侔。"②拘谨；不自然。如：～促不安。③时间短促。如：半个月太～促，恐怕来不及。

【跼】jú ①跼躅；迫屈不伸。《集韻·燭韻》："跼，跼躅不伸也。"〔明〕文徵明《停雲館帖》："顧我跼蹐弹丸之地……"（见图77）②俯。《廣韻·燭韻》："跼，俛(俯)也。"③促。《廣韻·燭韻》："跼，促也。"④举起一脚。李善引《聲類》："偏舉一足曰'跼蹄'也。"⑤马行不进。《西京雜記》卷四："滕公駕至東都門，馬鳴跼不肯前。"

图77

俗解

"跼"带"𧾷"旁，可以由此记住它有"举起一脚"义。"马行不进"则和马的脚有关系，也可以由此记住"跼"还

---

① 诗词网作"款曲数杯酒，从容一局棋。"

有"马行不进"义。

注意

只有"局促"的"局"可以写作"侷"或"跼",其他词中三字不能互换使用。如"局部""邮局""时局""饭局""设局"的"局"都不能写作"侷"或"跼","跼蹄"也不能写成"局蹄"或"侷蹄"。

词语

【局】敗局;佈局;殘局;出局;大局;當局;定局;賭局;飯局;格局;僵局;攪局;結局;酒局;局部;局地;局点(一局比赛中决定胜负的关键点);局面;局內;局勢;局外;局限;局域網;局子(圈套);開局;牌局;棋局;全局;設局;勝局;時局;世局;危局;郵局;政局;中局;終局。

【侷】侷促;侷迫;侷縮。

【跼】跼天蹐地(小心地小步走);跼蹐("跼天蹐地"的略写);跼躅(走走停停);踡跼。

▲ 巨 [鉅]– 钜(鉅)

回顾

"巨"和"鉅"原本是字义存在差别的两个字;"钜"是"鉅"的简化字。1955年《异体字表草案》把"巨""鉅"两字归作一组异体字处理,以"巨"为选用字,"鉅"为停用字。1955年《一异表》予以确认。2013年《规范字表》作了调整，把"鉅"简化作"钜"，作为规范字收入三级字表中，序号6845，并加注规定："可用于姓氏人名、地名"。《对照表》则仍把"鉅"列为"巨"的停用字。

雅解

【巨】jù 大。如：～大；～人。《方言》卷一："巨，大也。齊宋之間曰巨。"

【鉅】jù ①坚硬的铁。《説文·金部》："鉅，大剛（鋼）也。"吴善述："大剛即今所謂鋼，煉鐵為之，以堅鋒刃者。古無鋼字，即剛是。"②同"巨"。大。《玉篇·金部》："鉅，大也。今作巨。"按：先有"巨"而后有"鉅"，是很明白的。说古有"鉅"今作"巨"，把先后顺序搞反了。可见"鉅"的本义是"坚硬的铁"。③钩。李善注《文選·潘岳〈西征賦〉》："鉅，鉤（鈎）也。"④姓氏。

【钜】"鉅"的简化字。

俗解

"鉅"带"金"旁，是一种金属，即坚硬的铁。

注意

书法创作中，"巨大"可以写成"钜（鉅）大"；但在"坚硬的铁"这个意思上，"钜（鉅）"不能写成"巨"；还有姓氏人名、地名中的"钜（鉅）"也不能写作"巨"。

词语

【巨】富商巨賈；鴻篇巨製；艱巨；巨變；巨擘；巨大；巨額；巨富；巨匠；巨款；巨浪；巨流；巨輪；巨人；巨

儒；巨商；巨貪；巨頭；巨無霸；巨細；巨響；巨星；巨型；巨著；巨資；巨作。

【鉅】鉅鹿縣；鉅野縣。

▲ 据 / 据據

回顾

"据"和"據"是原本就有的，读音和字义都不同的两个字。1955年《简化表草案》把"据""據"两字合并作"据"一个字。1956年《简化方案》予以确认。1964年《总表》和《字形表》、1986年《总表》、2013年《规范字表》，都相继沿续了1956年《简化方案》对"据""據"两字的合并处理。

雅解

【据】㈠ jū 用于"拮据"一词。经济窘迫。如：手头拮～。《紅樓夢》第一百零八回："但近來因被抄以後，諸事運用不來，也是每形拮据。"㈡ jù "據"的简化字。

【據】jù ①可做证明的事物。如：证～；依～。〔晋〕郭璞《〈爾雅〉序》："事有隱滯，援據徵之。"②占有；处于。如：盘～；占～。〔晋〕索靖章草《皋陶帖》："按城據號，裁割幸戮。"（见图78）

俗解

两字声调原本不同。"据"读阴平（第1声）；"據"读去声（第四声）。读阴平时用"据"；读去声时才可以用"據"。

图78

注意

"拮据"的"据"原本就这样写,不存在对应的繁体字,不能写作"據"。还有"证据"的"证",是"证明"的意思,对应的传统(沿用)字是"證",不要写作"証"。

词语

【据】拮据。

【據】不足為據;查無實據;單據;割據;根據;根據地;借據;據稱;據此;據點;據理力爭;據實;據守;據說;據為己有;據悉;據險;考據;理據;論據;盤據;票據;憑據;欠據;竊據;收據;數據;言必有據;依據;引經據典;於法無據;佔據;真憑實據;證據;字據。

▲ 卷 / 卷捲

回顾

"卷"和"捲"是原本就有的,读音和字义都不相同的两个字。1955年《简化表草案》把这两字合并作"卷"一个字。1956年《简化方案》予以确认。1964年《总表》和《字形表》、1986年《总表》、2013年《规范字表》,都相继沿续了1956年《简化方案》对这两个字的合并处理。

雅解

【卷】㈠juàn ①书籍。如:手不释~。《廣韻·線韻》:"莦(juàn),書卷,今作卷。"〔明〕释宗泐楷书《贈解姪文》:"愚讀至此,不覺掩卷長嘆。"(见图79)②机关里保存的文书。如：案～；～宗。《金史·高衎傳》："每季選人至，吏部託以檢閱書籍，謂之檢卷。"③量词；书籍的册次。如：（书的）上～；下～。〔清〕吴善述《説文廣義校訂》："古者用韋及縑爲書，卷而藏之，有一卷、二卷之偁（稱）。"㈡juǎn "捲"的简化字。

图79

【捲】juǎn ①把物品裹成圆筒形。如：～铺盖。《説文·手部》："捲，捲收也。"〔民国〕冯玉祥隶书《詩刻四首·割穀》："褲筒高捲上膝蓋"。（见图80）②圆筒形的物品。如：～尺；～烟。《老殘遊記》第十七回："……把翠環的鋪蓋捲也搬走了。"③量词。如：一～纸。《老殘遊記》第十七回："平白地把翠環的一捲行李也饒（繞）在裏頭，你説冤不冤呢？"

图80

俗解

把东西卷起来要用手，所以传统（沿用）字要用带"扌"的"捲"。又：两字在不同用法中音调不同。读去声（第4声）时用"卷"；读上声（第3声）时可以用"捲"。

注意

"书籍""案卷""上卷""下卷"等意义上的"卷"，原本就这样写，不存在对应的繁体字，不能写作"捲"。还有"行千里路，读万卷书"的"里"，是指长度单位"里"，也是原本就这样写，不存在对应的繁体字，不能写作"裏"或"裡"；"卷发"的"发"，是指头发，对应的繁体字是"髮"，不能写作"發"；"卷须"的"须"，是指某些植物上的须状器官，对应的繁体字是"鬚"，不要写作"須"。

词语

【卷】案卷；白卷；閉卷；殘卷；長卷；答卷；讀書破萬卷；改卷；畫卷；交卷；卷次；卷帙；卷軸；卷子；卷宗；開卷；開卷有益；考卷；批卷；評卷；試卷；手不釋卷；書卷；問卷；行千里路，讀萬卷書；掩卷；閱卷；硃卷。

【捲】春捲；蛋捲；翻捲；風捲殘雲；花捲；膠捲；捲餅；捲尺；捲地皮；捲髮；捲積雲；捲甲重來；捲款；捲褲腿；捲浪翻波；捲簾格；捲簾門；捲鋪蓋；捲曲；捲入；捲繳花序；捲舌音；捲逃；捲土重來；捲心菜；捲鬚；捲煙；捲揚機；捲葉蛾；捲紙；捲走；龍捲風；漫捲；鋪蓋捲；舒捲；席捲；行李捲；煙捲。

▲ 撅 – 噘

回顾

"撅"和"噘"是字义不同的两个字，现在都是规范字。1955年《一异表》把"撅""噘"两字归作一组异体字处理，定"撅"为选用字，"噘"为停用字。2013年《规范字表》作了调整，把"噘"转为规范字收入二级字表，序号5910，并加注规定："噘：义为噘嘴。不再作为'撅'的异体字。"

雅解

【撅】juē ①以手有所把。《说文·手部》："撅，以手有所把也。"②拔;拔起。《集韻·薛韻》:"撅,撥也。"③翹起。如:～着尾巴。《紅樓夢》第一百零二回:"(毛半仙)説完了,便撅着鬍子坐着。"

【噘】juē 嘴巴翹起。如:～嘴。茅盾《虹》三:"张女士愤愤地说,把一张嘴噘得很高。"

俗解

"撅"带"扌"旁,表示手的动作;"噘"带"口"旁,表示嘴的动作。

注意

"噘"已经是规范字,不要再把它当作"撅"的异体字。不要把"撅"写成"噘"。

词语

【撅】撅根柳條;撅屁股;撅尾巴。

【噘】噘嘴。

K

▲ 慨 [嘅]

回顾

"慨"和"嘅"原本是字义不完全相同的两个字。1955年《一异表》把这两个字归作一组异体字处理,定"慨"为选用字,"嘅"为停用字。2013年《规范字表》沿续了1955年《一异表》对这两个字的处理。

雅解

【慨】kǎi ①形容愤激的样子。如:愤～。《说文·心部》:"慨,忼(慷)慨,壯士不得志也。"徐锴《繫傳·心部》:"内自高亢憤激也。"②叹息,忧伤。如:～然。《玉篇·心部》:"慨,太(嘆)息也。"〔元〕王安石《少狂喜文章》:"撥書置左右,仰屋慨平生。"③不吝惜。如:慷～。《西遊記》第二十六回:"特來尊處求賜一方醫治,萬望慨然。"

【嘅】㈠ kài 叹息,也作"慨"。《说文·口部》:"嘅,嘆也。"㈡ gé 在粤方言中作助词,相当于普通话中的"的"。如"噉樣做喺啱嘅(这样做是对的)"。

俗解

"慨"带"忄"旁,主要表示一种心态(愤慨;慷慨);"嘅"带"口"旁,主要表示一种语气(叹息)。

注意

表示"愤激""不吝惜"时,如"愤慨""慷慨"的"慨",不要写成"嘅"。

词语

【慨】愤慨;感慨;慨當以慷;慨然;慷慨;慷他人之慨;慨允。

【嘅】嘅嘆;嘆嘅。

▲ 炕 [匟]

回顾

"炕""匟"原本是字义不同的两个字。1955 年《一异表》把这两个字归作一组异体字处理,定"炕"为选用字,"匟"为停用字。2013 年《规范字表》沿续了 1955 年《一异表》对这两个字的处理。

雅解

【炕】kàng 北方用土坯砌成的可以生火取暖的床。《正字通·火部》:"炕,北方煖(暖)牀(床)曰炕。"〔清〕梁绍壬《兩般秋雨庵随笔·土炕》:"北人以土為牀(床),而空其下以置火,名之曰炕。"〔宋〕范成大《丙午新正書懷》之五:"穩作被爐如臥炕,厚裁綿旋勝披氈。"

【匟】kàng 匟床。《篇海類編·器用類·匚部》:"匟,匟床,坐床也。"《汉语词典》(简本)[①]:"匟牀"条:"两人

[①] 中国大辞典编纂处编,商务印书馆 1957 年 12 月重印第 1 版。

並（并）坐之榻。"崔咏雪在《中國家具史·坐具篇》中介紹：炕床是一種可以兩人并坐的精致木床。床上有小几子，床前有擱脚的脚搭子。放在大廳上，可坐可臥。明清時期，炕床經常與太師椅等組合擺放在一起。巴金《家》十四："他无力地躺在炕床上，半閉着眼睛，人顯得很憔悴。"

俗解

炕是睡眠用具；炕是坐具。

注意

炕和炕是两种不同的事物。"炕"不能写成"炕"；"炕"也不能写成"炕"。另外"炕几"的"几"是指茶几一类的家具，原本就这样写，不存在对应的繁体字，不能写作"幾"。

词语

【炕】火炕；炕梢；坑頭；炕蓆；炕沿；炕桌；熱炕；土坑。

【炕】炕床；炕几。

▲ 克 / 克剋 – 剋

回顾

"克"和"剋"是原本就有的，读音和字义都存在差别的两个字。1955年《简化表草案》把"克""剋"两字合并作"克"一个字。1956年《简化方案》予以确认。1964年《总表》和《字形表》、1986年《总表》，都相继沿续了1956年

《简化方案》对"克""剋"两字的合并处理。2013年《规范字表》作了调整,把"剋"转为规范字,收入二级字表,序号4134。《对照表》则仍把"剋"列作"克"的繁体字,并加注规定:"剋:表示训斥、打人时读kēi,不简化作'克'。"

雅解

【克】kè ①控制;突破。如:～制;～服;攻～。《左傳·莊公十一年》:"得儶(xié)曰克。"《字彙·人部》:"儶,同儶。"《正字通·人部》:"儶,俗携字。"孔颖达疏:"克訓勝也。"〔唐〕颜师古《等慈寺碑》:"乃命克敵之處(处),普建道場,情均彼我,恩洽同異。"(见图81)②能。如:～勤～俭。《詩·大雅·蕩》:"靡不有初,鮮克有終。"郑玄笺:"克,能也。"③重量单位,千克(kg)的千分之一。④"剋"读kè时的简化字。

图81

【剋】㈠ kè ①严格限定。如:～日;～期。《篇海類編·器用類·刀部》:"剋,剋期,約定期日也。"②私自扣减;侵削。如:～扣。《篇海類編·器用類·刀部》:"剋,損削也。"③伤害。如:～星。《廣韻·德韻》:"剋,殺也。"㈡ kēi 打骂;训斥。如:挨～。

俗解

"剋扣"的"剋"字比"克"多了一个"刂",可以把剋扣想像成用刀切掉一点。

注意

"控制""突破"义上如"克制""克服"等词中的"克",

以及做重量单位的"克",原本就这样写,不存在对应的繁体字,不能写作"剋"。还有地名"阿克苏"的"苏",对应的繁体字是"蘇",不要写成"囌";"克当量"的"当",对应的繁体字是"當",不要写成"噹";"克敌制胜""克制"的"制",原本就这样写,不存在对应的繁体字,不能写作"製";"克尽职守"的"尽",对应的繁体字是"盡",不能写作"儘";"克卜勒"的"卜",不能写成"蔔";"夸克"的"夸",不能写成"誇"。

词语

【克】阿克蘇;愛克斯光;奧林匹克;巴貝克;巴爾扎克;巴洛克風格;巴洛克藝術;巴斯克人;班克斯島;博克達山;伯克來;布爾什維克;德克薩斯洲;丁克;多米尼克;鄂溫克族;法蘭克福;哥薩克;攻艱克難;攻克;攻無不克;共克時艱;哈薩克;哈耶克;毫克;夾克(茄克);捷克;克當量;克敵制勝;柯爾克孜族;克分子;克服;克格勃;克己;克己奉公;克己復禮;克盡職守;克拉;克朗;克里米亞;克里姆林宮;克明;克勤克儉;克讓;克絲鉗子;克原子;克制;夸克;力克;羅曼蒂克;洛克;洛克菲勒;馬克;馬克思;馬克吐溫;馬賽克;麥克風;麥克阿瑟;孟什維克;莫桑比克;派克;撲克;千克;巧克力;薩克斯;斯洛伐克;塔吉克;坦克;烏克蘭;烏茲別克;錫克教;相克;相生相克;休克;伊拉克;以柔克剛;戰無不克。

【剋】挨剋(kēi);剋夫;剋扣;剋期;剋日;剋星;

尅（kēi）架；天尅地衝；相尅；相生相尅。

▲ 叩 [敂]

回顾

"敂"和"叩"原本是字义不完全相同的两个字。1955年《一异表》把这两个字归作一组异体字处理，定"叩"为选用字，"敂"为停用字。2013年《规范字表》沿续了1955年《一异表》对这两个字的处理。

雅解

【叩】kòu ①敲。如：～门。《玉篇·口部》："叩，叩擊也。"〔唐〕锺绍京小楷《靈飛經》："叩齒九通"。（见图 82）②"叩头"一词的简用。《廣韻·厚韻》："叩，叩頭。"

图 82

【敂】kòu 扣击。后作"扣"。《説文·攴部》："敂，擊也。"段玉裁注："自扣、叩行而敂廢矣。"《廣韻·厚韻》："敂，扣打也。"

俗解

"敂"只有"扣击"的意思，没有"叩头"的意思。

注意

"叩头"意思上的"叩"不能写作"敂"。

词语

【叩】叩拜；叩别；叩見；叩門；叩首；叩頭；叩問；叩謝。

【敏】敏擊；敏診。

▲ 扣 [釦]

回顾

"扣"和"釦"是原本就有的，字义存在差别的两个字。1955年《一异表》把这两个字归作一组异体字处理，定"扣"为选用字，"釦"为停用字。2013年《规范字表》沿续了1955年《一异表》对这两个字的处理。

雅解

【扣】kòu ①敲击。《玉篇·手部》："扣，擊也。"②系(jì)住。如：把衣服～上。《兒女英雄傳》第三十八回："一手扣着胸坎兒上的鈕子，一手理着鬢角兒。"③手指扳动枪的扳机。如：～动扳机。④器物口朝下罩住它物。如：倒～。〔清〕林則徐《荊江堤工平穩摺》："經臣覓水摸多人，入水探明所裂之處，用棉被包裹石灰，接連堵塞，復用大鍋扣住。"⑤扣押。《古今小説·沈小霞相會出師表》："那知州姓賀，奉了這項公事，不敢怠慢，即時扣了店主人到來，聽四人的口詞。"⑥从原数中减去一部分。如：～奖金；打折～。〔清〕雍正《世宗御書四宜堂法帖》："扣尅貪婪，人羅其害。"（见图83）
⑦绳结子。《兒女英雄傳》第五回："……打了一个死扣兒。"
⑧用同"筘"。织布机上用以确定经纱密度的机件，也叫"杼"。如：丝丝入～。董必武《次稚天韵》："问道于盲不自

图83

师,欲求入扣思丝丝。"⑨纽扣。〔唐〕汤显祖《牡丹亭·驚夢》:"領扣(釦)松(鬆),衣帶寬。"

【釦】kòu 纽扣。《正字通·金部》:"釦,俗稱衣紐曰釦。"

俗解

"扣"指动作行为(敲击、系〔jì〕住、扣板机、扣押、折扣),所以是"扌"旁;"釦"指物件(纽扣),带"金"旁。

注意

"扣"只能在"纽扣"义上写作"釦";其他如"扣击""扣押""折扣""扣动扳机""死扣""丝丝入扣"的"扣",都不能写作"釦"。另外:"不折不扣"的"折",是"折扣"的意思,原本就这样写,不存在对应的繁体字,不能写成"摺";"扣发(钱物)"的"发"是"发放"的意思,对应的繁体字是"發",不能写成"髮"。

词语

【扣】不折不扣;查扣;倒扣;回扣;剋扣;扣板機;扣除;扣發(钱物);扣分;扣減;扣繳;扣籃;扣留;扣帽子;扣球;扣人心弦;扣屎盆子;扣題;扣押;扣壓;扣子;絲絲入扣;折扣。

【釦】按釦;釦眼;領釦;紐釦;鞋釦;衣釦。

▲ 夸 / 夸誇

回顾

"夸"和"誇"是原本就有的字义不同的两个字。1956

年《简化方案》把这两个字合并作"夸"一个字。1964年《总表》和《字形表》、1986年《总表》、2013年《规范字表》，都相继沿续了1956年《简化方案》对这两个字的合并处理。

雅解

【夸】kuā ①夸父，《山海經》记载的神话人物。《山海經》说夸父跟着太阳竞走。②英美液体容量单位：夸特。③"誇"的简化字。

【誇】kuā ①说大话炫耀自己。如：～大；～海口。《廣韻·麻韻》："誇，大言也。"〔唐〕韩愈《送陳秀才彤序》："讀書以為學，纘言以為文，非以誇多而鬭靡也。"②称赞。如：～奖。〔宋〕苏轼《寄題興州池》："百畝新池傍郭斜，居人行樂路人誇。"

俗解

夸大，或者夸奖，都是要说话的，所以繁体要用"言"字旁的"誇"。

注意

"夸父""夸特"的"夸"原本就这样写，不存在对应的繁体字，不能写成"誇"。

词语

【夸】夸父追日；夸特。

【誇】才誇八斗；浮誇；誇大；誇大其詞；誇海口；誇獎；誇口；誇誇其談；誇人；誇飾；誇耀；誇張；誇嘴；虛誇；自誇。

▲ 坤[堃]–堃

回顾

"坤""堃"原本是在用法上有差别的两个字。1955年《一异表》把这两个字归作一组异体字处理,定"坤"为选用字,"堃"为停用字。2013年《规范字表》作了调整,把"堃"转为规范字收入三级字表,序号7226,并加注规定:"可用于姓氏人名。"《对照表》则仍把"堃"列为"坤"的停用异体字。

雅解

【坤】kūn ①坤卦。八卦中的一卦,也是64卦中的一卦。《说文·土部》:"坤,地也。《易》之卦也。"〔东晋〕王羲之《孝女曹娥碑》:"銘勒金石,質之乾坤。"(见图84)②女性的代称。如:～包;～表。《鏡花緣》第一回:"現在坤星既現女象,其為坤兆無疑。"

图 84

【堃】kūn ①同"坤"。《改併四聲篇海·土部》引《川篇》:"堃,地也。《易》曰:堃為母。"《字彙·土部》:"堃,古坤字。"②用于人名。

俗解

"坤""堃"两字音义相同,但现在除了人名,一般都用"坤"而不用"堃"。

注意

按照约定俗成,除了姓氏人名,其他词语中如"乾坤""坤包"的"坤",都不要写作"堃"。

词语

【坤】坤包;坤錶;坤車;坤卦;坤角(戏曲女演员);坤伶;坤寧宫;坤輿;坤造(婚姻中的女方);坤宅(婚姻中的女家);乾(qián)坤。

【堃】(多见于姓氏人名)。

▲ 昆 [崐崑]

回顾

"昆"字和"崐""崑"两字原本意思不完全相同;"崐""崑"互为异体字。1955年《异体字表草案》把"崑""崐"两字归作一组异体字处理,以"崑"为选用字,"崐"为停用字。1955年《一异表》把"昆""崑""崐"三字归作一组异体字处理,定"昆"为选用字,"崑""崐"为停用字。2013年《规范字表》沿续了1955年《一异表》对"昆""崐""崑"三字的处理。

雅解

【昆】kūn ①兄。如:～仲。《廣韻·魂韻》:"昆,兄也。"《紅樓夢》第六十六回:"如今既是貴昆仲高誼,顧不得許多了,任憑定奪,我無不從命。"②表示先后之后;也指后裔,子孙。如:后～。《爾雅·釋言》:"昆,後也。"李善注《文選·左思〈吴都賦〉》:"昆、裔皆後世也。"③众多。颜师古注《漢書·成帝紀》:"昆,衆也。昆蟲,言衆蟲也。"④山名。

昆仑山。⑤姓氏。

【崐】kūn 崐崘。山名。《集韻·魂韻》:"崐,崐崘,山名。或書作崑。"〔明〕文徵明辑《停雲館帖·卷一·黃庭經》:"子欲不死,脩(修)崐崘絳宮重樓十二級"。(见图85)

图 85

【崑】kūn ①崑崙。山名。也作"昆侖",简化作"昆仑"。《山海經·海内西經》:"海内崑崙之墟,在西北,帝之下都……"②崑山。江苏省昆山县、松江县、广东省普宁县,都有山叫"崑山"。

俗解

"崐""崑"两字都带"山",多见于山名或地名。

注意

一般情况下,不作山名或地名用时的"昆",例如"昆仲""昆季""昆虫"的"昆",都不能写作"崐"或"崑"。另外:"后昆"的"后"是"后代"的意思,对应的繁体字是"後";"昆布"的"布"不要写成"佈"。

词语

【昆】二昆(兄弟俩);後昆;昆布(一种海藻);昆蟲;昆弟;昆季(兄弟);昆劇;昆腔;昆曲;昆友(兄弟和朋友);昆玉(对对别人兄弟的敬称);昆仲(称呼别人兄弟的敬词);元昆(长兄)。

【崐】崐崘(山)。

【崑】(用同"崐")。

▲ 困 / 困睏

回顾

"困"和"睏"是原本就有的字义不同的两个字。1955年《简化表草案》把这两个字合并作"困"一个字。1956年《简化方案》予以确认。1964年《总表》和《字形表》、1986年《总表》、2013年《规范字表》,都相继沿续了1956年《简化方案》对这两个字的合并处理。

雅解

【困】kùn ①陷于艰难境遇中。如:～难;～苦;～境。《廣雅·釋詁四》:"困,窮也。"《史記·屈原賈生列傳》:"齊竟怒不救楚。楚大困。" ②使之处于艰难窘迫的境地。如:围～。《左傳·襄公二十二年》:"子三困我於朝,吾懼,不敢不見。" ③精力不济,疲倦。《廣韻·慁(hùn)韻》:"困,悴也。" ④"睏"的简化字。

【睏】kùn 疲乏想睡。如:～乏;～覺。

俗解

疲乏想睡,眼皮会打架,和眼睛有关,所以传统(沿用)字要用"目"旁的"睏"。除了疲乏想睡,其他如"困难"义,都用不带"目"旁的"困"。

注意

"困难""围困"等义上的"困",原本就这样写,不存在对应的繁体字,不能写成繁体的"睏"。

词语

【困】扶危濟困；解困；窘困；困頓；困厄；困惑；困境；困局；困窘；困苦；困擾；困守；困獸猶鬥；龍困淺灘；內外交困；疲困；貧困；窮困；上下交困；紓困；脫困；圍困。

【睏】兵疲馬睏；春睏秋乏；睏憊；睏乏；睏倦；睏覺；疲睏；人睏馬乏。

L

▲ 腊 / 腊臘 [臈]

回顾

"腊"是原本就有，音义和"臘""臈"不同的字；"臘"和"臈"原本也是音义存在差别的两个字。1955年《简化表草案》把"臘"和"腊"合并作"腊"一个字。1955年《一异表》把"臘"和"臈"归作一组异体字处理，定"臘"为选用字，"臈"为停用字。1956年《简化方案》确认了1955年《简化表草案》对"臘""腊"两字的合并处理。1964年《总表》和《字形表》、1986年《总表》，都相继沿续了1956年《简化方案》对"臘""腊"两字的合并处理。2013年《规范字表》沿续了1955年《一异表》对"臘""臈"两字的异体字处理，以及1986年《总表》对"腊"和"臘"两字的合并处理。

雅解

【腊】㈠ xī 干肉。《釋名·釋飲食》："腊，乾昔（腊）也。"《廣雅·釋器》："腊，脯也。"㈡ là "臘"的简化字。

【臘】là ①祭祀名。《説文·肉部》："冬至後三戌臘祭百神。"段玉裁注："臘本祭名，因呼臘月臘日耳。"②农历十二月。如：～月。裴骃集解引宗懔《荆楚記》："臘節在十二月，故因是謂之臘月也。"③佛教戒律规定比丘受戒后每年夏季三个月安居一处，修习教义，完毕，称"一臘"。如：戒～；夏～；法～等。〔唐〕玄应《一切經音義》卷十四："今比邱（丘）或言臘，或云夏，或言雨亦爾，皆取一終之義。案天竺多雨，名雨安居，从五月十五日至八月十五日也。"又指受戒后每度一年称"一臘"。《景德傳燈錄》卷四："壽七十有八，臘三十有九。"④冬季腌制的肉类。如：～肉；～肠。⑤人出生后七天称为"臘"。〔明〕田艺蘅《玉笑零音》："人之初生，以七日為臘；人之初死，以七日為忌。"

【臈】㈠ là 同"臘"。农历十二月。〔宋〕王安石《與微之同賦梅花得香字三首》之二："從教臈雪埋藏得，却怕春風漏泄香。"㈡ gé 臈胆。"肥"的意思。《集韻·曷韻》："臈胆，肥皃（貌）。"

俗解

"腊"的右半是"昔"，可以用这一点记住它本读 xī，以及有不同于"臘"的字义；"臈"的右半是"葛"，可以用这一点记住它除了读 là，还读 gé，也有不同于"臘"的字义。

注意

表示干肉的"腊"，不能写成"臘"；表示肥的"臈胆"的"臈"也不能写成"臘"。

词语

【腊】乾腊（xī）（干肉）。

【臘】道德臘（农历七月初七）；地臘（农历五月初五）；

漢臘；侯王臘（农历十二月初八）；臘八；臘腸；臘梅；臘醅（臘月酿制的酒）；臘日；臘肉；臘味；臘雪；臘月。

【臈】臈（gé）膽。

▲ 累／累纍

回顾

"累""纍"是原本就有的，读音和字义存在差别的两个字。1955年《简化表草案》把这两个字合并成"累"一个字。1956年《简化方案》予以确认。1964年《总表》和《字形表》、1986年《总表》、2013年《规范字表》，都相继沿续了1956年《简化方案》对这两个字的合并处理。

雅解

【累】㈠ lěi ①堆集；积聚。如：积～。《老子》第六十四章："九層之臺，起於累土。"②连续；屡次。如：长年～月。《史记·秦始皇本纪》："先帝之大臣，皆天下累世名貴人也。"③增加。《正字通·糸部》："累，增也。"④拖累。如：～赘。〔金〕任詢行书《韓愈秋懷詩十一首》："世累忽進慮，外恝（憂）遂俘（侵）誠。"（见图86）⑤合计；总计。如：～计。范宁注《穀梁傳·隱公十一年》："累數，總言之也。"⑥"纍"的简化字。㈡ lèi 疲劳；疲惫。如：劳～。《兒女英雄傳》第三十四回："却也累得周身是汗。"㈢ léi "纍"的简化字。

图86

【纍】㈠ léi ①相连缀得其理。《説文·糸部》："纍，綴得理也。"段玉裁注引《樂記》:"纍纍乎端如貫珠。"㈡ léi 同"累"。堆积;重叠。〔明〕彭汝楠小楷《岸圖大觀》:"又以其餘層纍花砌"。(见图 87)

图 87

俗解

"纍"的上半三个"田",像多物连缀,由此记住"纍"侧重于表示"连缀"义。如:果实~~;~计;日积月~;等等。"劳累""拖累"义上用"累"。

注意

"劳累"义上的"累"不能写作"纍"。

词语

【累】勞累(lèi);累(léi)贅;連累(lěi);拖累(lěi)。

【纍】長年纍月;層纍;果實纍(léi)纍(léi);積纍;積年纍月;經年纍月;連篇纍牘;纍積;纍計;纍進;纍卵;纍年;纍世;日積月纍;危如纍卵;銖積寸纍;罪行纍纍。

▲ 棱 [稜]

回顾

"棱"和"稜"原本是字义存在差异的两个字。1955 年《一异表》把这两个字归作一组异体字处理,定"棱"为选用字,"稜"为停用字。2013 年《规范字表》沿续了 1955 年《一异表》对这两个字的处理。

雅解

【棱】㈠ léng ①方形的木头。《説文・木部》:"棱,柧也。"〔唐〕玄应《一切經音義》卷十八引《通俗文》:"木四方為棱,八棱為柧。"②同一物体面与面的相接处;或表面一条条凸起来的部分。如:~角;~镜。鲁迅《彷徨·高老夫子》:"至今左边的眉棱上还带着一个永不消灭的尖劈形的瘢痕。"③威势;严厉。《王允傳》:"允性剛棱疾惡。"㈡ lèng 田埂。唐宋时用以约计田亩的单位。〔清〕金焜《龍華橋野眺》:"一灣流水映溪橋,千棱湖田入望遥。"㈢ lēng 用于助词"不棱登";也作"不楞登"。如:红不~登。㈣ líng 穆棱,地名。在黑龙江省。㈤ chēng 酢柚。《集韻·蒸韻》:"棱,吳人謂酢柚為棱。"

【稜】㈠ léng ①同"棱"。棱角。《玉篇·禾部》:"稜,俗棱字。"②打。《醒世姻緣傳》第八十九回:"你氣頭子上稜兩棒槌,萬一稜殺了,你與他償命,我與他償命?"〔明〕金勉楷书《蕪城賦》:"稜稜霜氣,蔌蔌風威。"(见图88)③稻名;药名;香附子名。《康熙字典·午集下》"稜"条:"又稻名烏稜;又藥名三稜;又香附子名水三稜。"㈡ lèng 量词。唐宋时用以约计田亩的单位。《正字通·禾部》:"稜,農家指田遠近多少曰幾稜。"

图88

俗解

"棱"带"木"旁,本义为"方形的木头",引申为"棱角"义;"稜"带"禾"旁,与农耕相关,应是"约计田亩的单位"这个意思上的本字。

注意

在"棱角"义上用"棱"为好；在"约计田亩的单位"义上用"稜"为好。地名"穆棱"不能写成"穆稜"。稻名"乌稜"和药名"三稜"以及香附子名"水三稜"等词语中，需要时以用"稜"为好。

词语

【棱】棱角；棱镜；棱臺；棱綫；棱柱；棱錐；模棱两可；穆棱（líng）。

【稜】三稜；水三稜；田稜；乌稜。

▲ 厘[釐]–釐

回顾

"厘"和"釐"原本是字音和字义都不完全相同的两个字。1955年《简化表草案》把这两字合并为"厘"一个字。1955年《一异表》改把"厘"和"釐"作为异体字处理，定"厘"为选用字，"釐"为停用字。2013年《规范字表》作了调整，把"釐"转为规范字收入三级字表，序号7982，并加注规定："可用于姓氏人名，读 xī。读 lí 时用'厘'。"《对照表》则仍把"釐"列作"厘"的停用异体字。

雅解

【厘】lí 同"釐"。《篇海類編·地理類·厂部》："厘，俗作釐省。"

【釐】㈠ lí ① 治理；处理。如：～清；～定。《廣韻·之韻》："釐,理也。"②改变;改正。李贤注《後漢書·梁統傳》："釐,猶改也。"③量词。一是长度单位名。尺的千分之一。〔清〕乾隆《御臨聖教序》："大之則弥於(於)宇宙,細之則攝於(於)豪(毫)釐。"(见图89)二是重量单位名。两的千分之一。《儒林外史》第二十二回："飯是二釐(銀子)一碗,葷菜一分,素的一半。"三是地积单位。亩的百分之一。《太平天國·天朝田畝制度》："當中尚田一畝三分五釐。"四是利率单位名。年利一釐(厘)为本金百分之一;月利一釐(厘)为本金千分之一。㈡ xī 幸福;吉祥。《説文·里部》："釐,家福也。"司马贞："(釐)音禧,福也。"多用于姓氏人名。㈢ lái 同"萊"。①草名。即"蔓華",又名"蒙華"。《爾雅·釋草》："釐,蔓華。"②除草。《集韻·哈韻》："釐,除艸(草)也。"

图 89

俗解

读 lí 时,"厘""釐"两字可以通用,但在"治理""改变"等义上建议用"釐";读 xī,读 lái 时,也建议用"釐"。

注意

读 xī,读 lái 时传统(沿用)字要写成"釐"。特别是姓氏人名中的"釐(读 xī)",不能写作"厘"。

词语

【厘】厘米。

【釐】春釐(xī);恭賀年釐(xī);釐定;釐訂;釐清;釐

正；失之毫釐，謬以千里。

▲ 漓／漓灕

回顾

"漓"和"灕"是原本就有的字义不同的两个字。1964年《总表》把这两个字合并作"漓"一个字。1964年《字形表》、1986年《总表》、2013年《规范字表》，都相继沿续了1964年《总表》对这两个字的合并处理。

雅解

【漓】lí ①渗透。如：淋～。《廣韻·支韻》："漓，水滲入地。"〔清〕陈兆仑书《紫竹山房臨古法帖·中山松醪賦》："顛倒白綸巾，淋漓宫錦袍。"（见图90）② "灕"的简化字。

图 90

【灕】lí 江名，灕江，现在称"漓江"，在广西。

俗解

这两个字相关的词语中，除了"灕江"用"灕"，其他地方一般都用"漓"。

注意

"淋漓"的"漓"原本就这样写，不存在对应的繁体字，不要写成"灕"。

词语

【漓】大汗淋漓、淋漓盡致、痛快淋漓。

【灕】灕江。

▲ 篱 / 篱籬

回顾

"篱"和"籬"是原本就有的字义不同的两个字。1955年《简化表草案》把这两个字合并作"篱"一个字。1956年《简化方案》予以确认。1964年《总表》和《字形表》、1986年《总表》、2013年《规范字表》,都相继沿续了1956年《简化方案》对这两个字的合并处理。

雅解

【篱】lí ①笊篱。《集韻·支韻》:"笊篱,竹器。"《字彙·竹部》:"笊篱,竹杓。" ②"籬"的简化字。

【籬】lí 籬笆。《玉篇·竹部》:"籬,藩籬。"〔明〕彭汝楠小楷《岸圃大觀》:"籬舍錯落,草樹蔥蘢。"(見圖91)

图91

俗解

"籬笆"的"籬"比"笊篱"的"篱"多一个"隹"。

注意

"笊篱"的"篱"原本就这样写,不存在对应的繁体字,不能写作"籬"。还有"竹篱(籬)茅舍"的"舍"(读去声,也就是第4声),也是原本就这样写,不存在对应的繁体字,不能写作"捨"(读上声,也就是第3声)。

词语

【篱】笊篱。

【籬】藩籬；樊籬；寄人籬下；籬笆；竹籬茅舍。

▲ 藜[蔾]

回顾

"藜"和"蔾"原本是表示两种不同植物的两个字。1955年《一异表》把这两个字归作一组异体字处理，定"藜"为选用字，"蔾"为停用字。2013年《规范字表》沿续了1955年《一异表》对这两个字的处理。

雅解

【藜】lí ①藜科植物，一年生草本植物，茎直立，叶子略呈三角形，菱状卵形，边缘有齿牙，下面被粉状物，花黄绿色，嫩叶可以吃，全草入药，老茎可以当作手杖。《说文·艸部》："藜，艸（草）也。"〔唐〕虞世南楷书《昭仁寺碑》："玉杯非藜藿之用，金柱乃驕淫之靡。"（见图92）②姓氏。

【蔾】lí ①蒺蔾。《玉篇·艸部》："蔾，蒺蔾。"蒺蔾科，一年或二年生草本，茎平铺在地上，羽状复叶，小叶长椭圆形，花小，黄色，果皮有尖刺。种子可入药。《易·困》："困于石，據于蒺蔾。"孔穎達疏："蒺蔾之草，有刺而不可踐也。"②姓氏。

图92

俗解

"藜"字下部是"水"；"蔾"字下部是"木"。由两字下部的不同，可记住两字表示两种不同的植物。

注意

"藜"和"藙"是两种不同植物的名称,不能互相换用。

词语

【藜】藜苊(藜编的壁障);藜牀(藜茎编的床榻,泛指简陋的坐榻);藜羹(藜菜作的羹,泛指粗劣的食物);藜藿(指粗劣的食物);藜菽(泛指粗粝之食);藜莠(泛指野草);藜杖(藜茎制作的手杖);藜蒸(用藜的嫩叶蒸熟为食,代指粗劣之食);杖藜(拄着藜杖)。

【藙】蒺藙。

▲ 里 / 里裏

回顾

"里"和"裏"是原本就有的,字义不同的两个字。1955年《简化表草案》把"里""裏"合并作"里"一个字。1956年《简化方案》予以确认。1964年《总表》和《字形表》、1986年《总表》、2013年《规范字表》,都相继沿续了1956年《简化方案》对这两个字的合并处理。

雅解

【里】lǐ ①人居住的地方。如:乡～;～弄。《说文·里部》:"里,居也。"②古代户籍管理单位。《周禮·地官·遂人》:"五家為鄰,五鄰為里。"(按:不同朝代里的户数不一。)刘园集帖第15卷《仁聚堂法帖·智》:"公佐好學,有行鄉里"。(见图93)③长度

图93

单位。如：～程。《正字通·里部》："又路程以三百六十步為里。"（按：不同朝代，里的长度不一。现代 1 市里=500 米。）〔唐〕锺绍京小楷《靈飛經》："……一日行三千里。"（见图 94）④ "裏"的简化字。

【裏】lǐ 本义指衣服的内层，后用作表示"外"的反义。如：～面；家～。《説文·衣部》："裏，衣内也。"《正字通》："裏，借凡内稱表之對也。"〔三国·魏〕锺繇（yáo）楷书《賀捷表》："表裏俱進，應時剋捷。"（见图 95）

图 94

图 95

俗解

"裏"字的初义是衣服的内层，也就是里子，所以有"衣"。

注意

"邻里"义上以及做长度单位用的"里"，原本就这样写，不存在对应的繁体字，不能写作繁体字"裏"。还有"读万卷书，行万里路"的"卷"，"万里长征"的"征"，"蒙在鼓里"的"蒙"，都不存在对应的繁体字，不要写成"捲""徵"和"濛懞矇"等繁体字。

另外，"市里""海里""乡里"等，每一个词都有双重词义。"市里"可以指长度单位（一市里等于二分之一千米，即 500 米）；也可以表示某个城市里面或用于指市政府，例如"去市里办点事"。"海里"可以是用于计算海上距离的长度单位（一海里等于 1852 米，旧时也用"浬"）；也可以表示是"海上"。"乡里"可以表示家庭久居的地方（一般指小城镇和农村）；也可以表示乡政府所在地，如：去乡里盖个章。当表示长度单位、家庭久居的地方这些意义时，"里"都不能写作繁体字"裏"。

"裏"字有一个异体字"裡"，左右结构，比上中下结构的"裏"字要好写。

"里程""邻里"的"里"写成"裏"或"裡"，这种错误在书法创作中频繁出现，需要特别加以注意。

词语

【里】阿里；阿里巴巴；阿里郎；阿里山；不遠千里；長風萬里；赤地千里；地無三里平；讀萬卷書，行萬里路；返里；公里；故里；海里；華里；家長里短；街里街坊；居里夫人；決勝千里；卡路里；克里米亞；克里姆林宮；里昂；里程；里程碑；里居；里拉；里弄；里仁為美；里舍；里斯本；里談巷議；里巷；里胥；里宰；里長（zhǎng）；鄰里；馬德里；密西里河；謬以千里；鵬程萬里；跛鱉千里；千里馬；千里迢迢；千里眼；千里猶面；千里之堤，潰於蟻穴；千里之行，始於足下；晴空萬里；如堕五里霧中；傻里傻氣；十里長亭；十里洋場；十萬八千里；塔里木河；塔里木盆地；騰格里湖；田里；萬里長征；沃野千里；烏蘇里江；下里巴人；香格里拉；鄉里小人；香榭里大道；歇斯底里；新德里；旋里；亞德里亞海；一日千里；一瀉千里；邑里；英里；梓里；咫尺千里；志在千里。

【裏】(提倡把本部分詞語中的"裏"寫作"裡"。)

矮子裏頭挑將軍；暗地裏；百裏挑一；半空裏；半夜裏；背地裏；被窩裏；鞭辟近裏；鞭辟入裏；表裏不一；表裏如一；表裏一致；不明就裏；襯裏；吃裏扒外；吃着碗裏，看着鍋裏；打掉門牙往肚裏咽；肚子裏的蛔蟲；房子裏；風裏楊花；狗嘴裏吐不出象牙；骨子裏；海裏（在海上）；行（háng）家裏手；糊裏糊塗；壺裏乾坤；葫蘆裏賣什麼藥；話裏有話；慌裏慌張；懷裏；雞蛋裏挑骨頭；家裏；老虎嘴裏拔牙；裏邊；裏出外進；裏帶；裏勾外聯；裏海；裏急後重；裏脊；裏間；裏裏外外；裏面；裏手；裏通外國；裏頭；裏外；裏屋；裏弦；裏應外合；裏子；忙裏偷閒；茅廁裏的石頭；沒裏沒外；門縫裏看人；門裏出生；蒙在鼓裏；明裏；蜜裏調油；綿裏藏針；哪裏；那裏；內裏；皮裏春秋；皮裏陽秋；錢眼裏安身；槍桿子裏出政權；牆裏開花牆外香；曲裏拐彎；肉爛在鍋裏；沙裏淘金；私下裏；死裏逃生；胎裏壞；胎裏素；窩裏鬥；霧裏看花；相為表裏；笑裏藏刀；雪裏送炭；眼裏西施；陰溝裏翻船；雨裏來風裏去；宰相肚裏好撐船；這裏；字裏行間。

▲ 历 / 歷曆

回顾

"歷"和"曆"原本是字义不同的两个字；"历"是"歷""曆"两字的共用简化字。1955年《简化表草案》把

"歷""曆"合并简化作"历"一个字。1956年《简化方案》予以确认。1964年《总表》和《字形表》、1986年《总表》、2013年《规范字表》，都相继沿续了1956年《简化方案》对这两个字的合并简化处理。

雅解

【歷】lì ①经过，已经过去的。如：～史；经～。《説文·止部》："歷，過也。"《廣韻·錫韻》："歷，經歷。"刘园集帖第20卷《趙子昂七種》："書法貴醇正忌醜怪，故厤（歷）代以二王為繩準。"（见图96）②尽；遍。如：～举；～数（shǔ）。蔡沈注《尚書·盤庚下》："歷，盡也。"

【曆】lì 推算日月星辰及季节时令的方法。如：～法；日～。《玉篇·日部》："曆，象星辰，分節序四時之逆從也。"〔明〕《戲鴻堂法帖·卷六卷七合輯·縣令》："大曆三年八月四日……"。（见图97）

【历】"歷""曆"二字的共用简化字。

图96

图97

俗解

推算日月星辰及季节时令，与地球围绕太阳的公转有关，所以"历法"义上的"历"的繁体字要用带"日"的"曆"，剩下的"歷"就是"历史""经历""历举"等义上的的繁体字了。

注意

"历"对应的繁体字有"歷"和"曆"两个。在书法创作中，要按照不同的语境正确选择使用。还有"历尽"的"尽"读去声（第4声），是"穷尽"的意思，对应的繁体字是"盡"，不能写作"儘"。"游历"的"游"，是"游走"的意思，使用传统（沿用）字时应该用停用字"遊"。

"历数（shǔ）"和"历数（shù）"是两个意思不同的词。"历数（shǔ）"是把事物"一个一个举出来"的意思，如"历数敌人的罪行。"其中"历"的繁体要用"歷"。"历数（shù）"是指推算岁时节气的次序，迷信上指"天运""气数"。其中"历"的繁体要用"曆"。"历久弥坚""历久弥新"的"弥"，对应的繁体字是"彌"，不能写成"瀰"。

词语

【歷】遍歷；病歷；簡歷；經歷；來歷；歷朝；歷陳；歷城①；歷程；歷次；歷代；歷屆；歷盡；歷經；歷久彌堅；歷久彌新；歷來；歷歷可數（shǔ）；歷歷在目；歷練；歷年；歷任；歷史；歷時；歷世；歷數（shǔ）；歷險；履歷；親歷；學歷；亞歷山大；遊歷；閱歷；資歷。

（以上各词中的"歷"，书法创作中也可以写作异体字"歴"或"厯"）

【曆】百花曆；寶曆②；大曆③；大明曆④；公曆；掛曆；航

---

① "历城"原为山东省一个县，1987年5月撤县改为济南市历城区。
② 唐朝敬宗（李湛）的年号（公元825～826）。
③ 唐朝代宗（李豫）的年号（公元766～779）。
④ 南朝宋孝武帝大明六年（公元462），祖冲之创制的历表。

海曆；弘曆①；黃曆；回曆；舊曆；老皇曆；曆法；曆本；曆書；曆數（shù）；曆象；穆罕默德曆②；年曆；農曆；慶曆③；日曆；檯曆；太初曆④；太陽曆⑤；太陰曆⑥；通曆；萬曆⑦；萬年曆；夏曆；校曆；行事曆；陽曆；陰曆；月曆；藏（zàng）曆。

▲ 栗［慄］- 凓

回顧

"栗""凓""慄"原本是字義不同的三个字。1955 年《一異表》把這三个字歸作一組異體字處理，定"栗"為選用字，"凓""慄"為停用字。2013 年《規範字表》作了調整，把"凓"轉為規範字收入三級字表，序號 7412，並加注規定："凓：義為寒冷。不再作為'栗'的異體字。"《對照表》只把"慄"列作"栗"的停用異體字。

雅解

【栗】lì ①樹名，即板栗。《説文·卤部》："栗，木也。"

---

① 清代高宗（乾隆）愛新覺羅·弘历（公元 1711～1799）。
② 即回历。回教使用的历法。
③ 宋朝仁宗（赵祯）的年号（公元 1041～1048）。
④ 汉武帝太初元年由邓平、落下闳等所制定的历法。是我国现存最早的完整历法。
⑤ 以地球绕太阳公转为标准所制定的历法。也称阳历，即公历。
⑥ 根据月球环绕地球的周期而定的历法，又称阴历。
⑦ 明朝神宗（朱翊）的年号（公元 1573～1620）。

②栗树的果实，即栗子。刘园集帖第 17 卷《一經堂藏帖·山有樞》："山有漆，隰(xí)有栗"。（见图 98）

【慄】lì ①畏惧。《爾雅·釋詁下》："慄，懼（懼）也。"如：战～。〔晋〕葛洪《抱朴子·詰鮑》："人主憂慄於廟堂之上，百姓煎擾乎困苦之中。"②颤抖。《廣雅·釋言》："慄，戰也。"如：不寒而～。〔南北朝〕庾信《竹杖賦》："於時無懼而慄，不寒而戰。"

图 98

【凓】lì 寒冷。如：～冽。《説文·仌部》："凓，寒也。"《素問·氣交變大論》："北方生寒，寒生水，其德凄滄，其化清謐，其政凝肅，其令寒，其變凓冽，其災冰雪霜雹。"

俗解

畏惧是一种心态，所以"慄"带"忄"旁。带"冫"旁的字一般和寒冷相关，所以"凓"的字义是寒冷。

注意

只在"畏惧""颤抖"义上，"栗"才可以写作"慄"；"板栗""栗子"的"栗"不能写作"慄"。"凓"字已经转为规范字了，不再是"栗"的停用异体字，所以不要再把"栗"或者"慄"写作"凓"。

词语

【栗】栗子；栗色；栗碌。

【慄】不寒而慄；慄然；戰慄。

【溧】溧沥。

▲ 帘 / 帘簾

回顾

"帘"和"簾"是原本就有的，字义存在差别的两个字。1956 年《简化方案》把这两个字合并作"帘"一个字。1964 年《总表》和《字形表》、1986 年《总表》、2013 年《规范字表》，都相继沿续了 1956 年《简化方案》对这两个字的合并处理。

雅解

【帘】lián ①酒家作店招的旗帜。如：酒～。《集韻·鹽韻》："帘，酒家幟。"《水滸全傳》第二十七回："傍著（着）溪邊柳樹上挑出個酒帘兒。" ②布制的挂在门窗上遮挡太阳光的帘子。如：窗～。③"簾"的简化字。

【簾】lián 挂在门窗上遮挡太阳光或视线的物件，多用细竹篾做成，现在也有用塑料片或串珠做的。朱骏声《通訓定聲》："《聲類》：'簾，户蔽也。'按，纚竹為之，施于堂户，所以隔風日而通明者也。"〔清〕陈兆仑集刻《紫竹山房臨古法帖三·蘇軾書》："小殿垂簾碧玉鉤（鈎）"。（见图 99）

图 99

俗解

在"窗帘""门帘"这个意思上，"帘""簾"两字相通；但是"竹"字头的"簾"，主要用于表示"竹篾、苇子或串珠等制作的有空缝的遮蔽物"这个意思，下部是"巾"的"帘"，主要用于表示用布制作的窗帘和门帘。

注意

"帘子布"是指橡胶轮胎里面所衬的布，也叫"帘布"。由于结构上像竹帘，所以这个词里"帘"字可用繁体字"簾"。"酒帘"是指旧时酒店门口用布做成的望子，这个词里的"帘"字不能用繁体的"簾"代替。

词语

【帘】布帘；窗帘（布质）；酒帘；帘子；门帘（布质）；暖帘。

【簾】窗簾（竹或条木材质）；垂簾聽政；捲簾格；簾子；簾子布；門簾（竹质）；水簾洞；眼簾；珠簾；竹簾。

▲ 炼(煉)[鍊]

回顾

"煉""鍊"原本是字义存在差别的两个字；"炼"是"煉"的简化字。1955年《一异表》把"煉""鍊"两字归作一组异体字处理，定"煉"为选用字，"鍊"为停用字。1956年《简化方案》把"煉"简化作"炼"。1964年《总表》和《字形表》、1986年《总表》，都相继沿续了1956年《简化方案》对"煉"字的简化处理。2013年《规范字表》沿续了1955年《一异表》对"煉""鍊"两字的异体字处理，以及1986年《总表》对"煉"的简化处理。

雅解

【煉】liàn ①熔冶金石。如：～铁；～钢。《説文·火部》："煉，鑠治金也。"②锻炼身体或意志。鲁迅《且介亭杂文·阿金》："要炼（煉）到泰山崩于前而色不变，炸弹落于侧而身不移。"③锤炼技艺。〔明〕王世贞《藝苑卮言》卷一引皮日休："百煉成字，千煉成句。"

【鍊】liàn ①同"煉"，熔炼金属。《玉篇·金部》："鍊，治金也。"②金属小环钩连而成的绳状物。如：～条；项～。

【炼】"煉"的简化字。

俗解

熔炼金属要用火，所以"煉"带"火"旁；项链（鍊）大多是用金或银等金属材料制作的，所以"鍊"带"金"旁。

注意

"锻炼""锤炼""提炼"的"炼"不要写作"鍊"，需要时可以用"炼"对应的繁体字"煉"。"项链"不能写作"项煉"，建议写成"項鍊"。注意"鍊"和"链（鏈）"的区别。两字都表示金属环钩连而成的绳状物。一般来说，"鍊"用于表示较细小精致的链条，如："表鍊""項鍊"；"链（鏈）"用于表示较粗大的链条，如："鐵鏈""鎖鏈"。

词语

【煉】鍛煉；煉丹；煉鋼；煉焦；煉句；煉乳；煉鐵；煉油；煉獄；千錘百煉；提煉。

【鍊】表鍊；鍊條；項鍊。

▲ 了 / 了瞭 – 瞭

回顾

"了"和"瞭"是原本就有的,读音和字义都有差异的两个字。1955年《简化表草案》把"瞭"简化作"盯"。1956年《简化方案》改把"瞭"和"了"两个字合并作"了"一个字。1964年《总表》予以沿续。《字形表》在把"瞭"和"了"两字合并作"了"的同时,又把"瞭"作为规范字收入。1986年《总表》加注规定:"瞭:读liǎo(了解)时,仍简作了,读liào(瞭望)时作瞭,不简作了。"2013年《规范字表》作了进一步调整,把"瞭"作为规范字收入一级字表中,序号3401,并加注规定:"瞭:读liào时不简化作'了',如'瞭望''瞭哨'。"同时又在《对照表》中把"瞭"列为"了"的繁体字。

雅解

【了】㈠ liǎo ①结束。如:～结;一～百～。《廣雅·釋詁四》:"了,訖也。"《老殘遊記》第十九回:"今日大案已了。"②明白。如:～解;明～。〔晋〕郭璞《爾雅序》:"其所易了,闕而不論。"邢昺疏:"謂通見詩書不難曉了者,則不須援引,故闕而不論也。"③"瞭"读liǎo时的简化字。㈡ le 助词。①表示动作或变化的完成。如:走～;做完～。〔宋〕苏轼《念奴嬌·赤壁懷古》:"遙想公瑾當年,小喬初嫁了,雄姿英發。"②语气词。用于句末,表示肯定或劝止。

如：走远了；别吵了。〔元〕关汉卿《窦儿冤》第一折："事到如今，也顾不得别人笑话了。"

【瞭】㈠ liǎo 眼珠明亮。《玉篇·目部》："瞭，目明也。"《文心雕龍·知音》："目瞭則形無不分，心敏則理無不達。"又引申為"明白"义。如：明～；～如指掌。〔宋〕文天祥《何晞程名说》："今讀程之遺書，考程之行事，作聖塗（途）轍，瞭然可尋。"㈡ liào 在高处往远处看。如：～望。〔清〕黄遵宪《東溝行》："我軍瞭敵遽飛砲，一彈轟雷百人掃。"

俗解

在高处往远处看要用眼睛，所以"瞭望"义上要用"目"字旁的"瞭"。又，"了"字没有去声（第四声）这个读法。

注意

在书法创作中，"了"和"瞭"两字只在"明白"这个意思上可以通用（读 liǎo）；做助词和语气词用（读 le）时，"了"不能写作"瞭"；还有"结束"义上如"了结"以及"完全"义上如"了无牵挂"等词中的"了"，也都不能写作"瞭"。"瞭"已是规范字，在读 liào 的场合，不要再写作"了"。另外，"干得了""干不了"中的"干"，有"干事情""干燥"两种意思。表示"干事情"义时对应的繁体字是"幹"，不能写作"乾"；表示"干燥"义时对应的繁体字是"乾"，不能写作"幹"。再有就是"直截了当"一词中的"当"，读第四声，对应的繁体字是"當"，不能写作"噹"。

词语

【了】（只含读 liǎo 的）罷了；比不了；不得了；不了了之；不甚了了；差不了；吃不了兜着走；大不了；躲不了；敷衍了事；乾不了；乾得了；幹不了；幹得了；公了；了不得；了不起；了得；了斷；了結；了解；了却；了事；了無痕跡；了無牽掛；了無睡意；了無新意；了賬；臨了；沒完沒了；免不了；末了；跑不了；少不了；私了；死不了；受不了；一了百了；一走了之；怎麼得了；知了；直截了當；終了；做不了；做得了。

【瞭】瞭解；瞭然；瞭如指掌；瞭（liào）哨；瞭（liào）望；明瞭；眼花瞭亂；一目瞭然。

▲ 淋 [痳]

回顾

"淋""痳"原本是字义存在差别的两个字。1955 年《一异表》把这两字归作一组异体字处理，定"淋"为选用字，"痳"为停用字。2013 年《规范字表》沿续了 1955 年《一异表》对这两个字的处理。

雅解

【淋】㈠ lín ①淋淋。山水奔流或雨水连绵不断。《说文·水部》："淋，淋淋，山下水皃（貌）。"《玉篇·水部》："淋，雨淋淋下。"也用来形容连绵不断的汗水、泪水等。如：汗～～；泪～～。②浇。如：～雨。《玉篇·水部》："淋，水澆也。"㈡ lìn ①性病名。即淋病。《素問·六元正紀大論》："小便黃赤,甚則淋。"②过滤。《兒女英雄傳》第五回:"就是一盅素酒,倒是咱們廟裏自己淋的。"

【痳①】㈠ má ①感觉不灵或全部消失。如:～木;～风。《廣韻·麻韻》:"痳,痳風,熱病。"②表面粗糙有斑点。如:～子。〔清〕范寅《越諺》卷中:"痳子,面有痘疤點。"㈡ lín 疝病。《說文·疒部》:"痳,疝病。"㈢ lìn 淋症。《玉篇·疒部》:"痳,小便難也。"

俗解

"淋"是"氵"旁,与水相关,本义是雨水连绵不断;"痳"是"疒"旁,与疾病相关,表示"痳风""疝病""痳症"等病。

注意

"淋""痳"两字,只在读 lìn 时有相同的"淋(痳)病"义,其他字义都不相同。表示连绵不断的雨水、汗水、泪水的"雨淋淋""汗淋淋""泪淋淋",还有读 lìn 时的"过滤"义上的"淋",都不能写成"痳"。

词语

【淋】汗淋淋;淋巴;淋漓;淋雨;濕淋淋;雨淋淋。

【痳】(lìn)痳病;痳症。

---

①《汉语大字典》分"痳"(lín;lìn)"瘫"(má)两个字头。《现代汉语词典》(第7版)"淋"(lìn)"痳"(má)分列两个条目,"淋"用于"淋病"一词;"痳"用于"痳痹""痳疯""痳疹"等词。

（má）痳痺；痳風；痳疹；痳症；痳子。

▲ 磷 [粦燐]

回顾

"磷""燐"两字的字义原本不同；"粦"是"燐"的初字。1955年《一异表》把这三个字归作一组异体字处理，定"磷"为选用字，"粦""燐"为停用字。2013年《规范字表》沿续了1955年《一异表》对这三个字的处理。

雅解

【磷】lín 化学元素。元素周期表中第15号元素。

【粦】"燐"的初字。《廣韻·震韻》："粦，《説文》作粦，鬼火也，兵死及牛馬之血爲之。"

【燐】lín 燐火。尸体腐烂时，由骨殖分解出的磷化氢在空气中的自然发光现象。俗称鬼火。《集韻·稕韻》："粦，《説文》：'兵死及牛馬之血爲粦。粦，鬼火也。'或作燐。"

俗解

《化学元素周期表》中，非金属固体元素的中文名都带"石"旁。磷是一种非金属固体元素，所以"磷"字带石旁。"燐"字带"火"旁。简单地说，磷是产生磷化氢的物质之一，燐是磷化氢发出的光。

注意

"磷""燐"两字的字义不同，不要互换使用，特别是化学元素名称"磷"不能写作"燐"。

词语

【磷】磷肥；磷灰石；磷酸；磷蝦；磷脂。

【粦】（现已不用。）

【燐】燐光；燐火。

▲ 炉（爐）[鑪]‒ 钌（鑪）

回顾

爐"和"鑪"原本是字义不完全相同的两个字；"炉""钌"依次分别是"爐"和"鑪"的简化字。1955年《简化表草案》把"爐"简化作"炉"。1955年《一异表》把"爐"和"鑪"归作一组异体字处理，定"爐"为选用字，"鑪"为停用字。1956年《简化方案》、1964年《总表》和《字形表》、1986年《总表》，都相继确认、沿续了1956年《简化表草案》对"爐"字的简化处理。2013年《规范字表》对1955《一异表》作了调整，把"鑪"简化作"钌"转为规范字，收入三级字表，序号7006，并加注规定："用于科学技术术语，指一种人造的放射性元素（符号为Rf）"。《对照表》则仍把"鑪"列为"爐"的停用异体字。

雅解

【爐】lú 供做饭烧水、取暖、冶炼等使用的装置。如：～灶；锅～。《玉篇·火部》："爐，火爐也。"

【鑪】lú ①同"爐"。《说文·金部》："鑪，方爐也。"段玉裁注："方对下圜言之。凡爇（燃）炭之器曰鑪。"②酒肆。

古时酒店前放置酒坛的炉形土墩。也用为酒店的代称。李贤注《後漢書·方術傳·左慈》："鑪，酒肆也。"③酒盆。《廣韻·模韻》："鑪，酒盆。"④姓氏。

【鑪】lú "鑪"的简化字。第104号化学元素的中文名。

【炉】"爐"的简化字。

俗解

做饭烧水、取暖、冶炼，都是要用火的，所以"炉灶""锅炉"等义上繁体字要用带"火"旁的"爐"，余下"金"旁的停用字"鑪"就是"酒肆"义上的"鑪"了。

注意

104号化学元素名"鑪"，是1980年直接用简化字"鑪"命名的，从命名起就没有用过繁体字"鑪"，所以不要写作繁体的"鑪"。另外，除了表示酒肆，写"炉"对应的传统（沿用）字时，宜用它本身的繁体"爐"，而不宜写作停用字"鑪"；反过来，酒肆义上可用"鑪"而不能用"爐"。

词语

【爐】电爐；高爐；鍋爐；火爐；爐火純青；爐臺；爐膛；爐條；爐瓦；爐渣；爐子。

【鑪】（现代少用）

▲ 卤 / 鹵滷

回顾

"鹵"和"滷"原本是字义不同的两个字；"鹵"是

"鹵""滷"两字的共用简化字。1955年《简化表草案》把"鹵""滷"两个字合并作"卤"一个字。1956年《简化方案》改为把"鹵""滷"两字合并简化作"卤"一个字。1964年《总表》和《字形表》、1986年《总表》、2013年《规范字表》，都相继沿续了1956年《简化方案》对"鹵""滷"两字的合并简化处理。

雅解

【鹵】lǔ ①盐碱地。《釋名·釋地》："地不生物曰鹵。"②盐卤。〔清〕段玉裁《說文解字注·鹽部》："天生曰鹵，人生曰鹽。"徐灝笺："天生謂不湅治者，如今鹽田所曬生鹽。人生謂湅治者，如今楊竈所煎熟鹽是也。"③卤族元素。氟、氯、溴、碘、砹、䃔六种化学元素的总称。④用盐水加香料或用酱油煮。如：～鸡；～鸭。⑤用肉类、鸡蛋等做汤加淀粉而成的浓汁。如：～汁。

【滷】lǔ ①不生谷物的盐碱地。郭璞注《爾雅·釋言》："滷，苦地也。"邢昺疏："郭云'滷，苦地也'者，謂斥滷可煮鹽者。"②咸水。《玉篇·水部》："滷，醎水。"《廣韻·姥韻》："滷，醎滷。"③用盐水加香料或用酱油煮。如：～鸡；～鸭。④用肉类、鸡蛋等做汤加淀粉而成的浓汁。如：打～面。⑤饮料或菜肴的浓汁。如：茶～。

【卤】"鹵""滷"二字的共用简化字。

俗解

"卤素"的"卤"繁体用"鹵"；盐水、浓汁，都是液体，所以这些意思上繁体用"氵"的"滷"。

注意

"鹵""滷"二字虽然在"盐碱地""饮料或菜肴的浓汁""用盐水加香料或用酱油煮"等义上相通，但近代已经有所分化。在"盐碱地"义上多用"鹵"，在"饮料或菜肴的浓汁""用盐水加香料或用酱油煮"等义上多用"滷"。特别是"鹵素"的"鹵"，对应的繁体字是"鹵"，不能写作"滷"。

词语

【鹵】斥鹵；光鹵石；鹵化；鹵化物；鹵化銀；鹵素；鹵素燈；鹵質；鹵族；三鹵甲烷；潟鹵。

【滷】茶滷；打滷麵；滷菜；滷蛋；滷湖；滷雞；滷肉；滷水；滷味；滷蝦；滷鴨；滷汁；鹽滷。

▲ 橹(櫓) [樐櫨艫艣]

回顾

"櫓"和"樐"，"樐"和"櫨""艫""艣"，原本在字义上都存在差别；"橹"是"櫓"的简化字。1955年《异体字表草案》把"櫓""艣""艫"三字归作一组异体字处理，以"櫓"为选用字，以"艣""艫"为停用字。同年《一异表》增添"樐""櫨"两字为对应"櫓"的停用字。1956年《简化方案》把偏旁"魚"简化作"鱼"。1964年《总表》把"櫓"整字简化作"橹"。《字形表》和1986年《总表》都沿续了1964年《总表》对"橹"的简化处理。2013年《规范字表》沿续了1955年《一异表》对"橹""樐""艣""艪"这组字的处理，以及1986年《总表》对"橹"的简化处理。

雅解

【櫓】lǔ ①古兵器名，大盾。《說文·木部》："櫓，大盾也。"②顶部没有遮盖的望楼。《釋名·釋宮室》："櫓，露也。露上無屋覆也。"《玉篇·木部》："櫓，城上守禦望樓。"③古代一种战车。《正字通·木部》："櫓，……戰陳（陣）高巢車，皆曰櫓。"④划船工具。船橹。《正字通·木部》："槳，行舟具，長大曰櫓，短小曰槳。"〔明〕释普庄行书《七言绝句》："五祖自家摇櫓"。（见图100）

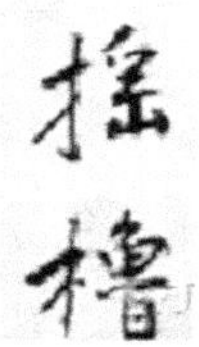

图100

【樐】"櫓"的古文。义为大盾。《說文·木部》："櫓，大盾也。樐，或从鹵。"《龍龕手鑑·木部》："樐，櫓的古文。"也指守城的望楼。《後漢書·公孫瓚傳》："今吾諸營樓樐千里，積穀三百萬斛，食此足以待天下之變。"

【樐】lǔ 同"櫓"。划船工具。《集韻·姥韻》："櫓，或从虞。"〔宋〕杨万里《發楊港渡入交石夾》："柔樐殊清響，征人自厭聽。"

【艣】lǔ 同"櫓"。划船工具。《廣韻·姥韻》："艣，所以進船。"《篇海類編·器用類·舟部》："艣，通作櫓。"

【艪】lǔ 同"艣"。《龍龕手鑑·舟部》："艪，艣的俗字。"

【橹】"櫓"的简化字。

俗解

"樐"只有"大盾牌"和"守城望楼"这两个意思;"艪""艫""艚"三字只有"划船工具"这一个意思。

注意

只有在"大盾牌"和"守城的望楼"这两个意思上,"橹"才可以写作停用字"樐";只有在"船橹"这个意思上,"橹"才可以写作停用字"艪""艫""艚"。

词语

【橹】船橹;樓橹(守城的望楼);摇橹。

【樐】樐簿(以大盾領一部之人)。

【艪】(用同"船橹"的"橹")。

【艫】(用同"船橹"的"橹")。

【艚】(用同"船橹"的"橹")。

▲ 碌 [碢]

回顾

"碌"和"碢"原本是读音和意思都不完全相同的两个字。1955 年《一异表》把这两个字归作一组异体字处理,定"碌"为选用字,"碢"为停用字。2013 年《规范字表》沿续了 1955 年《一异表》对这两个字的处理。

雅解

【碌】㈠ lù ①平凡(指人),无所作为。如:～～无为;庸～。《隋唐演義》五十三回:"何况庸碌之夫,小有才名,妄思非分。"②繁忙。如：忙～；劳～。《西遊記》第二十二回："這一向在途中奔碌，未及致謝。"㈡ liù 碌碡（zhóu）。农具。用于碾压谷物或者场地的石滚。〔清〕王士禎《題門人李蒼秋穫圖》："廣場鳴碌碡，茅簷歡鳥雀。"

【磟】liù "磟碡"。即"碌碡"。《正字通·石部》："碾、碌、磟，竝（并）通。"〔宋〕赵叔向《肯綮錄》："農具曰磟碡，音六軸。"徐珂《清稗類鈔·物品類》："磟碡，農具也，亦作碌碡。以石為圓筒形，中貫以軸，外施木匡，曳行而轉壓之。"

俗解

"磟"字右半是"翏"。不少右半是"翏"的字，如"镠""瞜"读 liú，"熮"读 liǔ，"鹨"读 liù。可以借此记住"磟"只有 liù 音，没有 lù 音。

注意

除了"碌碡"一词中读 liù 的"碌"，其他读 lù 时的"碌"都不能写作停用字"磟"。

词语

【碌】劳碌；碌碌無為；忙碌；一骨碌爬起來；庸碌。

【磟】磟碡。

▲ 戮［剹］-勠

回顾

"戮"和"勠"是原本就有的字义不同的两个字；

"戮""剹"两字的字义原本也不完全相同。1955年《一异表》把"戮""剹""勠"三字归作一组异体字处理，定"戮"为选用字，"剹""勠"为停用字。2013年《规范字表》作了调整，把"勠"转为规范字收入三级字表，序号7615，并加注规定："勠：义为合力、齐力。不再作为'戮'的异体字。"《对照表》只把"剹"列作"戮"的停用异体字。

雅解

【戮】lù ①杀。如：杀～。《说文·戈部》："戮，殺也。"②陈尸示众。如：～尸。《國語·晉語九》："三姦同罪，請殺其生者，而戮其死者。"韦昭注："陳尸（屍）為戮。"③羞辱。《廣雅·釋詁三》："戮，辱也。"

【剹】㈠lù ①同"戮"。《廣韻·屋韻》："剹，同戮。"②削。《玉篇·刀部》："剹，削也。"㈡jiū 回转的样子。如：～流。《集韻·尤韻》："剹，剹流，回轉皃（貌）。"

【勠】lù ①合力；并力。如：～力同心。《说文·力部》："勠，并力也。"②勉；尽量用力。《玉篇·力部》："勠，陳力於人也。"

俗解

"戮"带"戈"旁，和兵器有关，字义为"杀戮"；"剹"带"刂"旁，除了"杀戮"义，还有"削"的意思；"勠"带"力"旁，与用力有关，有"合力""并力"义。

注意

"勠"已转作规范字，任何情况下都不要再把"戮"写成"勠"，也不要把"勠"写成"戮"。如："勠力同心"的"勠"

不能写作"戮"。又:"回转"义上,如"剹(jiū)流"的"剹"不能写成"戮"。

词语

【戮】戮挫(诛杀折辱);戮辱(杀戮污辱);戮社(杀戮于社神木主之前);戮屍;戮勇(杀敌之勇);戮餘(幸免于戮杀、刑戮);戮罪(杀戮有罪的人);殺戮;屠戮;刑戮。

【剹】剹(jiū)流;(又用同"戮")。

【勠】勠力;勠力同心。

▲ 绿(綠)[菉]-菉

回顾

"綠""菉"原本是读音和字义都不相同的两个字;"绿"是"綠"的简化字。1955年《一异表》把"綠""菉"两字归作一组异体字处理,定"綠"为选用字,"菉"为停用字。1956年《简化方案》把偏旁"糹"简化作"纟"。1964年《总表》把"綠"整字简化作"绿"。《字形表》和1986年《总表》,都沿续了1964年《总表》对"绿"字的简化处理。2013年《规范字表》对1955年《一异表》作了调整,把"菉"转为规范字收入三级字表,序号7133,并加注规定:"可用于姓氏人名、地名。"《对照表》则仍然把"菉"列作"绿"的停用异体字,同时把"綠"列为"绿"的繁体字。

雅解

【绿】㈠ lǜ 颜色的一种。如:~色;紅花~叶。《说文·糸部》:"綠,帛青黃色也。"〔元〕俞和草书"春風東來忽相過,金樽綠酒生微波。"(见图101)㈡lù ①古代指反抗封建统治阶级的人们聚集的山林。如:～林好汉。《漢書·王莽傳下》:"是時,南郡張箱、江夏羊牧、王匡等,起兵雲杜綠林,号曰下江兵。衆皆萬餘人。"②用于江名,如:鸭～江。

【菉】lù 荩草,古代又名"王芻"。《説文·艸部》:"菉,王芻也。"《爾雅·釋草》:"菉,王芻。"

【绿】"綠"的简化字。

图101

俗解

"菉"有"艹",与植物有关,所以"綠""菉"两字中有"荩草"义的是"菉"字。

注意

"綠""菉"两字无论在什么情况下都不能互换。

词语

【綠】綠(lù)林;綠茶;綠燈;綠地;綠豆;綠肥;綠化;綠卡;綠籬;綠盤;綠皮書;綠色;綠茵;綠蔭;綠營(台湾指民进党);綠洲;鴨綠(lù)江。

【菉】(现代少用。一般见于姓氏人名、地名。)

M

▲ 麻 [蔴]

回顾

"麻""蔴"是原本就有的，意思不完全相同的两个字。1955年《简化表草案》把这两个字合并作"麻"一个字。同年《一异表》改把这两字作异体字处理，定"麻"为选用字，"蔴"为停用字。2013年《规范字表》沿续了1955年《一异表》对这两个字的处理。

雅解

【麻】má ①麻类植物的总称。如：大～；亚～；黄～；剑～；蕉～；等等。〔清〕段玉裁《说文解字注·麻部》："麻，枲(xǐ)也。麻與枲互訓，皆兼苴麻、牡麻言之。"按：枲为大麻的雄株，也泛指麻。《说文·木部》："枲，麻也。"〔清〕段玉裁《说文解字注·麻部》："未治謂之枲，治之謂之麻。"②芝麻。如：芝～酱；～油。《正字通·麻部》："麻，……即黑脂(芝)麻也……俗譌呼為芝麻。"③表面不平。如：～脸；～子。〔明〕张岱《柳敬亭说书》："南京 柳麻子，黧黑，满面疤。"④知觉不灵。如：～木。〔元〕秦简夫《赵礼让肥》："走的我這兩腿酸麻。"⑤麻味。如：～辣烫。罗广斌 杨益言《红岩》第四章："华为笑嘻嘻地说：'川北凉粉又麻又辣，来两碗尝尝？'"⑥姓氏。

【蔴】má 麻类植物的统称。〔清〕黃六鴻《福慧全書·保甲部·防救失火》："蔴搭一枝，火鉤（鈎）一杆。"

俗解

"蔴"带"艹"头，只用于表示麻类植物。

注意

不表示麻类植物及其制品的时候，如"麻脸""麻烦""麻木""麻辣"的"麻"，以及姓氏"麻"，都不能写作"蔴"。另外"麻布"的"布"是指用麻纤维织成的布匹，不能写成停用字"佈"。

词语

【麻】局麻（局部麻醉）；麻痺；麻煩；麻風；麻花；麻黃；麻將；麻醬；麻利；麻臉；麻木；麻雀；麻藥；麻油；麻疹；麻子；麻醉；密密麻麻；全麻（全身麻醉）；肉麻；芝麻。

【蔴】大蔴；黃蔴；快刀斬亂蔴；蔴包；蔴布；蔴刀（细麻丝）；蔴袋；蔴紡；蔴紗；蔴繩；蔴綫；蔴衣；披蔴戴孝；殺人如蔴；天蔴；心亂如蔴；亞蔴；苧蔴。

▲ 牦 [犛氂]

回顾

"牦""犛""氂"原本是读音和字义都不完全相同的三个字。1955年《一异表》把这三个字归作一组异体字处理，定"牦"为选用字,"犛""氂"为停用字。2013年《规范字表》沿续了1955年《一异表》对这三个字的处理。

雅解

【牦】máo 牛名。～牛。《集韻·豪韻》:"牦,牛名。今所謂偏牛者。"

【犛】㈠ máo 牛名。～牛。《玉篇·犛部》:"犛,獸如牛而尾長,名曰犛牛。"后作"牦牛"。㈡ lí 用于"犛軒(jiān)"一词,汉代西域国名;又是汉代张掖郡县名,也作"驪靬",在今甘肃省 永昌县。颜师古注《漢書·張騫傳》:"服虔曰:'犛軒,張掖縣名也。'……自安息以下五國,皆西域胡也。犛軒即大秦國也。張掖 驪靬縣蓋取此國為名耳。驪犛聲相近。"

【氂】㈠ máo ①牦牛的尾巴。《説文·犛部》:"氂,犛(牦)牛尾也。"也用于指马尾。《淮南子·説山》:"執而不釋,馬氂截玉。"高诱注:"氂,馬尾也。"②长的毛。《廣雅·釋器》:"氂,毛也。"③细小的物体。《康熙字典·毛部》:"凡言物之細者為氂。"㈡ lí ①量词。后作"釐"。〔唐〕玄应《一切經音義》卷三:"十毫曰氂,今皆作釐。"②同"斄(lí)"或"氀(lí)"。硬而捲曲的毛。《小爾雅·廣訓》:"雜毛曰氂。"胡承珙义证:"《漢書·王莽傳》:'莽好以氂裝衣。'注云:'毛之强曲者曰氂,以裝褚衣中,令其張起也。'……强曲毛者亦雜毛也。"③用同"劙(lí)",义为"割""划"。〔清〕黄叔璥《臺海使槎録》卷一:"地宜牧牛羊,散食山谷間,各氂(lí)耳為記。"

俗解

"牦"字由"牜"和"毛"构成,很容易就得到"牦牛"这个字义;"犛"下部有"牛",和同样下部有"牛"的"犁"形近,可以从这一点来提示"犛"比"牦"多一个读音 lí,以及相关的字义;"氂"的下部和"尾"字形近,可以用这一点提示"氂"的本义是"牦牛的尾巴"。

注意

"牦"表示牦牛整体;"氂"表示牦牛局部(尾巴)。"犛"的"犛牛"用法后来被"牦牛"代替了。虽然三个字曾经在"牦牛"义上通假,最好不要混用。

词语

【牦】牦牛。

【犛】犛(lí)靬。

【氂】氂(lí)耳(割耳);氂虱(极其细小);氂缨(以毛做成的帽带。古时大臣自请罪谴时使用)。

▲ 霉 / 黴

回顾

"霉"和"黴"是原本就有的字义不同的两个字。1956年《简化方案》把这两个字合并作"霉"一个字。1964年《总表》和《字形表》、1986年《总表》、2013年《规范字表》,都相继沿续了1956年《简化方案》对这两个字的合并处理。

雅解

【霉】méi ①物质因生菌而变质。如：发～；～烂。《正字通·雨部》："項甌東曰：'江南以三月為迎梅雨，五月為送梅雨。……張蒙溪謂：梅當作霉，雨中暑氣也。"《紅樓夢》第四十回："要有就都拿出來，送這劉親家兩疋，白收着霉壞了。"②"黴"的简化字。

【黴】méi 生长在各种有机物质或生物体表面的絮状物。如：～菌。《説文·黑部》："黴，中久雨青黑。"按：《集韻》《類篇》《韻會》引《説文》俱作"物中久雨青黑。"《格物粗談·服飾》："梅葉煎湯洗夏衣黴點，即去。"

俗解

发霉是在雨季潮湿的情况下发生的，所以"霉"字有"雨"字头；黴菌颜色以青黑概括，故"黴"字含"黑"。

注意

"发霉"的"霉"不要写作"黴"。还有"发霉"的"发"是"显现；散发"的意思，对应的繁体字是"發"，不能写作"髪"；"霉干菜"的"干"是"干湿"的"干"，对应的繁体字是"乾"，不能写作"幹"。

词语

【霉】倒霉；發霉；霉乾菜；霉爛；霉氣；霉天；霉頭；霉雨。

【黴】白黴；白黴素；赤黴素；黑黴素；金黴素；康黴素；鏈黴素；氯黴素；黴菌；青黴素；土黴素；新黴素。

▲ 蒙 / 蒙濛懞矇

回顾

"蒙""矇""濛""懞"是原本就有的,字义不同的四个字。1955年《简化表草案》把"蒙"和"矇"两字合并作"蒙"一个字。1956年《简化方案》进一步把"蒙""濛""懞""矇"四字合并作"蒙"一个字。1964年《总表》和《字形表》、1986年《总表》、2013年《规范字表》,都相继沿续了1956年《简化方案》对"蒙""濛""懞""矇"四字的合并处理。

雅解

【蒙】㈠ méng ①覆盖。如:～头睡觉。《方言》卷十二:"蒙,覆也。"②受;承接。如:～难;多～指教。③隐瞒。如:～蔽;～混。④姓氏。⑤"矇""濛""懞"的共用简化字。㈡ mēng ①胡乱猜测。如:瞎～。②欺骗。如:～骗。㈢ měng ①蒙古的简称。②"懞"的简化字。

【矇】méng 视力或光线不好,看不清。如:～眬。《说文·目部》:"矇,童(瞳)矇也。""矇,不明也。"

【濛】méng 细雨。如:雨～～。《说文·水部》:"濛,微雨也。"

【懞】㈠ méng 朴实忠厚。如:～厚。《集韵·東韻》:"懞,愨厚皃(貌)。"《西遊記》第二十三回:"那呆子雖是心性愚頑,却只是一味懞直。"㈡ měng 同"懵",昏昧无知。如:～懂。《玉篇·心部》:"懞,懞心也。"

俗解

视力或光线不好和眼睛有关，所以繁体用"目"旁的"矇"；细雨与水有关，所以繁体用"氵"旁的"濛"；朴实忠厚和昏昧无知是心智的表现，所以繁体用"忄"旁的"懞"。

注意

"蒙"本有其字，又是"矇""濛""懞"三字的共用简化字。书法创作中，这四个字在不同的语境中要正确区分使用。还有"蒙面"的"面"是"脸面"的意思，原本就这样写，不存在对应的繁体字，不能写作"麵"。"蒙药"的"药"，是"药物"的意思，对应的繁体字是"藥"，不是"葯"。"葯"是"花葯"一词中使用的字。"花葯"是指花的雄蕊顶端膨大呈囊状的部分。这个"葯"字没有简化。

词语

【蒙】（mēng）坑蒙拐骗；蒙騙；蒙事；瞎蒙。

（méng）白蒙蒙；承蒙；多蒙（指教）；荷爾蒙；鴻蒙；灰蒙蒙；開蒙；蒙愛；蒙蔽；蒙塵；蒙耻；蒙恩；蒙館；蒙汗藥；蒙混；蒙昧；蒙面；蒙娜麗莎；蒙難；蒙皮；蒙師；蒙受；蒙太奇；蒙恬；蒙童；蒙頭大睡；蒙羞；蒙藥；蒙冤；蒙在鼓裏；欺蒙；啟蒙；童蒙；愚蒙。

（měng）蒙古；内蒙；外蒙。

【矇】黑矇矇；矇矇亮；矇矓。

【濛】濛濛細雨；濛鬆雨；迷濛；溟濛雨；雨濛濛。

【懞】懞懂（也作"懵懂"）；懞厚。

▲ 弥 / 彌瀰

回顾

"彌"和"瀰"原本是字义不同的两个字;"弥"是"彌""瀰"两字的共用简化字。1955年《简化表草案》把"彌"简化作"弥"。1956年《简化方案》进一步把"彌""瀰"两字合并简化作"弥"一个字。1964年《总表》和《字形表》、1986年《总表》、2013年《规范字表》,都相继沿续了1956年《简化方案》对"彌""瀰"两个字的合并简化处理。

雅解

【彌】mí ①弓张满。《字彙·弓部》:"彌,弓張满也。"引申用于表示其他事物饱满。如:～月。张守节正义:"彌,满也。"②久;远。《小爾雅·廣詁》:"彌,久也。"杜预注《左傳·哀公二十三年》:"彌,遠也。"③缝补;缝合。如:～補;～合。《廣雅·釋詁二》:"彌,縫也。""彌,合也。"④副词,表示程度加深。如:～坚;～广(见图102,佚名)。《小爾雅·廣詁》:"彌,益也。"

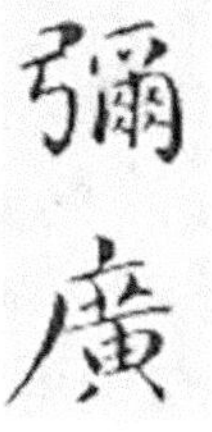

【瀰】mí ①水深满的样子。《玉篇·水部》:"瀰,深也,盛也。"《廣韻·紙韻》:"瀰,《詩》曰:河水瀰瀰。水盛皃(貌)也。"②慢慢散开而布满。如:烟雾～漫。《篇海類編·地理類·水部》:"瀰,满也。"

【弥】"彌""瀰"二字的共用简化字。

图102 彌廣

俗解

"彌"的本义是弓张满,所以带"弓"旁;"瀰"的本义是水深满,所以比"彌"多一个"氵"旁。"瀰"又表示"慢慢散开而布满",可以想像成水倒在地上慢慢漫开,如"瀰漫"。

注意

"弥"对应的繁体字有"彌"和"瀰"两个,在书法创作中要区分不同语境正确选择使用。还有"历久弥新"的"历",是"经历"的意思,对应的繁体字是"歷",不能写作"曆";"须弥山""须弥座"的"须",对应的繁体字是"須",不要写作"鬚"。

词语

【彌】阿彌陀佛;封彌;老而彌堅;歷久彌新;彌補;彌封;彌合;彌敬;彌勒佛;彌留;彌撒;彌散;彌天大謊;彌天大罪;彌陀;彌望;彌月;彌月酒;彌足珍貴;日久彌新;沙彌;須彌山;須彌座;仰之彌高;欲蓋彌彰。

【瀰】瀰漫;瀰濛。

▲ 面 / 面麵

回顾

"面"和"麵"是原本就有的字义不同的两个字。1955年《简化表草案》把这两个字合并作"面"一个字。1956年《简化方案》予以确认。1964年《总表》和《字形表》、1986

年《总表》、2013年《规范字表》，都相继沿续了1956年《简化方案》对这两个字的合并处理。

雅解

【面】miàn ①脸。如：～孔；脸～。《说文·面部》："面，颜前也。从𦣻，像人面形。"段玉裁注："颜者，两眉之中間也。颜前者，謂自此而前則為目、為鼻、為目下、為頰之間，乃正鄉人者。"〔明〕祝允明章草《書述》："宋初能者，尚秉昔榘，爰至中葉，大换颜面。"（见图103）②物体的表面。如：桌～；路～。〔唐〕韩愈《南山詩》："微瀾動水面，踊躍躁猱（náo）狖（yòu）。"③量词。如：一～旗；一～镜子。《宋書·何承天傳》："承天又能彈筝，上又賜銀裝筝一面。"④"麵"的简化字。

图103

【麵】miàn 小麦磨成的粉及其制品。如：～粉；～包；～条。《集韻·霰韻》："麪，《说文》：'麥末也。'或从面。"

俗解

面粉是由麦子磨成的，所以凡是表示面粉以及用面粉加工而成的食物的"面"，繁体都用"麵"。

注意

"面"本有其字。除了和面粉有关的词，其他如"面孔""表面"等词中的"面"，以及做量词用的"面"，都不能写作"麵"。还有"当面"的"当"，对应的繁体字是"當"，不能写作"噹"；"蒙面"的"蒙"，原本就这样写，不存在对应的繁体字，不能写作"矇""濛""懞"三字中的任何一个;"面恶心善"的"恶",对应的繁体字是"惡",不能写作"噁";"发面"的"发",对应的繁体字是"發",不能写作"髮";"干面""唾面自干"的"干",是"干燥"的意思,对应的繁体字是"乾",不能写作"幹"。

又:"面汤"和"麵汤"是意思不同的两个词。"面汤",是洗脸的热水;"麵汤"是锅里下面条的汤水。"面盆"和"麵盆"也是两个不同的词。"面盆"是洗脸用的盆子;"麵盆"是用来和面的盆子。再就是"冷面"和"冷麵"。"冷面"是指冷面孔;"冷麵"是面条的一个品种。"切面"和"切麵"也是两个不同的词。"切面"是几何学上的用语,指和曲面在某点相切的平面;"切麵"是指刀切的面条。

在书法创作中,"面"和"麵"用错的情况常有发生,需要重点加以注意。

词语

【面】凹面鏡;八面光;八面見光;八面玲瓏;八面威風;白面書生;版面;北面;背面;被面;本來面目;表面;別開生面;薄面;不看僧面看佛面;布面;場面;側面;層面;赤道面;出面;出頭露面;創面;垂直面;春風滿面;當面;底面;地面;店面;東面;獨擋一面;斷面;對面;多面手;多面體;耳提面命;二面角;反面;方面;封面;粉面;拂面;幅面;覆蓋面;負面;改頭換面;公切面;海面;海平面;汗流滿面;河面;橫斷面;紅光滿面;後面;畫面;會面;基準面;見面;街面;截面;界面;鏡

面；酒面；局面；客面；淚流滿面；冷面（孔）；裏面；臉面；兩面不是人；兩面不討好；兩面光；兩面派；兩面三刀；六面体；露面；路面；滿面春風；滿面通紅；門面；蒙面；謎面；面板；面壁；面壁思過；面稟；面不改色；面部神經；面陳；面呈；面對；面対面；面額；面惡心善；面告；面紅耳赤；面黃肌瘦；面積；面見；面頰；面交；面巾；面具；面孔；面料；面臨；面貌；面門；面面觀；面面俱到；面面相覷；面目；面目清秀；面目全非；面目一新；面龐；面皰；面盆；面皮；面洽；面前；面容；面如死灰；面如桃花；面如土色；面色；面紗；面善；面生；面世；面試；面市；面熟；面首；面授；面談；面湯；面無人色；面晤；面相；面敍；面邀；面議；面有難色；面譽背毀；面允；面罩；面値；面磚；面子；明面；謀面；南面；牛頭馬面；盤面；拋頭露面；拋物面；蓬頭垢面；碰面；片面；票面；平面；剖面；撲面而來；鋪（pù）面；千人一面；前面；牆面；切面；青面獠牙；情面；球面；囚首垢面；曲面；全面；人面獸心；人面桃花；人生面不熟；沙面；扇面；上面；舌面；獅身人面像；十面埋伏；世面；市面；書面；水面；水平面；四面八方；四面楚歌；四面受敵；素面朝天；臺面；體面；鐵面無私；頭面；凸面鏡；唾面自乾；外面；網開一面；晤面；西面；洗心革面；下面；相面；笑面虎；笑容滿面；鞋面；斜面；修面；掩面而泣；顏面；仰面；頁面；葉面；一面之詞；一面之交；一面之緣；以淚洗面；陰

暗面；迎面；猶抱琵琶半遮面；油頭粉面；月面；賬面；照面；猙獰面目；正面；鳩形鵠面；知人知面不知心；桌面；字面；作業面。

【麵】白麵；拌麵；棒子麵；炒麵；担担麵；刀削麵；發麵；方便麵；乾麵；擀麵；擀麵杖；掛麵；光麵；胡椒麵；和麵；拉麵；撈麵；冷麵；涼麵；龍鬚麵；米麵；麵案；麵包；麵包車；麵包圈；麵茶；麵點；麵坊；麵肥；麵粉；麵缸；麵疙瘩；麵館；麵糊；麵筋；麵盆；麵人兒；麵食；麵塑；麵湯；麵條；麵團；泡麵；劈麵；切麵；揉麵；素面；湯麵；陽春麵；藥麵子；玉米麵；雜和麵。

▲ 渺 [淼渺] – 淼

回顾

"渺"和"淼"原本是字义存在差别的两个字；"渺"和"淼"互为异体字。1955年《异体字表草案》把"渺""淼"两字归作一组异体字处理，以"渺"为选用字，"淼"为停用字。1955年《一异表》增添"淼"为对应"渺"的停用异体字。2013年《规范字表》作了调整，把"淼"转为规范字收入三级字表，序号7371，并加注规定："可用于姓氏人名、地名。"《对照表》则仍然把"淼"和"渺"一起列作"渺"的停用异体字。

雅解

【渺】miǎo ①水辽远无际的样子。《玉篇·水部》："渺，水長也。"〔明〕屠隆《綵毫記湘娥思憶》:"水綠湘江淼,縱有魚箋難寄。"②深远;遥远。刘园集帖第 15 卷《仁聚堂法帖·智·赤壁賦》:"渺渺兮余懷,望美人兮天一方。"(见图 104)③模糊不清或难以预测。如:~如烟云;~茫。〔唐〕赵嘏《水溢芙蓉沼》:"將心託流水,終日渺無從。"④小;少。如:~小。〔清〕袁牧《隨園詩話補遺》引和希斋《西招春咏》:"小窗欣日色,大漠渺人烟。"

图 104

【淼】miǎo ①水辽远无际的样子。如:~漫。《説文新附·水部》:"淼,大水也。"《楚辭·九章·哀郢》:"當陵陽之焉至兮,淼南渡之焉如?"王逸注:"淼,況,彌望無際極也。"②姓氏。

【渺】"渺"的异体字。

俗解

"淼"有三个"水",合在一起表示大水;"渺"有一个"少",有"微小"的意思。

注意

"渺茫""渺小"的"渺",不能写作"淼"。

词语

【渺】渺茫;渺然;渺無人煙;渺小;渺遠;飄渺。

【淼】淼漫(水流广远的样子);淼溔(辽阔的样子);淼泉;煙波浩淼。

【渺】(用同"渺")。

▲ 蔑 / 蔑衊

回顾

"蔑"和"衊"是原本就有的字义不同的两个字。1955年《简化表草案》把这两个字合并作"蔑"一个字。1956年《简化方案》予以确认。1964年《总表》和《字形表》、1986年《总表》、2013年《规范字表》,都相继沿续了1956年《简化方案》对这两个字的合并处理。

雅解

【蔑】miè ①轻视,瞧不起。如:~视(小看人);轻~。郭璞注《方言》:"蔑,小兒(貌)也。"胡三省注《資治通鑑》:"蔑者,微之甚,幾於無也。" ②"衊"的简化字。

【衊】miè ①污血。《説文·血部》:"衊,污血也。" ②诽谤;栽赃。如:诬~。《正字通·血部》:"凡毁人善行,非其實而横誣之者曰誣衊。"

俗解

"衊"的本义是"污血",所以是"血"字旁,引申为"诽谤""栽赃"(往人身上泼污血)。"蔑"原有"细小""末尾"的意思,引申用来表示"轻视""瞧不起人"。

注意

只有在"诽谤"义上,"蔑"才有对应的繁体字"衊"。"轻蔑"义上的"蔑"原本就这样写,不存在对应的繁体字,不能写作"衊"。

又："侮蔑"和"诬蔑"两个词，"侮蔑"的意思是"轻视、轻蔑"，"诬蔑"的意思是"捏造事实败坏别人名誉"。

词语

【蔑】蔑稱；蔑視；輕蔑；侮蔑。

【衊】污衊；誣衊。

▲ 亩(畝) [畒畆畮畞畝]

回顾

"畝"和"畞"本是字义不同的两个字；"畒""畆""畮""畝"都是"畝"的异体字；"亩"是"畝"的简化字。1955年《简化表草案》把"畝"简化作"亩"。1955年《一异表》把"畝""畒""畝""畮""畆""畞"六字归作一组异体字处理，定"畝"为选用字，"畒""畝""畮""畆""畞"为停用字。1956年《简化方案》确认了1955年《简化表草案》对"畝"的简化处理。1964年《总表》和《字形表》、1986年《总表》，都相继沿续了1956年《简化方案》对"畝"的简化处理。2013年《规范字表》沿续了1955年《一异表》对"畝""畒""畞""畆""畮""畝"六个字的异体字处理，以及1986年《简化方案》对"畝"的简化处理。

雅解

【畝】mǔ 我国地积单位。1亩=60平方丈≈666.67平方米。

【畒】《汉语大字典》："同'畝'"。

【畝】同"畝"。《字彙·田部》："畝，古畝字。"

【畞】同"畝"。《字彙·田部》："畞，俗畝字。"《說文·田部》："畮，或从田、十、久。"〔清〕侯銓《清明日作》之二有"安得故園營十畞（畝）"句。

【畂】《汉语大字典》："同'畝'"。〔清〕成亲王行书《揚州襍（雜）詠八首》："如何一夕江都梦，不到雷塘数畂（畝）田。"（见图 105）

图 105

【畂】jiù "坅"的古文。《玉篇·田部》："畂，'坅'的古文。"《集韻·宥韻》："坅，耕地起土也。……或作畂。"

【亩】"畝"的简化字。

俗解

可用"畂"右半的"久"做参照，记住这个字读 jiù 音，再进一步记住它的字义是"耕地起土"，不是"田亩"的"亩"。虽然"畝"的右半也是"久"，但它的左半和简化字"亩"相同。

注意

"田亩"的"亩"不能写作"畂"。

词语

【畝】田畝；一畝三分地。

【畒】（用同"亩〔畝〕"）。

【畮】（用同"亩〔畝〕"）。

【畞】（用同"亩〔畝〕"）。

【畂】（用同"亩〔畝〕"）。

【畂】（现已基本不用）。

N

▲ 乃 [廼迺]– 迺

回顾

"乃"和"迺"是原本就有的,字义不完全相同的两个字;"乃"和"廼"互为异体字。1955年《异体字表草案》把"乃""廼""迺"三字归作一组异体字处理,以"乃"为选用字,"廼""迺"为停用字。1955年《一异表》予以确认。2013年《规范字表》作了调整,把"迺"转为规范字收入三级字表,序号6807,并加注规定:"可用于姓氏人名、地名。"《对照表》则仍把"迺"和"廼"一起列为"乃"的停用异体字。

雅解

【乃】nǎi ①是;就是。如:此～万里长城也。〔清〕王引之《經傳釋詞》卷六:"乃,猶是也。"②好像。〔清〕吴昌瑩《經詞衍釋》卷六:"乃,猶如也。"③代词。一是作人称用,相当于"你""你的""他的"。《廣雅·釋言》:"乃,汝也。"二是作指示代词用,相当于"这个""这样"。王先谦集解:"乃者,猶言如此。"④副词。一是表示时间,相当于"然后"。〔清〕王引之《經傳釋詞》卷六:"乃,猶然後也。"二是表示刚刚;方才。〔清〕王引之《經傳釋詞》卷六:"乃,猶方也，裁（纔）也。"三是表示转折，相当于"却"。《漢書·吳王劉濞傳》："不改過自新，乃益驕恣。"四是表示反问，相当于"岂""难道"。〔清〕王引之《經傳釋詞》卷六："乃，猶寧也。"五是表示意想不到，相当于"竟然""居然"。裴学海《古書虛字集釋》卷六："乃，猶竟也。"六是表示范围，相当于"只""仅"。《吕氏春秋·義賞》："天下勝者衆矣，而霸者乃五。"⑤连词。一是表示并列关系，相当于"及"。《大戴禮記·誥志》："物乃歲俱生於東，以順四時，卒於冬分。"二是表示选择关系，相当于"或者""还是"。《漢書·文帝紀》："意者朕之政有所失而行有過與？乃天道有不順，地利或不得，人事多失和，鬼神廢不享與？"三是表示递进关系，相当于"且"。〔清〕王引之《經傳釋詞》卷六："乃，猶且也。"四是相当于"而"。〔清〕王引之《經傳釋詞》卷六："乃，猶而也。"五是假设关系，相当于"若""如果"。〔清〕王引之《經傳釋詞》卷六："乃，猶若也。"⑥助词。《説文·乃部》："乃，曳詞之難也，象（像）氣之出難。"徐灝注笺："古或用為轉語，或為發語。"

【廼】《汉语大字典》："同'乃'"。〔明〕彭汝楠小楷《岸圃大觀》："遹廼因树（樹）搆榭，命曰'雲來'。"（见图106）

【迺】nǎi ①惊声。《説文·乃部》："迺，驚聲也。"段玉裁注："驚聲者，惊讶之声。與'乃'字音義俱

图106

别。"②代词。第二人称,相当于"你"。《篇海類編·人事類·辵部》:"迺,汝也。"又相当于"此""这"。《晏子春秋·外篇》:"吾聞之,五子不滿隅,一子可滿朝,非迺子耶?"③副词。有五种用法。一是相当于"却""反而"。《漢書·司馬遷傳》:"今已虧形為掃除之隸,在闒(tà)茸之中,迺欲卬首信眉,論列是非,不亦輕朝廷,羞當世之士邪?"章炳麟《新方言·釋言》:"闒為小户,茸為小草,故並舉以狀微賤也。"二是相当于"于是""就"。《史記·夏本紀》:"迺召湯而囚之夏臺,已而釋之。"三是相当于"始"。《漢書·賈誼傳》:"古之王者,太子迺生,固舉曰(以)禮。"颜师古注:"迺,始也。"四是相当于"仅仅"。《漢書·蒯通傳》:"將軍數萬之眾,迺下趙五十餘城。"五是相当于"竟然"。《宋史·余玠傳》:"舟中皆戰掉失色,而玠自若也。徐命吏班賞有差。夔退謂人曰:'儒者中迺有此人!'"

俗解

"廴"旁的"廼"和"乃"音义相同,二者互为异体字;"辶"旁的"迺"比"乃"多一个"惊声"义。

注意

"惊声"义上的"迺"不能写作"乃"。为防止用错,最好在写"乃"的停用字时只用"廼",不要用"迺"。

词语

【乃】乃尔;乃至;乃至於。

【廼】(用同"乃")。

【迺】迺子街村(在吉林);(现代多见于姓氏人名和地名)。

▲ 拟(擬)[儗]

回顾

"擬"和"儗"原本是字义存在差别的两个字;"拟"是"擬"的简化字。1955年《简化表草案》把"擬"简化作"拟"。1955年《一异表》把"擬"和"儗"归作一组异体字处理,定"擬"为选用字,"儗"为停用字。1956年《简化方案》确认了1955年《简化表草案》对"擬"字的简化处理。1964年《总表》和《字形表》、1986年《总表》,都沿续了1956年《简化方案》对"擬"字的简化处理。2013年《规范字表》沿续了1955年《一异表》对"擬""儗"两字的异体字处理,以及1986年《总表》对"擬"字的简化处理。

雅解

【擬】nǐ ①揣度;推测。《說文·手部》:"擬,度也。"段玉裁注:"今所謂揣度也。"《易·繫辭上》:"擬之而後言,議之而後動,擬議而成其變化。"②模仿。如:～声。刘园集帖第4卷《宋賢四十五種丁本·米襄陽詩翰》有《擬古》诗。(见图107)③类比。〔清〕沈涛《説文古本考》:"《一切經音義》卷十七引:'擬,比也。'"《荀子·不苟》:"言己之光美,擬於舜禹,参於天地,非夸(誇)誕也。"④指向;比划。〔唐〕玄应《一切經音義》卷十六:"擬,向也。"鲁迅《坟·摩罗诗力说》:"来

图107

尔孟多夫不欲杀其友，仅举枪射空中，顾摩尔迭诺夫则拟而射之，遂死。"⑤打算；准备。〔宋〕陆游《雲門過何山》："我作山中行，十日未擬歸。"⑥起草。如：草～。《官場現形記》第五回："本章上去，那軍機處擬旨的章京向來是一字不易的，照着批了下來。"

【儗】㈠ nǐ ①僭越，超越本份。《説文·人部》："儗，僭也。"段玉裁注："以下僭上，此儗之本义。"《漢書·賈誼傳》："天下初定，制度疏濶。諸侯王僭儗，地過古制。"②类比。如：比～。《字彙·人部》："儗，比也。"③仿照。如：摹～。〔清〕冯班《鈍吟雜錄》："樂府之詞，有詞體可愛，文士儗之。"④比划；指向。〔清〕戴名世《畫網巾先生傳》："抽刃相儗曰：不我殺者，今當殺女（汝）。"㈡ yí 同"疑"。如：～惑。《説文·人部》："儗，相疑。"杨倞注《旬子·儒效》："儗讀為疑。"㈢ yì 停滞不前。如：佁①～。《廣韻·志韻》："儗，佁儗，不前。"《字彙·人部》："儗，佁儗，固滯貌。"㈣ ài 痴呆。如：儓②～。《廣韻·代韻》："儓儗，癡貌。"

【拟】"擬"的简化字。

俗解

模仿、类比、指向、计划准备、起草，一般都需要动手，所以"拟"字带"扌"旁；僭越是人的行为，所以"儗"带"亻"旁。

---

① "佁"，这里读 chì，停滞不前；另读 yǐ，痴呆。
② "儓"，这里读 tài，痴呆。

注意

"儗"没有"揣度""打算""起草"等义,"拟议""草拟"的"拟"不能写成"儗";"擬"没有"僭越""停滞""痴呆"等义,"儗上""怡儗""儓儗"的"儗"不能写成"拟"或"擬"。"儗"的本义是"僭越","比拟""摹拟"义只是假借用法。

词语

【擬】比擬;草擬;模擬;擬訂;擬定;擬稿;擬古;擬人;擬聲;擬物;擬議;擬音;擬於不倫;擬作;虛擬。

【儗】怡儗(yí)(停滞不前);儗上(僭越);儓儗(ái)(痴呆)。

▲ 你[妳]-奶[妳嬭]

回顾

"你"和"妳"是原本就有的,读音和字义都存在差别的两个字;"奶"和"妳""嬭"原本也是读音和字义存在差别的三个字。1955 年《异体字表草案》把"奶""嬭"归作一组异体字处理,以"奶"为选用字,"嬭"为停用字。1955 年《一异表》增添"妳"为对应"奶"的停用字,同时又把"妳"和"你"一起归作一组异体字处理,定"你"为选用字,"妳"为停用字。2013 年《规范字表》沿续了 1955 年《一异表》对"你[妳]"和"奶[妳嬭]"两组字的处理。

雅解

【你】nǐ 代词,第二人称。《集韻·止韻》:"你,汝也。"

【妳】㈠ nǎi 同"嬭"。乳。《字彙·女部》:"妳,與嬭同。"《玉篇·女部》:"嬭,乳也。"㈡ nǐ 代词,专用于女性的第二人称。〔宋〕柳永《殢人嬌》:"恨浮名牽繫,無分(份)得與妳恣情睡睡。"

【奶】nǎi ①乳汁。如:喂〜。巴金《家》六:"他因为爱孩子,不愿意雇奶妈来喂奶。"②乳房。如:〜头。③像乳头的物件。如:〜嘴;芋〜。④喂奶。如:〜孩子。《紅樓夢》第二十回:"把你奶了這麼大。"⑤用于"奶奶"一词。祖母。

【嬭】㈠ nǎi ①同"奶"。乳。《玉篇·女部》:"嬭,乳也。"《正字通·女部》:"嬭,改作奶。"②母亲。《廣雅·釋親》:"嬭,母也。"《廣韻·薺韻》:"嬭,楚人呼母。"㈡ nì 女子人名用字。《集韻·霽韻》:"嬭,女字。"

俗解

"妳"是"女"字旁,读 nǐ 时作人称代词,专门用于指女性。

注意

用于指男性的第二人称不能用"妳";"奶奶"(祖母)不要写成"嬭嬭"(母亲);"嬭"也不要写成"奶";还有女子人名中的"嬭"读 nì 不读 nǎi,不要写作"妳"或"奶"。

词语

【你】你;你好;你們;你我。

【妳】（专用于女性）妳；妳好；妳們；妳我。

【奶】催奶；豆奶；斷奶；姑奶奶；擠奶；馬奶；奶茶；奶粉；奶酒；奶酪；奶媽；奶名；奶奶；奶娘；奶牛；奶品；奶聲奶氣；奶水；奶頭；奶羊；奶油；奶罩；奶嘴；牛奶；少奶奶；喂奶；羊奶。

【嬭】（用同"奶"，乳；又有"母亲"义；读 nǐ 时用于女子人名。）

▲ 念 [唸]

回顾

"念"和"唸"是原本就有的，字义存在差别的两个字。1955 年《一异表》把这两个字归作一组异体字处理，定"念"为选用字，"唸"为停用字。2013 年《规范字表》沿续了 1955 年《一异表》对这两个字的处理。

雅解

【念】niàn ①思念。如：想～。《說文·心部》："念，常思也。"②想法。如：～头；一～之差。〔清〕黄易隶书《朱子家訓》："半絲半縷恒念物力維艱"。（见图 108）③怜爱。如：～其初犯。张相《詩詞曲語辭彙釋》："念，猶憐也，愛也。"④诵读。如：～书。《東京夢華錄·河東》："有瞽者在橋上念經求化。"⑤佛教用词，法相宗别境之一，指记忆。《俱舍論》卷四："念謂於緣明記不忘。"⑥姓氏。

图 108

【唸】niàn 诵读。如：～书；～佛。

俗解

思念，怜爱是要用心的，所以"念"字下半是"心"字；诵读是要用嘴的，所以"念书"义的"唸"加了"口"旁。

注意

不表示诵读的意思时，如"想念""纪念""念头""念其初犯"的"念"，都不能写作停用字"唸"。

词语

【念】悼念；概念；掛念；觀念；懷念；紀念；理念；留念；念及；念舊；念念不忘；念奴嬌；念頭；念想；念由心生；念兹在兹；私念；思念；萬念俱灰；想念；邪念；信念；懸念；一念之差；雜念；轉念。

【唸】唱唸做打；唸白；唸叨；唸佛；唸經；唸唸有詞；唸書；唸咒；唸珠。

▲ 宁/宁寧 [寧甯] – 甯

回顾

"宁"和"寧"是原本就有的字义不同的两个字；"甯"和"寧"两字的字义原本也不完全相同；"寧""甯"互为异体字。1955年《简化表草案》把"宁""寧"两字合并作"宁"一个字。1955年《一异表》改为把"寧""甯""寗"三字归作一组异体字处理，定"寧"为选用字，"甯""寗"为停用字。1956年《简化方案》把"宁"和"寧"两个字合并作"宁"

一个字。1964年《总表》沿续了1956年《简化方案》对"宁""寧"两字的合并处理，同时加注："作门屏之间解的宁（古字罕用）读zhù（柱）。为避免此宁字与寧的简化字混淆，原读zhù的宁作㝉。"《字形表》也把"宁""寧"两字合并作"宁"。1986年《总表》沿续了1964年《总表》对"宁""寧"两字的合并处理。2013年《规范字表》作了调整，把1955年《一异表》中的"寍"换作"甯"，作为规范字收入三级字表，序号7442，并加注规定："甯：可用于姓氏人名。"同时删除了1986年《总表》中给"宁"字所加的注。《对照表》则仍把"甯"和"寍"一起列为"寧"的停用异体字，"寧"列为"宁"的繁体字。

雅解

【寧】(一)níng ①安定。如：安～。《廣韻·青韻》："寧，安也。"〔西晋〕索靖章草《急就章》："中國無事，邊境安寧。"（见图109）②静。如：～静。《爾雅·釋詁上》："寧，静也。"
③止息。如：息事～人。韦昭注《國語·晋語八》："寧，息也。"〔清〕乾隆《補咏戰勝廓尔喀之圖序》："許準葛爾之求和罷兵寧人將二十年矣。"（见图110）④地名。南京和宁夏回族自治区的简称。
⑤姓氏。(二)nìng ①连词，表示选择。如：～可；～死不屈。《漢書·王莽傳》："寧逢赤眉，不逢太師。"
②姓氏。

图109

图110

【寍】《汉语大字典》：同"寧"。

【甯】nìng ①同"寧"，表示选择。如：～可；～死不屈。《說文·用部》："甯，所願也。"《篇海類編·宮室類·宀部》："甯，音寧，義同。"②姓氏。

【宁】㈠ zhù 古代宫殿的门和屏之间。《爾雅·釋宮》："門屏之間謂之宁。"郭璞注："人君視朝所宁（佇）立處。"（按："宁"是"佇"的初文；"佇"和"伫""竚"互为异体字。因为"宁"做了"寧"的简化字，为避免增加同形字，2013年《规范字表》规定"伫""佇""竚"三字中，以"伫"为选用字，作为规范字收入二级字表，序号3610，"佇""竚"为停用字。）㈡ níng "寧"的简化字。㈢ nìng "寧"的简化字。

俗解

"甯"只有去声（第四声）一种读法，而且带"心"，表示心愿，所以有"宁（nìng）可"义，没有"安宁（níng）"义。"宁"本读zhù，是"佇"的初文，所以"宁"字的本义是古代宫殿门和屏之间的地方。

注意

只有在读nìng的时候，"宁"才能写作"甯"。读阳平（níng）时，如"安宁""宁静""息事宁人"的"宁"，不能写作"甯"。要用"伫立"义上的传统（沿用）字时，建议不要用"宁"，以免引起歧义，可用"佇"或"竚"。还有表示古代宫殿的门和屏之间的"宁（zhù）"，原本就这样写，不存在对应的繁体字，不能写作"寧"或"甯"。另外，"宁为牛后"的"后",是"后面"的意思,对应繁体字"後"。

词语

【寧】(níng)安寧;雞犬不寧;康寧;寧靖;寧靜;寧親;寧日;息事寧人;永無寧日;坐臥不寧。

(nìng)寧可;寧肯;寧缺毋濫;寧死不屈;寧為鷄口,無為牛後;寧為玉碎,不為瓦全;寧願;寧折不彎。

【寕】(用同"寧")。

【甯】(用同"寧〔nìng〕")。

▲ 弄 [挵衖]

回顾

"弄""挵""衖"原本是字义存在差别的三个字。1955年《异体字表草案》把"弄""衖"归作一组异体字处理,以"弄"为选用字,"衖"为停用字。1955年《一异表》增加"挵"为对应"弄"的停用异体字。2013年《规范字表》沿续了1955年《一异表》对"弄""挵""衖"这组字的处理。

雅解

【弄】㈠ nòng ①把玩。如:玩~。《爾雅·釋言》:"弄,玩也。"②游戏。杜预注《左傳·僖公九年》:"弄,戲也。"③作弄;欺侮。如:愚~。《古今韻會舉要·送韻》:"弄,侮也。"④设法取得。如:~点吃的。《紅樓夢》第九十九回:"只要你們齊心打夥兒弄幾個錢,回家受用。"⑤乐曲或乐曲单位,指乐曲的一段或一支。如:梅花三~。《西廂記諸宮調》卷三："如先生深夜作兩三弄，鶯聞必至。"㈡ lòng 巷子；胡同。如：里~。《字彙·廾部》："弄，巷也。"

【挵】nòng 把玩；玩弄。《集韻·送韻》："弄，《說文》：'玩也。'或从手。"

【衖】㈠ xàng 同"巷"。胡同。〔清〕翟灝《通俗編》卷二十四："衖，實古字，非俗書，特其音義皆與巷通"。㈡ lòng 里弄。茅盾《曇》："她抄小路走进一条冷衖。"

俗解

把玩要用手，所以"挵"的意思是"把玩"；带"行"的字大多和道路，行走有关，所以"衖"的本义是"里弄""巷子"。

注意

除了"里弄"义，其他意思如"玩弄""捉弄""愚弄""梅花三弄"的"弄"，都不能写作"衖"；除了"把玩"义，其他意思如"里弄""作弄"以及乐曲单位意义上的"弄"，都不能写作"挵"。不管什么情况，"挵""衖"都不能互换使用。另外，"里弄"的"里"是"邻里"的意思，原本就这样写，不存在对应的繁体字，不能写作繁体字"裏"或异体字"裡"；"摆弄"的"摆"是"搬动、摆布"的意思，对应的繁体字是"擺"，不能写成"襬"。

词语

【弄】搬弄；故弄玄虚；含饴弄孙；糊弄；挤眉弄眼；卖弄；弄臣；弄假成真；弄巧成拙；弄权；弄虚作假；搔首

弄姿；愚弄；裝神弄鬼；捉弄。

【挵】擺挵；班門挵斧；挵潮；挵瓦；玩挵；舞槍挵棒；舞文挵墨。

【衖】（lòng）里衖；衖堂；巷衖。

P

▲ 辟 / 闢

回顾

"辟"和"闢"是原本就有的，读音和字义都不同的两个字。1955年《简化表草案》把这两个字合并作"辟"一个字。1956年《简化方案》予以确认。1964年《总表》和《字形表》、1986年《总表》、2013年《规范字表》，都相继沿续了1956年《简化方案》对这两个字的合并处理。

雅解

【辟】㈠ bì ①君主。如：复～。《爾雅・釋詁一》："辟，君也。"《書・洪範》："惟辟作福，惟辟作威，惟辟玉食。"②法度。《爾雅・釋詁一》："辟，法也。"《漢書・匈奴傳》："於是作《呂刑》之辟。"③驱除。如：～邪；～奸。《小爾雅・廣言》："辟，除也。"《楚辭・遠遊》："風伯為余先驅兮，氛埃辟而清涼。"④古代称官吏为"辟"。〔唐〕张旭楷书《尚書省郎官石記序》："三台淳曜，百辟承寧，動必有成，舉無遺策（策）。"（见图111）⑤召；征召。《文選・阮籍〈詣蔣公〉》："辟書始下，下走為首。"㈡ pī ①开辟；开拓。《正字通・辛部》："辟，猶開也。"②透彻。如：精～。〔宋〕程颢、程

图111

颐《二程全書·遺書十一》；"學只要鞭辟近裏，著己而已。"③"闢"的简化字。

【闢】pì ①开拓。如：开～；开天～地。《説文·門部》："闢，開也。"〔清〕段玉裁《説文解字注·門部》："闢，引申為凡開拓之稱。"刘园集帖第17卷《一經堂藏帖》："吾聞庖羲氏，爰初闢乾坤。"(见图112) ②驳斥或排除。如：～谣。〔宋〕叶适《上西府書》："闢合同之論，息朋黨之説。"

俗解

"辟""闢"两字，读 bì 时用"辟"，不可用"闢"；读 pì，表示"开拓""驳斥"时可用"闢"。

注意

"复辟""鞭辟入理"等词中的"辟"，不能写作繁体的"闢"。

图112

词语

【辟】(bì)八辟(周制规定八种人的犯罪须经特别审议，并可减免刑罚)；百辟(古代兵器或诸侯；百官)；辟穀(古人养生法，不吃五谷杂粮)；辟奸；辟舉(开发；开垦)；辟命(征召，任命)；辟書(征召的文书)；辟邪；辟易(退避)；辟引(征召引荐)；辟雍(原为西周天子所设大学，历代均有)；辟召(征召)；辟芷(幽香的芷草)；復辟。

(pì)鞭辟入裏；精辟；透辟。

【闢】開闢；開天闢地；另闢蹊徑；闢(pī)頭(起首；开头)；闢謠。

▲ 苹/苹蘋－蘋(蘋)

回顾

"苹"和"蘋"是原本就有的字义不同的两个字。1955年《简化表草案》把"蘋"和"平"合并作"平"一个字。1956年《简化方案》改把"蘋"和"苹"合并作"苹"。1964年《总表》和《字形表》、1986年《总表》，都相继沿续了1956年《简化方案》对"苹""蘋"二字的合并处理。2013年《规范字表》作了调整，把"蘋"简化作"蘋"，转为规范字收入三级字表，序号7841，并加注规定："用于表示植物名时简化作'蘋'……，不简化作'苹'。"《对照表》则仍然把"蘋"列为"苹"的繁体字。

雅解

【苹】㈠ píng ①同"洴（萍）"。浮萍。郭璞注《爾雅·釋草》："水中浮洴（萍），江東謂之薸。"《集韻·庚韻》："苹，或作萍。"②艾蒿（蘋蕭）。《詩·小雅·鹿鳴》："呦呦鹿鳴，食野之苹。"郑玄笺："苹，蘋蕭。"③蒲白。《廣韻·庚韻》："苹，蕟，一曰蒲白。"④"蘋"不表示植物名时的简化字。㈡ pēng 苹濞，也作"澎濞""滂濞"。水流声。《集韻·庚韻》："澎，澎濞，水皃（貌）。或作苹、滂。"

【蘋】㈠ pín 大萍。今称"四叶菜""田字草"。《玉篇·艹部》："蘋，大萍也。"㈡ píng 水果名。如：～果。〔清〕汪灝《廣羣芳譜·果譜四》："蘋果，出北地燕、趙者尤佳。"

俗解

作简化字用的"苹"原义是指浮萍；繁体的"蘋"义为大萍，即四叶菜，又称"田字草"。另外，"苹果"原作"蘋果"。

注意

浮萍和艾蒿意思上的"苹"不能写作"蘋"；"苹果"可以写作"蘋果"或"蘋果"。

词语

【苹】浮苹；苹（pēng）濞。

【蘋】蘋（田字草）；蘋果。

▲ 仆/仆僕

回顾

"仆"和"僕"是原本就有的，读音和字义都不相同的两个字。1955年《简化表草案》把这两个字合并作"仆"一个字。1956年《简化方案》予以确认。1964年《总表》加注："前仆后继的仆读 pū（扑）。"《字形表》也把"仆""僕"两个字合并作"仆"一个字。1986年《总表》沿续了1964年《总表》对这两个字的合并处理。2013年《规范字表》沿续了1986年《总表》对这两个字的合并处理，但删除了相关附注。

雅解

【仆】㈠ pū 向前倾倒。如：前～后继。《廣韻·宥韻》："仆，前倒。"㈡ pú "僕"的简化字。

【僕】pú 供役使的人。如：奴～；～人。《説文·䇂部》："僕，給事者。"《廣韻·屋韻》："僕，侍從人也。"〔唐〕褚遂良《漢興碑》："衛青奮舊扵（於）奴僕"。（见图113）

俗解

向前倾倒有点像扑，"仆"字和"扑"字只是左半不同；剩下的另一个"僕"就是"仆人"义上的对应繁体字了。或：读阴平（第1声）时用"仆"；读阳平（第2声）时才可以用"僕"。

图113

注意

"前仆后继"的"仆"原本就这样写，不存在对应的繁体字，不能写作"僕"；还有"前仆后继"的"后"是"后来"的意思，对应繁体字"後"。

词语

【仆】前仆（pū）後繼。

【僕】村僕；風塵僕僕；公僕；更僕難數；家僕；老僕；奴僕；女僕；僕從；僕婦；僕人；僕役；童僕；主僕。

▲ 朴/朴樸

回顾

"朴"和"樸"是原本就有的，读音和字义都不相同的两个字。1955年《简化表草案》把这两个字合并作"朴"一个字。1956年《简化方案》予以确认。1964年《总表》和《字形表》、1986年《总表》、2013年《规范字表》，都相继沿续了1956年《简化方案》对这两字的合并处理。

雅解

【朴】㈠ pò 植物名，朴树。㈡ pō 旧式兵器，朴刀。《水浒传》第二回："將了朴刀，各跨（挎）口腰刀。"㈢ piáo 姓氏。㈣ pǔ 同"樸"，质朴；厚重。《廣韻·覺韻》："朴，同樸。"现在是"樸"的简化字。

【樸】pǔ 未经加工的木材，引申作本真。如：质～；～实。《説文·木部》："樸，木素也。"段玉裁注："素，猶質也。以木為質，未雕飾，如瓦器之坯然。"刘园集帖第10卷《孔子廟堂碑》："斲（zhuó）琱反（返）樸"。（见图114）

图114

俗解

"朴""樸"两字，读 piá、pō、pò 时用"朴"，不能用"樸"；读 pǔ 时可以用繁体字"樸"。

注意

"朴（pō）刀""朴（pò）樹""朴（pò）硝"，还有姓氏的"朴（piáo）"，原本就这样写，不存在对应的繁体字，不能写成"樸"。

词语

【朴】朴（pō）刀；朴（pò）樹；朴（pò）硝。

【樸】誠樸；純樸；敦樸；返樸歸真；古樸；儉樸；簡樸；樸實；樸素；樸學；樸直；質樸。

Q

▲ 凄 [淒悽]

回顾

"凄""淒""悽"原本是字义存在差异的三个字。1955年《异体字表草案》把这三个字归作一组异体字处理,以"淒"为选用字,"凄""悽"为停用字。1955年《一异表》调整为以"凄"为选用字,"淒"和"悽"同为停用字。2013年《规范字表》沿续了1955年《一异表》对这三个字的处理。

雅解

【凄】qī 同"淒"。原是"淒"的俗字,现在是规范字。〔清〕朱骏声《說文通訓定聲·履部》:"淒,俗字亦作凄。"〔清〕刘墉《清爱堂墨刻·讀吳梅村集》:"凄凉法曲秦淮夜,慷慨悲歌易水秋。"(见图115)

图 115

【淒】㈠ qī ①云雨起的样子。《説文·水部》:"淒,雲雨起也。"②寒凉。《正字通·水部》:"淒,寒凉(凉)也。通作凄。"㈡ qiàn 用于"淒浰"一词。"疾速"的意思。《集韻·霰韻》:"淒,淒浰,疾兒(貌)。"

【悽】㈠ qī ①悲痛;悲伤。《説文·心部》:"悽,痛也。"《玉篇·心部》:"悽,悽愴也,傷也。"〔清〕成亲王行书《楊

261

州褉詠八首》:"一賦蕪城已悽愴,人間更有杜司勳。"(見圖 116)②寒冷。顏師古注《漢書·王褒傳》:"悽愴,寒冷也。"㈡ qì 恨。《集韻·霽韻》:"悽,恨也。"

图 116

俗解

带"冫"旁的字一般和寒冷相关,如"冰""冷",等等,所以"凄"的字义侧重于寒冷;"悽"带"忄"旁,表示的是一种心理状态,所以字义侧重于悽楚。

注意

"凄"可以写作"淒",但不宜写作"悽"。表示悲痛的"悽愴"的"悽",以及表示恨,读 qì 的"悽",都不要写作"凄"或"淒"。表示"疾速"义的"淒洌"的"淒"读 qiàn,不能写成"悽"或"凄"。

词语

【淒】淒風苦雨;淒寒;淒勵;淒涼;淒冷;淒迷;淒淒;淒其;淒切;淒清。(本条各词中的"淒"都可以改用"凄"。)

【淒】淒(qiàn)洌。

【悽】悽慘;悽愴;悽惻;悽楚;悽苦;悽美;悽切;悽然;悽婉;悽豔。

▲ 戚 [慼憾]

回顾

"戚"的字义和"慼""憾"两字的字义原本不完全相同;

"慽""慼"互为异体字。1955年《一异表》把这三个字归作一组异体字处理，定"戚"为选用字，"慽""慼"为停用字。2013年《规范字表》沿续了1955年《一异表》对这三个字的处理。

雅解

【戚】qī ①古代兵器。如：干～。字也作"鏚"。《说文·戉部》："戚，戉也。"《玉篇·戉部》："戚，戉也。或作'鏚'。"②忧愁。如：哀～。后作"慽"。〔清〕段玉裁《说文解字注·戈部》："戚，又引申訓憂，度古秖（只）有戚，後乃別製慽字。"③亲近；亲属。如：亲～。《集韻·錫韻》："戚，近也。"《廣韻·錫韻》："戚，親戚。"④姓氏。

【慽】qī 同"慼"。《説文·心部》："慽，憂也。"《正字通·心部》："慽，同慼。"

【慼】qī 忧伤。《廣雅·釋詁一》："慼，憂也。"《廣雅·釋詁三》："慼，悲也。"刘园集帖第18卷《董其昌·孝經·喪親章》："陳其簠簋而哀慼之"。（见图117）

图117

俗解

"慽"是"忄"旁，"慼"是"心"字底，都只表示心理上的悲伤，忧愁。

注意

"慽"和"慼"没有"戚"的"古兵器""亲戚"等义以及姓氏用法。"干戚""亲戚"的"戚"不能写作"慽"或

"感";姓氏"戚"也不能写作"慽"或"感"。另外,"干戚"的"干"是"盾牌"的意思,原本就这样写,不存在对应的繁体字,不能写成"乾"或"幹"。

词语

【戚】干戚;親戚。

【慽】哀慽;慽然;憂慽。

【感】(用同"慽")。

▲ 千 / 韆

回顾

"千"和"韆"是原本就有的,字义不同的两个字。1955年《简化表草案》把这两个字合并作"千"一个字。1956年《简化方案》予以确认。1964年《总表》和《字形表》、1986年《总表》、2013年《规范字表》,都相继沿续了1956年《简化方案》对这两个字的合并处理。

雅解

【千】qiān ①数词,百的十倍。《漢書·律曆志上》:"數者,一、十、百、千、萬也。"唐 锺绍京小楷《靈飛經》:"……一日行三千里"。(见199页图94) ②引申作"多"的意思。如:～方百计;成～上万。《後漢書·班彪傳上附班固》:"周盧千列,徼道綺錯。"李贤注:"千列,言多也。"③用于"出千"一词,又说成"出老千",指在赌局中作弊的行为。④姓氏。⑤"韆"的简化字。

【鞦韆】qiān 秋千。《玉篇·革部》："韆，鞦韆。"刘园集帖第1卷《宋賢四十五種·甲本》："鞦韆近水臨清明"。（见图118）《聊齋志異·西湖主》："穿過小亭，有鞦韆一架，上與雲齊。"

俗解

古时秋千的吊索是用皮革做成的，所以繁体"鞦韆"二字都带"革"旁。

图118

注意

表示"百的十倍"这个数的"千"原本就这样写，不存在对应的繁体字，不能写作"韆"。还有"千钧一发"的"发"，是"头发"的意思，对应的繁体字是"髮"，不能写作"發"；"一日千里"的"里"，是"里程"的意思，原本就样写，不存在对应的繁体字，不能写作繁体字"裏"或异体字"裡"。

词语

【千】差以毫釐，失之千里；成千上萬；打千（清代男子请安礼）；大千世界；千層底；千瘡百孔；千錘百煉；千兒八百；千方百計；千夫所指；千古；千斤；千金；千軍萬馬；千鈞一髮；千克；千里；千慮一得；千慮一失；千篇一律；千奇百怪；千秋；千山萬水；千絲萬縷；千瓦；千萬；千載難逢；千姿百態；四兩撥千斤；萬水千山；萬紫千紅；一落千丈。

【韆】鞦韆。

▲ 签 / 簽籤

回顾

"簽"和"籤"是原本就有的字义不同的两个字;"签"是"簽""籤"两字的共用简化字。1955年《简化表草案》把"簽""籤"两字合并简化作"签"一个字。1956年《简化方案》予以确认。1964年《总表》和《字形表》、1986年《总表》、2013年《规范字表》,都相继沿续了1956年《简化方案》对这两字的合并简化处理。

雅解

【簽】qiān 在文件上署名或题写文字作为标识。如:～名;～证。《篇海類編·花木類·竹部》:"簽,簽書文字也。"

【籤】qiān 竹制的小细棍,或刻上符号作标记用的小竹片。如:牙～;书～。《説文·竹部》:"籤,驗也。"徐锴:"籤出其處為驗也。"

【签】"簽""籤"二字的共用简化字。

俗解

"簽"是指动作,如"簽字";"籤"是指物件,如"竹籤"。

注意

"签"对应的繁体字有"簽"和"籤"两个,书法创作中要区分不同语境正确选择使用。还有"签发"的"发",是"发出"的意思,对应的繁体字是"發",不能写作"髮";"签证"的"证",是"证明"的意思,对应的繁体字是"證",不要写作"証"。

"题签"一词有两个意思。作动词表示"在书本封面的标签上题字"时,"签"对应的繁体字是"簽";作名词表示"贴于书皮上,题有书名的标签"时,"签"对应的繁体字是"籤"。

词语

【簽】草簽;會簽;簽單;簽到;簽訂;簽定;簽發;簽名;簽收;簽署;簽退;簽押;簽約;簽章;簽賬;簽證;簽註;簽字;題簽(在书籍封面标签上签字)。

【籤】標籤;抽籤;好籤;路籤;棉籤;籤筒;籤語;求籤;上籤;書籤;題籤(题有书名的标签);下籤;牙籤。

▲ 纤 / 縴纖

回顾

"縴"和"纖"是原本就有的,读音和字义都不相同的两个字;"纤"是"縴""纖"两字的共用简化字。1955年《简化表草案》把"縴"简化作"縴";把"纖"简化作"紆"。1956年《简化方案》改为把"縴""纖"两个字合并简化作"紆"一个字,另又把偏旁"糸"简化作"纟"。1964年《总表》把"紆"整字简化作"纤",并加注说明:"纤维的纤读xiān(先)。"《字形表》也把"縴""纖"两字合并简化作"纤"一个字。1986年《总表》沿续了1964年《总表》对这两个字的处理。2013年《规范字表》沿续了1986年《总表》对"縴""纖"两字的合并简化处理,但删除了相关的附注。

雅解

【縴】qiàn　拉船前行的绳子。如:～绳;～夫。《正字通·糸部》:"縴,挽船索也。"

【纖】xiān　细小。如:～维;～尘。《方言》卷二:"纖,小也。"《説文·糸部》:"纖,細也。"〔北宋〕黄庭坚行书《千峰詩》:"竹韻漫葉屑,草花徒纖笀。"(见图119)

图 119

【纤】"縴""纖"二字的共用简化字。

俗解

拉纤是用绳子牵着船走,所以这里繁体要用右半是"牽"的"縴",剩下的"纖"就是"纤"字在"纤维"义上对应的繁体字了。也可以从两字的读音上来区分。读 qiàn 的时候繁体用"縴";读"xiān"的时候繁体用"纖"。

注意

"纤"对应的繁体字有"縴"和"纖"两个,在书法创作中要区分不同语境正确选择使用。"纤绳"的"纤"繁体是"縴",不能写作"纖";"纤维"的"纤"繁体是"纖",不能写作"縴"。

词语

【縴】拉縴;縴夫;縴繩;縴手(给人介绍买卖的人)。

【纖】光纖;化纖;纖長(cháng);纖塵;纖度;纖毫;

纖毛；纖巧；纖柔；纖弱；纖體；纖維；纖悉；纖細；纖纖；纖小。

▲ 强 [強彊]

回顾

"强"和"彊"是原本就有的，读音和字义都不完全相同的两个字；"强"和"強"互为异体字。1955年《异体字表草案》把"强""強"两字归作一组异体字处理，以"強"为选用字，"强"为停用字。1955年《一异表》作了调整，把"强""強"和"彊"三字作为一组异体字处理，定"强"为选用字，"強""彊"为停用字。2013年《规范字表》沿续了1955年《一异表》对这三个字的处理。

雅解

【强】㈠qiáng ①健壮；有力。如：身~力壮。《字彙·弓部》："强，壯盛也。"②强大；强盛。如：~弱。《韓非子·安危》："安危在是非，不在于强弱。"③略多。如：四分之三~。〔唐〕韩愈《聽穎師彈琴》："躋攀分寸不可上，失勢一落千丈强。"④中医术语，指中气旺盛。《素問·脈要精微論》："得强則生，失强則死。"王冰注："强，謂中氣强固以鎮守也。"⑤姓氏。㈡qiǎng ①勤勉。《爾雅·釋詁下》："强，勤也。"《集韻·養韻》："强，勉也。"②勉强。如：~迫；~求。《儒林外史》第二十九回："這原是他情願的事，又沒有那（哪）個强他。"㈢jiàng ①坚硬；僵硬。《字彙·弓部》：

"強，木强，不柔和也。"②倔强。《字彙·弓部》："强，㐷强不從人也。"

【強】同"强"。《字彙·弓部》："強，與强同。"〔明〕祝允明小楷《雕賦》："彼壯夫之慷慨，假強敵而逡迹（巡）。"（见图 120）

【彊】㈠ qiáng ①硬弓。《說文·弓部》："彊，弓有力也。"②强壯。〔宋〕陸游《吴體寄張季常》："人生彊健已難恃，世事變遷那（哪）可常？"③强盛。《史記·老子韓非列傳》："終申子之身，國治兵彊（强），無侵韓者。"④略多。《木蘭詩》："策勳十二轉，賞賜百千彊（强）。"⑤胜过；优越。《集韻·陽韻》："彊，勝也。"⑥相当。《爾雅·釋詁下》："彊，當也。"郭璞注："彊者，好與物相當值。"⑦姓氏。㈡ qiǎng ①勤勉。《集韻·養韻》："彊，勉也。"②勉强；强迫。《史記·廉頗藺相如列傳》："秦王度之，終不可彊奪，遂許齋五日。"㈢ jiàng ①尸僵硬。《廣韻·漾韻》："彊，屍勁硬也。"②倔强。《新唐书·白居易传》："後對殿中，論執彊鯁。"㈣ jiāng ①彊彊。形容鸟群相随而飞。《詩經·鄘風·鶉之奔奔》："鶉之奔奔，鵲之彊彊。"②同"疆"。《集韻·陽韻》："畺，《說文》：'界也。'或作疆，彊。"

图 120

俗解

"彊"的字形与"强""強"明显不同，由此可帮助记住它和"强""強"两字的读音和字义也有所不同。

注意

"彊"的"硬弓""相当""鸟群相随而飞""同'疆'"等字义或用法,都是"强""強"两字没有的。为防止歧义,不宜把它和"强""強"两字互相换用。另外,"强干"的"干"是"能干"的意思,对应的繁体字是"幹";"外强中干"的"干",是"空虚""干瘪"的意思,对应的繁体字是"乾";"强奸"的"奸"是"奸淫"的意思,需要时可以用停用字"姦";"强占"的"占"是"占有"的意思,需要时可以用停用字"佔";再有就是"强制"的"制"是"限制"的意思,原本就这样写,不存在对应的繁体字,不能写作"製"。

词语

【強】(qiáng)博聞強記;逞強;富強;剛強;豪強;加強;堅強;康強;列強;民富國強;強暴;強本固基;強大;強檔;強盜;強敵;強調;強度;強渡;強風;強幹;強攻;強固;強國;強悍;強橫;強化;強基固本;強加;強將;強姦;強健;強勁;強力;強烈;強令;強弩之末;強強聯合;強權;強人;強忍;強弱;強身;強盛;強勢;強手;強項;強行;強行軍;強壓;強音;強硬;強佔;強制;強壯;人強馬壯;弱肉強食;身強力壯;外強中乾;頑強;壓強;增強;爭強好勝;自強。

(qiǎng)勉強;牽強;強逼;強辯;強詞奪理;強迫;強求;強人所難;強使;強顏。

(jiàng) 倔強。

【強】（用同"强"）

【彊】彊彊（jiāngjiāng，鸟群相随而飞）。

▲ 襁 [繈]

回顾

"襁"和"繈"是原本就有的字义存在差别的两个字。1955年《一异表》把这两个字归作一组异体字处理，以"襁"为选用字，"繈"为停用字。2013年《规范字表》沿续了1955年《一异表》对这两个字的处理。

雅解

【襁】qiǎng 背负婴儿的布兜。如：～褓。《説文·衣部》："襁，負兒衣。"邢昺引《博物志》："織縷之廣八尺，長丈二，以約小兒於背。"

【繈】qiǎng ①粗长的丝节。段玉裁："絲節粗長謂之繈。"②绳索。颜师古注《漢書·兒寛傳》："繈，索也。"《古烈女傳·節義傳·邰陽友娣》："以繈自經而死。"

俗解

襁褓是布做的，属于衣物类，所以"襁"字用"衤"旁；繈属于绳索类，所以"繈"字带"糹"旁。

注意

襁和繈都可以用来背负婴儿。襁是布兜，把婴儿大面积包裹住；繈是布带，把婴儿固定在背上。因此古时有"繈"借作"襁"的用法，但只是假借，二者还是有所区别的。

〔清〕朱駿聲《說文通訓定聲·壯部》："繈，假借為襁。"所以，"襁"最好不要寫作停用字"繈"。

词语

【襁】襁褓。

【繈】繈負（以布带系小儿或财货背在后背）；繈属（像绳索连续不断）；繈繋（同"繈属"）；繈至（络绎而来）。

▲ 荞(蕎)[莥]

回顾

"蕎"和"莥"是原本就有的字义存在差别的两个字；"荞"是"蕎"的简化字。1955年《简化表草案》把"蕎"简化作"荞"。同年《一异表》把"蕎""莥"两字归作一组异体字处理，以"蕎"为选用字，"莥"为停用字。1956年《简化方案》把偏旁"喬"简化作"乔"。1964年《总表》把"蕎"整字简化作"荞"。《字形表》、1986年《总表》，都相继沿续了1964年《总表》对"蕎"的简化处理。2013年《规范字表》沿续了1955年《一异表》对"蕎""莥"两字的异体字处理，以及1986年《总表》对"蕎"的简化处理。

雅解

【蕎】㈠ qiáo 荞麦。《玉篇·艸部》："蕎，蕎麥也。"㈡ jiāo 植物名，即大戟。《爾雅·釋草》："蕎，邛鉅。"郭璞注："今藥草大戟也。"

【莥】qiáo ①锦葵。《爾雅·釋草》："莥，蚍衃。"郭璞

注:"今荆葵也。"②同"荞",即荞麦。《字汇·艸部》:"蓻,蓻麥。"

【荞】"蕎"的简化字。

俗解

"蕎"的下半"喬"和"荞"读音相同,可由此记住"蕎"的本义为荞麦;本义为锦葵的就是余下的"蓻"字了。

注意

表示"大戟"的"荞(蕎)"不要写作"蓻";表示"锦葵"的"蓻"不要写作"荞(蕎)"。

词语

【蕎】蕎粑(荞麦饼);蕎麥;蕎麵;蕎絲(荞麦制作的粉丝)。

【蓻】蓻團(向日葵的花盘)。

▲ 勤 [勲]

回顾

"勤""勲"是原本就有的字义存在差别的两个字。1955年《一异表》把这两个字归作一组异体字处理,定"勤"为选用字,"勲"为停用字。2013年《规范字表》沿续了1955年《一异表》对这两个字的处理。

雅解

【勤】qín ①劳作;努力工作。如:~劳。《爾雅·釋詁上》:"勤,勞也。"杜預注《左傳·僖公二十八年》:"盡心盡力無所愛惜謂之勤。"〔清〕蒋廷锡跋康熙临黄庭坚行书《步虚词》:"精勤問學"。(见图121)②劳苦的事,也泛指一般的工作。如:内～;出～。郑玄注《禮記·檀弓上》:"勤,勞辱之事也。"③经常。如:～洗手。〔唐〕白居易《送楊八給事赴常州》:"須勤念黎庶,莫若憶交親。"④慰劳。如:～王。〔清〕段玉裁《説文解字注·力部》:"慰其勤亦曰勤。"郭璞注《穆天子傳》:"勤,尤(猶)(慰)勞也。"⑤殷勤。也作"懃"。《字彙·力部》:"勤,與懃同。殷勤也。"⑥姓氏。

图 121

【懃】qín ①用于"慇懃"一词。"勤"字在"殷勤"义上的后起分化字。《玉篇·心部》:"懃,慇懃。"《集韵·欣韻》:"懃,慇懃,委曲意。"②姓氏。

俗解

"殷勤"是一种心态,所以"懃"字比"勤"多了一个"心"。

注意

"懃"只用于"慇懃"一词,其他意思上的"勤"不要写成"懃"。

词语

【勤】出勤;内勤;勤奮;勤工儉學;勤儉;勤懇;勤苦;勤快;勤勞;勤勉;勤勤;勤王;勤務;勤雜;勤政;外勤;辛勤;值勤。

【懃】慇懃。

▲ 秋 / 秋鞦

回顾

"秋"和"鞦"是原本就有的字义不同的两个字。1955年《简化表草案》把这两字合并成"秋"一个字。1956年《简化方案》予以确认。1964年《总表》和《字形表》、1986年《总表》、2013年《规范字表》，都相继沿续了1956年《简化方案》对这两个字的合并处理。

雅解

【秋】qiū ①庄稼成熟。《說文·禾部》："秋，禾穀孰（熟）也。"②一年中的第三季。如：～天。〔宋〕米芾《蕪湖縣學記》："無為守米芾書，崇寧元年仲秋。"（见图122）③代指年。如：千～万代。陈毅《记遗言》："碧血长江流不尽，一言九鼎重千秋。" ④悲愁。《廣雅·釋詁四》："秋，愁也。" ⑤姓氏。

图122

【鞦】qiū ①络在拉车牲口股后的皮带。如：～绳。《玉篇·革部》："鞦，車鞦也。"②秋千。《康熙字典》："又鞦韆，繩戲也。"刘园集帖第1卷《宋賢四十五種·甲本》："鞦韆近水臨清明"。（见265页图118）

俗解

秋（鞦）绳和古代秋千（鞦韆）的吊索都是用皮带子做的，所以"鞦"字带"革"旁。

注意

表示"庄稼成熟""一年中的第三季""年""悲愁"等意思，以及作姓氏的"秋"，原本就这样写，不存在对应的繁体字，不能写成繁体字"鞦"。

词语

【秋】暗送秋波；春華秋實；春睏秋乏；春蘭秋菊；春秋；初秋；多事之秋；寒秋；黑不溜秋；護秋；季秋；金秋；老氣橫秋；立秋；麥秋；孟秋；名垂千秋；明察秋毫；暮秋；皮裏陽秋；平分秋色；千秋萬代；秋分；秋風；秋高氣爽；秋毫；秋後；秋季；秋糧；秋色；秋收；秋水；秋天；秋遊；如隔三秋；深秋；晚秋；一日三秋；一葉知秋；早秋；中秋；仲秋。

【鞦】鞦韆；鞦繩。

▲ 球 [毬]

回顾

"球""毬"是原本就有的字义不同的两个字。1955年《异体字表草案》把这两个字归作一组异体字处理，以"球"为选用字，"毬"为停用字。1955年《一异表》予以确认。2013年《规范字表》沿续了1955年《一异表》对这两个字的处理。

雅解

【球】qiú ①某些圆形立体的体育用具。如：篮～；

足～。中国乒乓球协会官方网站："中国乒乓球队走进成都学校、社区和公园。"②指球形或接近球形的物体。如：地～；月～；眼～；红血～。③数学名词。指以半圆的直径为轴，使半圆旋转一周而成的立体；由中心到表面各点距离都相等的立体。如：～体；～面。

【毬】qiú ①皮丸。古代游戏用品，用皮制作，里面塞毛，实心，用脚踢或用棒击进行游戏。也指击毬这种游戏。〔唐〕慧琳《一切經音義》卷十三："如毬,《字書》,皮丸也,或步或騎,以杖擊而爭之為戲也。"《唐語林·補遺·玄宗》："《漢書·藝文志》'《蹵鞠》二十五篇'顏注云：鞠，以韋為之，實之以物，蹵踢為戲，鞠陳力之事，故附於兵法。蹵音千六切，鞠音距六切，近俗聲譌謂鞠為毬，字亦從而變焉。"②泛指球形的物体。〔元〕关汉卿《望江亭》第一折："誰家美女顏如玉，綵毬偏愛擲貧儒。"③方言中称男性生殖器。如欧阳山《高干大》第一章："回头客人来了炒不出菜，我管个毬！"

俗解

毬的里面用毛塞满，所以"毬"字中有"毛"。又，体育上用的球如乒乓球、篮球、足球，多是空心的，里面充气；而毬是实心的，里面塞毛。

注意

一般情况下，都不要把"球"写成停用字"毬"。另外，"球面"是数学上指半圆以直径为轴旋转而形成的曲面，这个词里的"面"原本就这样写，不存在对应的繁体字，不要写成繁体字"麵"。

词语

【球】地球；橄欖球；籃球；排球；乒乓球；鉛球；球菌；球門；球迷；球面；球拍；球賽；球檯；球體；球鞋；球心；球星；球衣；球藝；球員；水球；網球；足球。

【毬】毬果；毬毬蛋蛋（猥琐的样子）。

▲ 曲 / 曲麯 [麴] – 麹 (麴)

回顾

"曲"和"麯"是原本就有的字义不同的两个字；"麯"和"麴"互为异体字；"麹"是"麴"的简化字。1955年《简化表草案》把"曲"和"麯"合并作"曲"一个字。同年《一异表》把"麯"和"麴"归作一组异体字处理，定"麯"为选用字，"麴"为停用字。1956年《简化方案》确认了1955年《简化表草案》对"曲""麯"两字的合并处理。1964年《总表》和《字形表》、1986年《总表》，都相继沿续了1956年《简化方案》对"曲""麯"两字的合并处理。2013年《规范字表》沿续了1986年《总表》对"曲""麯"两字的合并处理，同时对1955年《一异表》作了调整，把"麴"简化作"麹"，作为规范字收入三级字表，序号7748，并加注规定："可用于姓氏人名"。《对照表》则仍把"麴"列为"麯"的停用异体字，同时又列为"麹"的繁体字；把"麯"列为"曲"的繁体字。

雅解

【曲】㈠ qū ①弯，不直。如：弯～；～折。《玉篇·曲部》："曲，不直也。"《廣雅·釋詁一》："曲，折也。"〔明〕彭汝楠小楷《岸圃大觀》："從廊度曲橋，凡五六折而得浮山舫"。（见图123） ② "麯"的简化字。㈡ qǔ 歌曲；乐曲。《玉篇·曲部》："曲，章也。"裴骃集解引韦昭曰："曲，樂曲。"

图 123

【麯】qū ①用来酿酒或制酱的用麦霉制成的物质。如：酒～。《集韻·屋韻》："籟，《説文》：'酒母也。'或作麯。"〔宋〕陆游《秋懷十首以竹藥閉深院琴樽開小軒為韻》之一："更招竹林人，枕藉糟與麯。" ②姓氏。

【麴】qū ①"麯"的异体字。《説文·米部》："籟，酒母也。今作麴。"《本草綱目·穀部·麴》："麴以米麥包罨而成，故字從麥從米從包省文，會意也。酒非麴不生，故曰酒母。" ②姓氏。

俗解

酒曲多用麦子做原料，所以"麯"字用"麥"作偏旁。

注意

"弯曲"和"乐曲"意义上的"曲"，原本就这样写，不存在对应的繁体字，不能写作繁体字"麯"或停用字"麴"。还有"曲里拐弯"的"拐"，原本就是这样写，不能写成停用字"柺"；"曲折"的"折"也是原本就这样写，不存在对应的繁体字，不能写作繁体字"摺"。

词语

【曲】(qū)感人心曲；静脉曲張；捲曲；扭曲；扭曲作直；曲筆；曲柄；曲尺；曲阜；曲棍球；曲江；曲解；曲頸甑；曲徑通幽；曲裏拐彎；曲率；曲徽；曲面；曲蟮；曲體；曲綫；曲意逢迎；曲折；曲直；曲軸；蜷曲；三迴九曲；是非曲直；彎曲；委曲；文曲星；武曲星；鄉曲；心曲；衷曲；縱曲枉直。

(qǔ)北曲（元曲）；編曲；變奏曲；插曲，詞曲；催眠曲；歌曲；幻想曲；迴旋曲；間奏曲；交響曲；進行曲；狂想曲；昆曲；俚曲；練聲曲；練習曲；彌撒曲；名曲；南曲；霓裳羽衣曲；譜曲；前奏曲；曲調；曲高和寡；曲劇；曲目；曲牌；曲譜；曲式；曲藝；曲終人散；曲子；三部曲；散曲；神曲；套曲；舞曲；戲曲；鄉曲；小曲；小夜曲；協奏曲；序曲；敍事曲；搖籃曲；異曲同工；元曲；圓舞曲；月光曲；樂曲；終曲；主題曲；奏鳴曲；組曲；作曲。

【麯】大麯；酒麯；麯糵。
【麴】（姓氏；其他用法同"麯"）。

▲ 券 [券]

回顾

"券""劵"是原本就有的，读音和字义都不相同的两个字。1955年《一异表》把这两个字归作一组异体字处理，定

"券"为选用字,"券"为停用字。2013年《规范字表》沿续了1955年《一异表》对这两个字的处理。

雅解

【券】㈠ quàn 契证。如:入场～;债～。古代的契券书于简牍,分为两半,双方各执其一,作为凭证。《說文·刀部》:"券,契也。……券別之書,以刀判契其旁,故曰契券。"㈡ xuàn 门窗上部、桥梁下部等建筑上成弧形的部分。如:拱～。

【券】jiàn 疲劳。后作"倦"。《說文·力部》:"券,勞也。"徐铉校注:"今俗作倦,義同。"段玉裁注:"今皆作倦,蓋由與契券从刀相似而避之也。"

俗解

契券一般都有两份,双方各执一份。为防假冒,两份契券由一份从中间破开而成。破开要用刀或类似的工具,可以联系"券"字下部的"刀"来记忆它的字义。"券"是"倦"的古字。倦而无力,可以联系"券"字下部的"力"来记忆它的字义。

注意

"券""券"两字读音存在差别,字义也不相同,不能互相换用。所有的"券"都不能写成"券",反过来也一样。另外,"证券"的"证",是"凭证"的意思,对应的繁体字是"證",不要写成"証"。

词语

【券】拱券(xuàn);購物券;國庫券;金圓券;禮券;入場券;勝券;優待券;債券;證券。

【券】(现多用"倦")。

R

▲ 绒(絨)[毧羢]

回顾

"絨""毧""羢"是原本就有的字义存在差别的三个字;"绒"是"絨"的简化字。1955年《一异表》把"絨""毧""羢"归作一组异体字处理,定"絨"为选用字,"毧""羢"为停用字。1956年《简化方案》把偏旁"糹"简化作"纟"。1964年《总表》把"絨"整字简化作"绒"。《字形表》、1986年《总表》,都相继沿续了1964年《总表》对"絨"字的简化处理。2013年《规范字表》沿续了1955年《一异表》对"絨""毧""羢"三字的异体字处理,以及1986年《总表》对"絨"字的简化处理。

雅解

【絨】róng　①细布。如:～布。《玉篇·糹部》:"絨,细布也。"②熟丝。《正字通·糹部》:"絨,熟絲。"③上面有一层绒毛的编织品。如:丝～;灯芯～。《天工开物·乃服·褐氈》:"凡绵毛剪毳(cuì),粗者為氈,細者为絨。"《说文·毳部》:"毳,獸细毛也。"④柔软细小的毛或纤维。臧克家《六机匠》:"棉花绒飞起银花花的雪片。"⑤刺绣用的丝线。〔清〕席佩兰《刺繡》:"手擘香絨一縷輕。"

【毧】róng　细毛。也指毡类毛织品。《玉篇·毛部》:"毧,细毛。"〔宋〕赵令時《侯鯖錄》:"毧,音戎,细毛也,今毧氈字。"〔明〕费信《星槎勝覽·榜葛剌國》:"鋪毧毯於殿地,待我天使。"

【羢】róng　羊的细毛。《字彙補·羊部》:"羢,羊羢也。"

【绒】"絨"的简化字。

俗解

"絨"的本义是细布或表面有绒毛的编织品,所以是"糸"字旁(带"糸"的字一般和纺织品有关);"毧"的本义是单单指未经纺织的细毛,所以是"毛"字旁;"羢"特指羊的细毛,所以是"羊"字旁。

注意

不是指羊的细毛的"绒",不要写成"羢";指羊的细毛的"绒"要写成"羢"而不要写成"毧";表示未经纺织的细毛的"绒",可写作"毧"。另外,"绒布"的"布"不要写成"佈"。

词语

【絨】平絨;呢絨;絨布;絨花;絨褲(毛线织成的或用绒布缝制的裤子);絨綫(用羊毛纺成的线或刺绣用的丝线);絨衣(毛线织成的或用绒布缝成的衣服);絲絨;條絨。

【毧】長毧棉;毧毛;駝毧;鴨毧;羽毧。

【羢】羊羢;羊羢褲(用细羊毛纺成的绒线织成的裤子);羊羢衫(用细羊毛纺成的绒线织成的毛衫)。

▲ 熔 – 镕(鎔)

回顾

"熔"和"镕"是原本就有的字义不同的两个字;"镕"是"鎔"的简化字。1955年《简化表草案》把"熔"和"镕"两个字合并作"熔"一个字。同年《一异表》改把这两个字作为异体字处理,定"熔"为选用字,"镕"为停用字。1993年9月,国家语委发出《关于"镕"字使用问题的批复》,规定"当人名用字中'镕'表示'熔化'以外的意思时,'镕'不是'熔'的异体字,可继续使用,并按偏旁类推简化原则,'鎔'字应作'镕'。"2013年《规范字表》进一步作了调整,把"鎔"简化作"镕",转为规范字收入三级字表,序号7790。"镕"不再作"熔"的停用异体字。

雅解

【熔】róng 以高温使固体物质转变为液态。如:～化;～点。杜老师语文信箱《"溶化""融化""熔化"的用法》:"铁矿石加热到1500℃后,就熔化成铁水。"

【镕】róng 铸器用的金属模具。《说文·金部》:"镕,冶器法也。"朱骏声通训定声:"按:木曰模,水曰瀘(法),土曰型,竹曰笵(範),金曰镕。"〔唐〕房夫人行楷《鐵弥勒像頌》有"鎔範"二字。(见图124)

【鎔】"镕"的简化字。

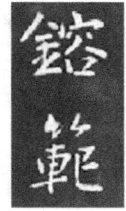

图124

俗解

"熔"带"火",是高温熔化;"镕"带"金",是金属铸模。

注意

"镕"是规范字,它的繁体"鎔"不再是"熔"的停用异体字,"熔"不能再写成"鎔"。反过来也一样。

词语

【熔】熔點;熔化;熔劑;熔解;熔煉;熔爐;熔岩。

【鎔】(当代多见于人名)。

S

▲ 洒 / 洒灑

回顾

"洒"和"灑"原本是字义不同的两个字。1955年《简化表草案》把这两个字合并作"洒"一个字。1956年《简化方案》予以确认。1964年《总表》和《字形表》、1986年《总表》、2013年《规范字表》，都相继沿续了1956年《简化方案》对这两个字的合并处理。

雅解

【洒】sǎ　①宋元时期男性的自称。如：～家。〔清〕郝懿行《證俗文》卷十七："五代、宋初人自稱沙家。……案（按）：沙家亦曰洒家。"章炳麟《新方言·釋言》："明時北方人自稱洒家，洒即余也。"②"灑"的简化字。

【灑】sǎ　①散水于地。如：～水；～落。《説文·水部》："灑，汛也。"段玉裁注："凡埽（掃）者先灑。"〔唐〕玄应《一切經音義》卷二引《通俗文》："以水搵塵曰灑。"《類篇·水部》："灑，落也。"〔元〕溥光大楷《戒壇寺石刻·萬安寺茶牓》"戒心、定心、智慧心，一時灑落。"（见图125）②自然，不拘束。如；潇～。〔唐〕杜甫《飲中八仙歌》："宗之

图125

蕭（瀟）灑美少年，……"

俗解

"洒家"一词用"洒"，其他相关词中繁体都用"灑"。

注意

"洒家"的"洒"原本就这样写，不存在对应的繁体字，不能写作"灑"。

词语

【洒】洒家。

【灑】播灑；花灑；揮灑；抛頭顱灑熱血；噴灑；飄灑；潑灑；灑狗血；灑淚；灑落；灑如；灑掃；灑水；灑脫；天女灑花；瀟灑；洋洋灑灑。

▲ 伞(傘) [繖]

回顾

"傘"和"繖"是原本就有的意思不同的两个字；"傘"和"繖"互为异体字；"伞"是"傘"的简化字。1955年《简化表草案》把"傘"简化作"伞"。同年《一异表》把"傘"和"繖""繖"一起归作一组异体字处理，定"傘"为选用字，"繖""繖"为停用字。1956年《简化方案》确认了1955年《简化表草案》对"傘"的简化处理。1964年《总表》和《字形表》、1986年《总表》，都相继沿续了1956年《简化方案》对"傘"的简化处理。2013年《规范字表》沿续了1955年《一异表》对"傘""繖""繖"三字的异体字处理，以及1986

年《总表》对"伞"的简化处理。

雅解

【傘】sǎn ①车盖。也作"繖""幰"。《玉篇·乑部》:"傘，蓋也。"《集韻·緩韻》:"繖，説文:'蓋也。'或从巾，亦作傘。"②挡雨或遮阳的用具。如:雨～;阳～。《正字通·人部》:"傘，禦雨蔽日，可以卷(捲)舒者。"③伞形器物。如:降落～。360百科:"降落伞(傘)是空降兵的重要装备。"

【傘】"傘"的异体字。

【繖】sǎn ①同"傘"，《集韻·緩韻》:"繖，亦作傘。"②丝绸的一种。～丝绫。《廣韻·旱韻》:"繖，繖絲綾。"③植物学的术语用字。如:轮～花序;聚～花序;捲～花序;～房花序。

【伞】"傘"的简化字。

俗解

"伞"及其繁体字"傘"和停用异体字"傘"，字形都很形象，容易联想到伞类物品。"繖"带"糹"旁，与纺织品相关，其本义是一种丝绸，如"繖絲綾"，只在表示"车盖"时才和"傘"同义。

注意

用到"雨伞""降落伞"的"伞"的传统（沿用）字时，宜用繁体字"傘"或停用字"傘"，不要用"繖"。

词语

【伞】降落伞；伞兵；跳伞；陽伞；雨伞；摺伞。

【傘】（用同"伞"）。

【繖】聚繖花序；捲繖花序；輪繖花序；繖房花序；繖絲綾。

▲ 膻 [羴羶]

回顾

"膻""羴""羶"是原本就有的，字义不完全相同的三个字，"膻"和"羴""羶"的读音也不完全相同。1955年《一异表》把这三个字归作一组异体字处理，定"膻"为选用字，"羴""羶"为停用字。2013年《规范字表》沿续了1955年《一异表》对这三个字的处理。

雅解

【膻】㈠shān 同"羶"，羊身上的气味。《集韵·儒韵》："羴，羊臭也，或作羶、膻。"㈡dàn ①膻中。中医学名词。人体胸腹间的横膈膜。《素問·靈蘭秘典論》："膻中者，臣使之官，喜樂出焉。"王冰注："膻中者，在胷（胸）中兩乳間，為氣之海。"②袒露。《説文·肉部》："膻，肉膻也。"徐鍇《繫傳·肉部》："袒衣見肉也。"

【羴】shān ①羊身上的气味。《説文·羊部》："羴，羊臭也"。②群羊。〔清〕俞樾《兒笘錄》卷六："羴者，羣羊也，猶麤（zá）為羣鳥，驫（biāo）為衆馬也。"

【羶】shān 羊的气味。《玉篇·羊部》："羶，羊脂也，羊氣也。"《廣韻·仙韻》："羶，羊臭也。"

俗解

带"月（⺼）"旁的字一般和肌肉相关，所以"膻"的本义是"膻中""袒露"；带"羊"旁的"羴"字才是表示羊臭的本字；而三个"羊"构成的"羴"字，其本义是群羊。类似的有"鱻"表示群鸟；"驫"表示群马；"麤"表示群鹿；等等。

注意

"膻""羴""羶"三个字，只有在"羊臭味"这个意思上可以通用。中医名词"膻中"和表示"袒露"的"膻"不能写成"羴"和"羶"；表示"群羊"意思的"羴"不能写成"膻"和"羶"。

词语

【膻】膻(dàn)中；膻(shān)裼(tì)(脱衣露体)。

【羴】疆羴(新疆的羊)。

【羶】羶根(羊或羊肉的别称)；羶秽(又臭又脏)；羶荤；羶慕(心所向往)；羶氣；羶臊；羶食(肉类食物)；羶味；羶腥；羶行(令人仰慕的德行)。

▲ 蛇 [虵]

回顾

"蛇""虵"是原本就有的字义不完全相同的两个字。1955年《一异表》把这两个字归作一组异体字处理，定"蛇"为选用字，"虵"为停用字。2013年《规范字表》沿续了

1955年《一异表》对这两个字的处理。

雅解

【蛇】㈠ shé ①一种爬行动物。如：蟒～；毒～。〔唐〕柳宗元《捕蛇者说》："永州之野，産異蛇，黑質而白章，觸草木，盡死。"②星宿名。杜預注《左傳·襄公二十八年》："蛇，玄武之宿，虛危之星。"③十二生肖之一。凡地支"巳"的年份即为蛇年。《論衡·物勢》："巳，火也，其禽蛇也。"④姓氏。㈡ yí 用于"委蛇"一词。形容雍容自得的样子。《詩·召南·羔羊》："退食自公，委蛇委蛇。"郑玄笺："委蛇，委曲自得之貌。"也形容蜿蜒曲折的样子。《楚辭·屈原·離騷》："駕八龍之婉婉兮，載雲旗之委蛇。"㈢ tuó 尺蠖。《類篇·虫部》："蛇，蟲名，蠖也。"

【虵】㈠ shé 同"蛇"。《玉篇·虫部》："虵，正作蛇。"㈡ yě 虵咥（dié）。少数民族的姓。《廣韻·馬韻》："虵，羌複姓有虵咥氏。"

俗解

"虵"字的右半是"也"，可以用这一点来帮助记住它还读 yě，用于少数民族的姓"虵咥"。

注意

"蛇"和"虵"只在表示爬行动物蛇的时候可以通用。"蛇"读 yí 用于"委蛇"一词时，读 tuó 表示尺蠖时，都不能写成"虵"。"虵"用于少数民族的姓"虵咥"时，不能写成"蛇"。

词语

【蛇】杯弓蛇影；筆走龍蛇；打草驚蛇；地頭蛇；毒蛇；佛口蛇心；虎頭蛇尾；畫蛇添足；牛鬼蛇神；蛇口蜂針；蛇雀之報（报恩）；蛇兔联盟；蛇吞象；蛇蝎心腸；蛇心佛口；蛇行；委蛇（yí）；引蛇出洞。

【虵】虵咥。

▲ 舍 / 舍捨

回顾

"舍"和"捨"是原本就有的，读音和字义都不相同的两个字。1955年《简化表草案》把这两个字合并作"舍"一个字。1956年《简化方案》予以确认。1964年《总表》和《字形表》、1986年《总表》、2013年《规范字表》，都相继沿续了1956年《简化方案》对这两个字的合并处理。

雅解

【舍】㈠ shè ①居处。如：宿～；校～。《説文·亼部》："市居曰舍。"《廣韻·禡韻》："舍，屋也。"〔元〕赵孟頫行书《跋蘭亭序》："延佑三年七月廿三日书于咸宜寓舍。"（见图126）②古代军行三十里为一舍。如：退避三～。贾逵注《左傳·僖公二十三年》："三舍，九十里也。" ㈡ shě "捨"的简化字。

图 126

【捨】shě ①放弃。如：～弃；～身取义。《洪武正韻·者韻》："捨，棄也。"〔唐〕韓愈《與崔羣書》："或初不甚知而與之已密，其後無大惡，因不復决捨。"②施予。如：施～。《玉篇·手部》："捨，施也。"刘园集帖第4卷《宋賢四十五種丁本·米黻記送王煥之彥舟》："一官聊具三徑資，取捨殊塗莫迴（回）首。"（见图127）

图 127

俗解

"舍""捨"两字声调不同。读 shè 的时候用"舍"；读 shě 的时候才可以用"捨"。又：舍弃，可以想像成放手或用手扔掉，这样和"扌"旁的繁体字"捨"联系起来。

注意

"宿舍""退避三舍"的"舍"原本就这样写，不存在对应的繁体字，不能写作"捨"。还有"里舍"的"里"是"乡里"的意思，不存在对应的繁体字，不能写作繁体字"裏"或异体字"裡"。

词语

【舍】打家劫舍；東鄰西舍；房舍；寒舍；魂不守舍；眷舍；客舍；里舍；鄰舍；旅舍；茅舍；農舍；舍間；舍利（子）；舍親；舍下；四鄰八舍；宿舍；田舍；退避三舍；校舍；學舍；羊舍；左鄰右舍。

【捨】不捨；不捨晝夜；割捨；緊追不捨；戀戀不捨；難分難捨；鍥而不捨；窮追不捨；取捨；捨本求末；捨不得；捨得；捨己為公；捨己為人；捨近求遠；捨命；捨棄；捨身；捨生取義；捨生忘死；捨我其誰；施捨；四捨五入；依依不捨。

▲ 沈 / 沈瀋

回顾

"沈"和"瀋"是原本就有的字义不同的两个字。1955年《简化表草案》把这两个字合并作"沈"一个字。1956年《简化方案》予以确认。1964年《总表》和《字形表》、1986年《总表》、2013年《规范字表》，都相继沿续了1956年《简化方案》对这两个字的合并处理。

雅解

【沈】㈠ chén ①山岭上凹处的积水。《説文·水部》："陵上滈（hāo）水也。" 段玉裁注："謂陵上雨積停潦也。"引申指水田。《漢書·刑法志》："除山川沈斥，城池邑居，園囿術路，三千六百井。"颜师古注引巨瓚曰："沈斥，水田舄（xì）鹵也。"又注《漢書·溝洫志》："舄即斥鹵也。謂鹹鹵之地也。"②幽隐；深沉。《論衡·書虛》："夫幽冥之實尚可知，沈隱之情尚可定。"③大；分量重。《方言·卷一》："沈，大也。"《文心雕龍·風骨》："夫翬①翟②備色，而翾③翥④百步，肌豐而力沈也。"④人或物没入水中。如：～没。《小爾雅·廣

---

① 翬，音 huī，具有五彩的雉类，锦鸡。《爾雅·釋鳥》："伊、洛而南，素質、五采（彩）皆備成章曰翬。"

② 翟，音 dí，鸟名。《説文·羽部》："翟，山雉尾長者。"

③ 翾，音 xuān，轻轻地飞。《説文·羽部》："翾，小飛也。"

④ 翥，音 zhù，高飞。《説文·羽部》："翥，飛舉也。"

詰》："沈，没也。"《篇海類編·地理類·水部》："沈，投物於水中。"⑤中医学脉象之一，指脉搏隐伏。王冰注《素問·陰陽應象大論》："浮、沈、滑、濇，皆脉象也。浮脈者，浮於手下也；沈脈者，按之乃得也。"(二) shěn ①姓氏。②"瀋"的简化字。

【瀋】shěn ①地名：瀋阳。〔清〕王澍楷书《范公神道碑》："鏓曾祖瀋陽衛指揮同知"。（见图 128）②汁。如：墨～未乾。《説文·水部》："瀋，汁也。"

图 128

俗解

除了地名"沈阳"的"沈"，还有"墨沈未干"一词中的"沈"，繁体用"瀋"，其他相关词语中一般都用"沈"。

注意

姓氏"沈"不能写作"瀋"。另外，"墨沈未干"的"干"，是"干湿"的"干"，对应的繁体字是"乾"，不能写作"幹"。

词语

【沈】（chén）沈斥（水田舄卤）；沈脈；沈没；沈隱。
（shěn）沈腰潘鬢。

【瀋】遼瀋戰役；墨瀋未乾；瀋海鐵路；瀋河；瀋陽。

▲ 升 [昇陞]– 昇 – 陞

回顾

"升""昇""陞"是原本就有的字义存在差别的三个字。

1955年《异体字表草案》把这三个字归作一组异体字处理，以"升"为选用字，"昇""陞"为停用字。1955年《一异表》予以确认。2013年《规范字表》作了调整，把"昇""陞"两字转为规范字收入三级字表，"昇"的序号6674，"陞"的序号6909，并加注规定："昇：可用于姓氏人名，如'毕昇'。""陞：可用于姓氏人名、地名。"《对照表》则仍然把"昇""陞"列为"升"的停用异体字。

雅解

【升】shēng ①上升。如：～旗；～学。刘园集帖第17卷《一經堂藏帖·咸興》："吾觀陰陽化，升降八紘中。"（见图129）②量具。《正字通·十部》："升，十合（gě）器也。"③容量单位。《廣雅·釋器》："合（gě）十曰升。"现代公制有公升（立升）。④姓氏。

图129

【昇】shēng ①太阳升起。《説文新附·日部》："昇，日上也。"〔宋〕苏轼法帖《御賜澄清堂第三册·過萊州雪後望三山》："西齋書帙亂，南窻（窗）朝日昇。"①（见图130）②太平。如：歌舞～平。③姓氏。

图130

【陞】shēng 官秩升级。《廣雅·釋詁二》："陞，進也。"《戲鴻堂法書第四卷·千字文》："陞階納陛，弁轉疑星。"（见图131）

图131

---

① 帖中如此。此句应是出自苏轼《南窗》诗。

俗解

"升"表示所有升高、上升，包括空间上的如"升旗"，学历上的如"升学"，职务上的如"升职"；"昇"带"日"，专指太阳的升起；"陞"带"阝（阜）"旁，又有"土"，是指沿着台阶一级级上进，引申表示晋升，如："陞級""陞職"。

注意

一般情况下建议还是都用"升"好，特别是表示容器和容量单位的"升"，不能写作"昇"或者"陞"。空间上由低到高移动这个意义上，如"升旗"的"升"不能用"陞"；姓氏人名如"毕昇"中的"昇"不要写作"升"或"陞"；还有商号名如"内聯陞"的"陞"，不要写成"升"或"昇"。

词语

【升】分升；公升；毫升；立升；升幅；升降；升力；升旗；升腾；升天；升温；升值；一升米。

【昇】毕昇；昇平；昇華；旭日東昇。

【陞】高陞（升职）；内聯陞；陞格；陞官；陞級；陞遷；陞學；陞職。

▲尸[屍]

回顾

"尸"和"屍"是原本就有的字义不同的两个字。1955年《简化表草案》把这两个字合并作"尸"一个字。1955年《一异表》改把这两字作为异体字处理，定"尸"为选用字，

"屍"为停用字。2013年《规范字表》沿续了1955年《一异表》对这两个字的处理。

雅解

【尸】shī ①古代祭祀的时候代替死者受祭的活人。〔汉〕何休注《公羊傳·宣公八年》:"祭必有尸者,節神也。禮,天子以卿為尸,諸侯以大夫為尸,卿大夫以下以孫為尸。"《儀禮·特牲饋食禮》:"主人再拜,尸答拜。"②尸体。后作"屍"。杜预注《左傳·隱公元年》:"尸,未葬之通稱。"

【屍】shī 尸体。《說文·尸部》:"屍,終主。"段玉裁注:"死者,終也;尸者,主也。曰終主。"〔南宋〕岳飞行草《至性獨存》:"屍填巨港之岸"。(见图132)

图 132

俗解

"尸"指活人(代替逝者受祭的活人);"屍"指死人。

注意

原先"尸体"义上用的是"尸"字,后来专门造了"屍"字表示"尸体"义,"尸""屍"两字的意思就有了区别。如:"尸位素餐"这个词,就是从"代替死人受祭的活人"这个意思上引申出来的,指占着职位不干实事。这里这个"尸"不能写作停用字"屍"。另外,"干尸"的"干",是"干瘪"的意思,对应的繁体字是"乾",不能写成"幹"。

300

词语

【尸】尸居餘氣；尸位素餐。

【屍】乾屍；僵屍；借屍還魂；馬革裹屍；屍骨；屍骸；屍橫遍野；屍身；屍首；屍體；死屍；行屍走肉。

▲ 适/適適

回顾

"适"和"適"是原本就有的，读音和字义都不同的两个字。1955年《简化表草案》把这两个字合并成"适"一个字。1956年《简化方案》予以确认。1964年《总表》加注规定："古人南宫适、洪适的适（古字罕用）读 kuò（括）。此适字本作适，为了避免混淆，可恢复本字适。"《字形表》也把这两个字合并作"适"一个字。1986年《总表》沿续了1964年《总表》对"适""適"两字的处理。2013年《规范字表》仍把"适""適"两字合并作"适"一个字，但删去了1986年《总表》中关于"适"字的附注。

雅解

【适】㈠ kuò ①疾。《玉篇·辵部》："适，疾也。"《正字通·辵部》："适，本作𠯠。"②姓氏。《萬姓統譜·曷韻》："适，南宫适之後，以名為氏。"㈡ shì "適"的简化字。

【適】shì ①符合；适合。如：削足～履。〔明〕文徵明小楷《千字文》："具膳飡（餐）飯，適口充腸（腸）。"（见图133）②恰好。如：～得其反。〔唐〕

图133

白居易《和微之詩·和〈寄問劉白〉》:"適值此詩來,歡喜君知否?"③舒服。如:身体不~。

俗解

"适"字"辶"内是一个"舌",跟"括"的右半相同,可由此记住"适"本读kuò。

注意

"南宫适""洪适",还有作姓氏时的"适",都不能写成"適"。另外,"适才"的"才",是"刚才"的意思,对应繁体字"纔"。

词语

【适】洪适(kuò);南宫适(kuò)。

【適】安適;合適;適纔;適當;適得其反;適度;適逢其會;適合;適可而止;適口;適量;適齡;適時;適銷;適宜;適意;適應;適用;適值;適中;削足適履。

▲ 薯 [藷]

回顾

"薯""藷"是原本就有的字义不完全相同的两个字。1955年《一异表》把这两个字归作一组异体字处理,定"薯"为选用字,"藷"为停用字。2013年《规范字表》沿续了1955年《一异表》对这两个字的处理。

雅解

【薯】shǔ 薯类作物的统称,也用于"薯蓣"一词。薯蕷即山药。《玉篇·艸部》："薯,薯蕷,藥。"〔宋〕赵彦卫《雲麓漫鈔》卷九："《本草》有薯蕷,避唐代宗(李豫)諱,改云薯藥;避(宋)英宗(趙曙)諱,又改為山藥。"

【藷】㈠ zhū 用于"藷蔗"一词,藷蔗即甘蔗。《説文·艸部》"藷,藷蔗也。"段玉裁注："或作諸蔗或都蔗。藷蔗二字疊韻也。或作竿蔗或干蔗,象其形也。或作甘蔗,謂其味也。"《文選·張衡〈南都賦〉》："若其園圃則有蓼、蕺、襄荷、藷蔗、薑、蟠。"㈡ shǔ 用于"藷藇"一词,义同"薯蕷",又称山药。《廣雅·釋草》："藷藇,薯預(蕷)也。"王念孫疏证："藷與藷同。"《山海經·北山經》："(景山)其上多草藷藇。"郭璞注："根似羊蹄,可食。曙預二音,今江南單呼為藷,音儲,語有輕重耳。"

俗解

"薯"字随其"艹"下的"署"读 shǔ;"藷"字除了读 shǔ,还随其"艹"下的"諸"读 zhū。可由此记住两字在读音上的区别,进而记住两字在字义上有区别。

注意

"薯""藷"二字,只在"薯蕷"一词中通假。表示"薯类作物的统称"时,不要把"薯"写作停用字"藷";"藷"读 zhū,表示"甘蔗(藷蔗)"义时,不要写作"薯"。

词语

【薯】番薯;紅薯;薯莨。

【藷】藷(shǔ)藇;藷(zhū)蔗(甘蔗)。

▲ 术 / 朮術

回顾

"术"和"術"是原本就有的,读音和字义都不相同的两个字。1955年《简化表草案》把这两个字合并作"术"一个字。1956年《简化方案》予以确认。1964年《总表》加注规定:"中药苍术、白术的术读zhú(竹)。"《字形表》也把这两个字合并作"术"一个字。1986年《总表》沿续了1964年《总表》对这两个字的处理。2013年《规范字表》沿续了1986年《总表》对"术""術"两字的合并处理,但删除了1986年《总表》中关于"术"字的附注。

雅解

【朮】㈠ zhú 草名。有白朮和苍朮等数种。《爾雅·釋草》:"朮,山薊,楊枹薊。"〔清〕郝懿行义疏:"陶注:'朮有兩種。白朮葉大有毛而作椏,根甜而少膏;赤朮葉細無椏,根小苦而多膏。'陶言白朮即山薊,赤朮(术)即楊枹薊。……然赤朮今呼蒼朮矣。"《集韻·術韻》:"朮,草名。《説文》:'山薊也',或作术。"㈡ shù "術"的简化字。

【術】shù 技艺、方法。如:技～;医～;学～。《廣韻·術韻》:"術,技術。"〔清〕吴高垹楷书《御製至聖先師孔子贊》:"堯、舜、文、武之後,不有孔子,則學術紛淆、仁義湮塞,斯道之失傳也久矣。"(见图134)

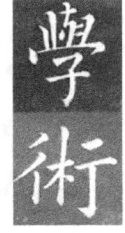

图134

俗解

除了"白术""苍术"等中药的名称中用"术",其他相关词语中传统(沿用)字一般都用"術"。两字的读音也不相同,读 shù 时才可用繁体字"術"。

注意

"白术""苍术"等中药的名称不能写作"白術""苍術"。

词语

【术】白术;蒼术;赤术;莪术。

【術】不學無術;催眠術;刀術;法術;方術;分身乏術;分身術;棍術;幻術;技術;劍術;江湖術士;馬術;美術;魔術;騙術;齊民要術;騎術;拳術;權術;手術;術士;術業有專攻;術語;算術;巫術;武術;心術;玄術;學術;醫術;藝術;隱身術;戰術。

▲ 松 / 松鬆

回顾

"松"和"鬆"是原本就有的字义不同的两个字。1956年《简化方案》把这两个字合并作"松"一个字。1964年《总表》和《字形表》、1986年《总表》、2013年《规范字表》,都相继沿续了1956年《简化方案》对这两个字的合并处理。

雅解

【松】sōng ①植物(树)名。如:~树;~香;~涛。《说文·木部》："松，木也。"〔北宋〕黄庭坚行书《千峰詩》①："披霜入衆木，猷（獨）自識青松。"（见图135）②姓氏。③"鬆"的简化字。

图135

【鬆】sōng ①头发散乱。《玉篇·髟部》："鬆，亂髮兒（貌）。"《集韻·冬韻》："鬆，鬔（蓬）鬆，髮亂。"〔宋〕韩淲《采桑子》："柳淺梅深鬢影鬆。"②表示不紧密。如：疏～；～散。〔唐〕王建《宫詞一百首》之四十二："蜂鬚蟬翼薄鬆鬆，浮動搖頭似有風。"③围棋术语。晏天章注〔宋〕张拟《棋經·名數篇》："鬆，寬縱不逼之意。"

俗解

植物义上用"松"；"松散"义上繁体用"鬆"。又："鬆"的本义是头发散乱。凡是和毛发相关的字，多带"髟"。如："头发"的"发"的繁体字"髮"；"鬍鬚"的"鬍""鬚"等。

注意

"松树"的"松"原本就这样写，不存在对应的繁体字，不能写作繁体字"鬆"。

词语

【松】巴松（一种乐器）；蒼松；青松；松柏；松花蛋；松節油；松明；松牆；松球；松仁；松鼠；松樹；松濤；松香；松針；松脂；松子；武松；雪松。

【鬆】放鬆；寬鬆；蓬鬆；輕鬆；肉鬆；鬆綁；鬆弛；

---

① 有资料说此件书法已被证实为伪作。

鬆動；鬆緊；鬆勁；鬆口；鬆快；鬆氣；鬆軟；鬆散；鬆手；鬆爽；鬆鬆垮垮；鬆懈；酥鬆；稀鬆。

▲ 搜[蒐]–蒐

回顾

"搜"和"蒐"是原本就有的字义存在差别的两个字。1955年《一异表》把这两字归作一组异体字处理，定"搜"为选用字，"蒐"为停用字。2013年《规范字表》作了调整，把"蒐"转为规范字收入三级字表，序号7313，并加注规定："用于表示草名和春天打猎。其他意义用'搜'。"《对照表》则仍然把"蒐"列作"搜"的停用异体字。

雅解

【搜】sōu 搜寻；聚集。如：～查；～集。《廣韻·尤韻》："搜，求也。""搜，索也。"《玉篇·手部》："搜，聚也。"〔清〕孙铨撰集《壽石齋藏帖》："……實年兄両（两）人之搜羅也。"（见图136）

图136

【蒐】sōu ①草名。即茜草。《説文·艸部》："蒐，茅蒐，茹藘。"郭璞注《山海經·中山經》："茅蒐，今之蒨（qiàn）草也。"陆德明："蒨，本或作茜。"②春天打猎。《爾雅·釋天》："春獵為蒐。"《左傳·隱公五年》："故春蒐，夏苗，秋獮，冬狩，皆於農隙而講事也。"③检阅；军事演习。《國語·晉語四》："乃大蒐於被廬，作三軍。"④搜集；寻求。《爾雅·釋詁下》："蒐，聚也。"李善："蒐與搜，古字通。"

俗解

搜东西要用手，所以"搜"是"扌"旁；茅蒐是一种草，再由打猎的场所多草木，来记住带"艹"头的"蒐"有"茅蒐(茜草)""春天打猎"等字义。

注意

"搜"和"蒐"只在"搜集""搜寻"这两个意思上相通。"搜"没有"蒐"的"茅蒐(茜草)""春天打猎"和"检阅"义。在"茅蒐(茜草)"和"春天打猎"这些意思上，"蒐"已经是规范字，不能写成"搜"。还有"搜刮"的"刮"原本就这样写，不存在对应的繁体字，不能写作"颳"。

词语

【搜】搜捕；搜查；搜肠刮肚；搜刮；搜集；搜繳；搜救；搜羅；搜求；搜身；搜索；搜尋。

【蒐】春蒐(春天打猎)；茅蒐；蒐乘補卒(检阅兵车，征集士兵)；蒐閱(检阅)；蒐卒豐財(征集兵卒，聚敛经费)。

▲ 嗽 [嗽]

回顾

"嗽"和"嗽"是原本就有的，音义都不相同的两个字。1955年《异体字表草案》把这两字归作一组异体字处理，以"嗽"为选用字，"嗽"为停用字。1955年《一异表》改为定"嗽"为选用字，"嗽"为停用字。2013年《规范字表》沿续了1955年《一异表》对这两个字的处理。

雅解

【嗽】㈠ sòu 咳嗽。《玉篇·口部》:"嗽,咳嗽也。"㈡ shuò 用嘴吮吸。毕沅疏证:"《说文》:'欶,吮也。'此加口旁字,俗。"㈢ shù 同"漱",漱口。《集韵·宥韵》:"漱,《说文》:'盪口也。'或从口。"

【嗽】zuò 同"嗦"。象声词。《玉篇·口部》:"嗦,嗦嗦,聲也。"《廣韵·鐸韵》:"嗦,鳴嗦嗦。亦作嗽。"

俗解

右边是"攵"的"嗽"是象声词。

注意

不能把"嗽"写作"嗽"。

词语

【嗽】咳嗽。

【嗽】嗽嗽(同"嗦嗦";现已罕用)。

▲ 苏/蘇[甦蘓]噻–甦

回顾

"蘇"和"噻"是原本就有的字义不同的两个字;"甦"和"蘇"的字义原本也不完全相同;"蘇""蘓"互为异体字;"苏"是"蘇"的简化字。1955年《简化表草案》把"蘇"简化作"苏";把"噻"简化作"哧"。同年的《一异表》把"蘇""甦""蘓"三字归作一组异体字,定"蘇"为选用字,"甦""蘓"为停用字。1956年《简化方案》把"蘇""噻"

两个字合并简化作"苏"一个字。1964年《总表》和《字形表》、1986年《总表》,都相继沿续了1956年《简化方案》对"蘇""囌"两字的合并简化处理。2013年《规范字表》对《一异表》作了调整,把"甦"转作规范字收入三级字表,序号7335,并加注规定:"甦:可用于姓氏人名。"《对照表》则仍把"甦"和"蘓"一起列为"蘇"的停用异体字;把"蘇""囌"两字一起列为"苏"的繁体字。

雅解

【蘇】sū ①植物名。如:紫~;白~。《說文·艸部》:"蘇,桂荏也。"《爾雅·釋草》:"蘇,桂荏。"邢昺疏:"蘇,荏類之草也。以其味辛似荏,故一名桂荏。陶注《本草》云:葉下紫色而氣甚香。其無紫色不香似荏者,名野蘇;生池澤中者名水蘇。皆荏類也。"②再生;更生。如:复~。《小爾雅·廣名》:"死而復生謂之蘇。"③地名。如:江~;~州。文徵明輯《停雲館帖·元名人書 卷第九·王叔明書》:"奉和惟寅陳徵君姑蘇錢唐(塘)懷古六詩"。(见图137)④苏维埃的简称。如:~区。⑤姓氏。

【囌】sū 用于"嚕囌"一词,也作"囉囌"。说话絮叨。《文明小史》第十五回:"拿張片子去討情,亦就立刻放行,沒有什麼囉囌。"

【甦】sū 苏醒,死而复生。《篇海類編·人事類·生部》:"甦,死而更生曰甦。"

【苏】"蘇""囌"二字的共用简化字。

【蘓】"蘇"的异体字。

俗解

"噜苏"是形容说话絮叨，和嘴有关，所以"苏"的繁体用"口"字旁的"嚕"；"甦"字拆开就是"更生"，用于表示"再生"义。其他地方"苏"的繁体一般都用"蘇"。

注意

除了"噜苏"义，其他词语中都不要把"苏"写作繁体字"嚕"；除了"再生"义，其他意思的"苏"都不要写作停用字"甦"。姓氏人名中的"甦"不要写作"苏""蘇"或"嚕"。

词语

【蘇】白蘇；江蘇；流蘇；蘇打；蘇丹；蘇劇；蘇區；蘇鐵；蘇維埃；蘇繡；蘇州；屠蘇。

【嚕】噜嚕。

【甦】復甦；甦醒。

【蘓】（现已罕用）。

T

▲ 它 [牠]

回顾

"它"和"牠"是原本就有的字义不同的两个字。1955年《一异表》把这两个字归作一组异体字处理,定"它"为选用字,"牠"为停用字。2013年《规范字表》沿续了1955年《一异表》对这两个字的处理。

雅解

【它】tā ①代词。指称动物以外的事物。〔清〕段玉裁《说文解字注·它部》"它,其字或叚(假)佗為之,又俗作他,經典多作它,猶言彼也。"徐灝箋:"古無他字,假它為之,後增人旁作佗而隸變為他。"②用于虚指。如:干～一场;吃～一顿。鲁迅《〈准风月谈〉后记》:"……看看暗中,写它几句的作者。"

【牠】tā 代词。指称人以外的动物。《兒女英雄傳》:"那騾子見那鈴鐺滿地亂滾,又一眼岔,牠便一跐頭,順着黑風崗的山根兒跑了下去。"

俗解

带"牜"旁的字一般和人以外的动物有关,例如"牝""牡""牯""牲",等等。由此可以记住"牠"用于代指人以外的动物。

注意

除了指称人以外的动物，其他地方都不能用"牠"。

词语

【它】它们（人和动物以外不止一个的事物），其它（人以外的事物）。

【牠】牠（人以外的动物）；牠们（人以外不止一个的动物）。

▲ 拓 [搨]

回顾

"拓""搨"是原本就有的，字音字义都不完全相同的两个字。1955年《一异表》把这两个字归作一组异体字处理，定"拓"为选用字，"搨"为停用字。2013年《规范字表》沿续了1955年《一异表》对这两个字的处理。

雅解

【拓】㈠ tà 把石碑或器物上的文字图画摹印到纸上。如：～片。鲁迅《书信·致王冶秋（一九三五年十一月十八日）》："此款乞代拓南阳石刻。"㈡ tuò ①开辟，扩充。如：开～；～荒。《小爾雅·廣詁》："拓，開也。"②张开。茅盾《子夜》十六："（周仲伟）又拓开了两臂，把朱吟秋他们两个拦到椅子里，硬要他们坐下去。"③宏大，开阔。《徐霞客遊記·滇遊日記一》："覓炬更南，洞愈崇拓。"④用手推。《集韻·鐸韻》："拓，手推物也。"㈢ zhí 取，《説文·手部》："拓，拾也。"也作"摭"。〔清〕邵瑛《説文解字羣經正字》："今經典從或體作摭"，"拓字經典不見。子、史多以拓為開拓之拓；又拓落亦作此，蓋截分為二字矣。"②折。李賢注《後漢書·張衡傳》："拓，猶折也。"

【搨】㈠ dá 打；捆。《玉篇·手部》："搨，手打也。"㈡ tà ①同"拓"。用纸墨从石碑上摹印。《集韻·合韻》："搨，摹也。"②影摹。用摹纸蒙于书画真迹上进行描摹。〔唐〕张彦远《歷代名畫記·論畫体工用搨寫》："好事家宜置宣紙百幅，用法蠟之，以備摹寫。古時好搨畫，十得七、八不失神采筆蹤。"③涂抹。《鏡花緣》第七十七回："若是醜的（扇面），畫上顏色，再也搨不開，那才坑死人哩。"④收缩；搭拉。《玉篇·手部》："搨，拗搨也。"

俗解

"拓"的本义是"拾取"，读 zhí。可由右半"石"和"拾"同音来记住"拓"的这项字义。"搨"的现代常用读音 tà，和"搨"右半"㗊"的读音相同，和"拓"的现代常用读音 tuò 不同。

注意

"拓""搨"两个字，只在读 tà 这个音时，在"拓印"这个意思上用法相同，其他读音和字义都不相同，不能互相换用。"开拓""拓展"的"拓"不能写成"搨"；表示"用摹纸蒙于书画真迹上进行描摹（不是从石碑上摹印）"这个意思的"搨画"一词,一般用"搨"不用"拓"。

词语

【拓】开拓;拓(tà)本;拓(tà)匠(专事从碑碣、钟鼎等物上捶拓文字图像的工匠);拓(tà)片;拓(tà)印;拓荒;拓寬;拓扑(学);拓土開疆;拓銷;拓展。

【搨】搨藏(囤积);搨畫;搨翼(垂下翅膀。比喻失意沮丧。)。

▲ 台 / 台臺颱檯

回顾

"台""臺""檯""颱"是原本就有的字义互不相同的四个字。1955年《简化表草案》把"檯"简化作"枱";把"颱"简化作"台"。1956年《简化方案》改为把"台""臺""颱""檯"四个字合并作"台"一个字。1964年《总表》和《字形表》、1986年《总表》、2013年《规范字表》,都相继沿续了1956年《简化方案》对"台""臺""颱""檯"四字的合并处理。

雅解

【台】㈠ tái ①三台。星名。《集韻·咍韻》:"台,三台,星名。"②量词。如:两~马达;一~拖拉机。刘白羽《渡口》:"五十几台卡车,里面有三十台弹药。"③敬辞。如:兄~;~鉴。刘园集帖第1卷《宋賢四十五種甲本·蔡忠惠公書》:"瞻望台座不勝傾依之至不宣。"(见图138)④"臺""檯""颱"三字的共用简化字。㈡ tāi 地名，台州的简称。

【臺】tái ①高而平的建筑物。如：舞～；平～；～階。《説文・至部》:"臺，觀四方而高者。"《停雲館帖卷第十二・文徵明西苑詩十首・南臺》:"青林迤邐轉迴塘，南去高臺对苑牆。"(见图139)②数学名词。以平行于底面的平面去截一个锥体，截面和底面之间的部分称作"臺"。如：棱～；圆～。③台(臺)湾省的简称。如：～胞；港～("臺"也用"台")。④姓氏。

图138

【檯】tái 木制的桌子或类似桌子的器物。如：柜～；～布；～历；～灯。〔明〕文秉《烈皇小識》卷二:"一日，上御講筵，足加于檯楞上，意有惰客。"

图139

【颱】tái 热带风暴。如：～风。〔清〕俞正燮《癸巳類稿》卷九:"颱，大具(颶)風也。"

俗解

木头桌子或类似桌子的器物是用木头做的，所以"台"的繁体用"木"字旁的"檯"；台风是风，所以"台"的繁体用"風"字旁的"颱"。余下"台""臺"两字，凡指平而高的台子一类，繁体用"臺"，作量词和敬辞时用"台"。

注意

"台"除了本有其字，还有"臺檯颱"三个对应繁体字。

在书法创作中要区分不同语境正确选择使用。还有"台历"的"历",是"日历"的意思,对应的繁体字是"曆",不能写作"歷";"台钟"的"钟",是"钟表"的意思,对应的繁体字是"鐘",不能写作"鍾"。

词语

【台】台安(敬辞,多用于书信结尾,表示对收信人的问候);台表(敬辞,用于称呼人的字);台候(敬辞,用于问候对方寒暖起居);台諱(对人官名的尊称);台駕(欢迎对方光临的敬辞);台鑒(请对方阅览的敬词);台屏(敬辞,尊称对方的家);台甫(敬辞,旧时用于问人的表字);台席(古以三公取象三台,故称宰相的职位为台席);台坐(敬辞,坐于尊位);兄台。

【臺】補臺;拆臺;出臺;窗臺;搭臺;倒臺;電視臺;電臺;登臺;燈臺;對臺戲;高臺;鍋臺;後臺;井臺;看臺;垮臺;臘臺;擂臺;蓮臺;凉臺;樓臺;爐臺;露臺;炮臺;平臺;氣象臺;前臺;上臺;塔臺;臺胞;臺本;臺幣;臺步;臺詞;臺地;臺風(演员在舞台上的作风);臺海(也作"台海");臺階;臺灣(也作"台灣");臺柱子;天文臺;舞臺;戲臺;下臺;硯臺;陽臺;雨花臺;竈臺;債臺高築;站臺;走臺;燭臺。

【檯】櫃檯;球檯;檯筆;檯布;檯秤;檯燈;檯曆;檯面;檯盤;檯鉗;檯球;檯扇;檯式;檯賬;檯鐘;澹(tán)臺(复姓);寫字檯;展檯。

【颱】颱風。

▲ 坛/壇罎

回顾

"壇"和"罎"是原本就有的字义不同的两个字；"坛"是"壇""罎"两字的共用简化字。1955年《简化表草案》把"壇""罎"合并简化作"坛"一个字。1956年《简化方案》予以确认。1964年《总表》和《字形表》、1986年《总表》、2013年《规范字表》，都相继沿续了1956年《简化方案》对"壇""罎"两个字的合并简化处理。

雅解

【壇】tán ①古代为祭祀而筑的高台，多用土石等建成。后又发展为增设阶陛殿堂。如：天～；地～。《说文·土部》："壇，祭場也。"〔清〕洪昇《長生殿·覓魂》："太上皇十分歡喜，詔於東華門內，依科行法。已結就法壇，今晚登壇宣召。"②讲学或发表言论的场所。如：论～；讲～。360问答："《百家讲坛（壇）》栏目一贯坚持'让专家、学者为百姓服务'的栏目宗旨"。③用土堆成的台，用于种花。如：花～。〔五代〕李建勳《和判官喜雨》："高檻氣濃藏柳郭，小庭流擁沒花壇。"④某些会道门设立的拜神集会的组织或场所，或者寺庙中僧徒受戒的场所。如：济公～；戒～。〔唐〕李北海《少林寺戒壇銘》："是以少林山寺，重結戒壇"。（见图140）⑤专业活动

图 140

的领域。如：文～；体～。〔宋〕欧阳修《答梅聖俞寺丞見寄》："文會忝予盟，詩壇推子將。"

【罎】tán 一种口小腹大的陶器。如：醋～子；酒～。《集韻·覃韻》："罎，或作壜。"《正字通·土部》："壜，盛酒器。"《儒林外史》第三十一回："邵老丫想起來道：'是有的，是老爺上任那年，做了一壜（罎）酒埋在那邊第七進房子後一間小屋裏。'"

【坛】"壇""罎"二字的共用简化字。

俗解

举行隆重典礼的高台多用土石建成，所以"壇"带"土"旁。带"缶"旁的字多与陶器相关，如"缶""缸""罐"，等等。酒坛子、醋坛子等都是陶器，所以繁体用"缶"字旁的"罎"。

注意

"坛"对应的繁体字有"壇"和"罎"两个，书法创作中要视不同语境正确选择使用。"天坛""地坛""讲坛""文坛""戒坛""影坛"的"坛"不能写成"罎"；"酒坛""醋坛"的"坛"不能写成"壇"。

词语

【壇】地壇；歌壇；花壇；祭壇；講壇；論壇；乒壇；棋壇；社稷壇；詩壇；體壇；天壇；文壇；醫壇；影壇；政壇；足壇。

【罎】醋罎子；酒罎；罎罎罐罐。

▲ 趟 – 蹚 [蹋] – 䠀

回顾

"趟""蹚""䠀"是原本就有的字义不同的三个字;"蹚"和"蹋"两字的字义原本也不完全相同。1955 年《一异表》把"趟""蹚""蹋""䠀"四字归作一组异体字处理,定"趟"为选用字,"蹚""蹋""䠀"为停用字。2013 年《规范字表》作了调整,把"蹚"转为规范字收入二级字表,序号 6333,并加注规定:"蹚:义为蹚水、蹚地,读 tāng。不再作为'趟(tàng)'的异体字。"同时删除了 1955 年《一异表》中"趟""蹚""蹋""䠀"这组异体字中的"趟""䠀"两字,只把"蹚""蹋"两字归作一组异体字,定"蹚"为选用字,"蹋"为停用字。

雅解

【趟】tàng ①量词。走动的次数。如:走一~。《西遊記》第二十二回:"沿地雲遊數十遭,到處閑(閒)行百餘趟。"②步子;步伐。洪林《一支运粮队》七:"这个时代的进步太快,真是打个盹就赶不上趟了!"

【蹚】㈠ tāng ①从浅水中走过去。如:~水。老舍《骆驼祥子》十八:"他咬上了牙,蹚着水不管高低深浅的跑起来。"②翻地除草。如:~地。也作"蹋"。周立波《暴风骤雨》第一部十四:"八月末尾,铲蹚才完,正是东北农村挂锄的时候。"㈡ tàng 同"趟",量词。华广生《白雪遗香·马头调·寂寞寻春》:"我看你白跑这一蹚。"

【蹚】㈠ tāng 同"蹚"。杨朔《三千里江山》第八段:"脚下蹚起好大尘土"。㈡ tàng 同"趟",量词。《官场维新记》第十二回:"……知道是得亲到各州县去走一蹚的,……"

【跢】"趾"的讹字。《龍龕手鑑·足部》:"跢,趾的訛字。"

俗解

"趟"字带"走",一般表示走的次(趟)数(量词);"蹚"字带"足",多用于表示脚的动作(动词)。

注意

"蹚"已经转为规范字,"蹚"是"蹚"的停用异体字,不再是"趟"的异体字。不管什么场合,都不要再把"趟"写作"蹚"或"蹚"。"跢"是"趾"的讹字。2013年《规范字表》已经把它删除,也不要再用作"趟"的异体字。

词语

【趟】赶不上趟;走一趟。

【蹚】蹚道;蹚地;蹚渾水;蹚路;蹚水。

▲ 剃 [薙鬀]

回顾

"剃"和"薙"是原本就有的字义不同的两个字;"鬀"和"剃"字义基本相同。1955年《一异表》把"剃""薙""鬀"三字归作一组异体字处理,定"剃"为选用字,"薙""鬀"

为停用字。2013年《规范字表》沿续了1955年《一异表》对这三个字的处理。

雅解

【剃】tì 用刀刮去毛发。如：～头。《玉篇·刀部》："剃，除髮也。"

【薙】㈠ tì 除草。《說文·艸部》："薙，除艸（草）也。"㈡ zhì 辛薙。即木兰。《廣韻·旨韻》："薙，辛薙，辛夷别名。"

【鬀】tì 剃小儿的头发，也用于泛指剃毛发须髯。《說文·髟部》："鬀，鬍（剃）髮也。大人曰髡（kūn）；小人曰鬀；盡其身毛曰鬍（剃）。"

俗解

剃头要用剃刀，所以"剃"带"刂"旁；带"髟"的字一般和毛发有关，所以"鬀"也是剃发的意思；"薙"带"艹"头，和植物有关，读tì时表示"除草"的意思，读zhì时是一种植物名称，即"辛薙"（木兰）。

注意

"剃刀""剃度""剃发""剃头"的"剃"不能写作"薙"。另外，"剃发"的"发"是"头发"的意思，对应的繁体字是"髮"，不能写成"發"。

词语

【剃】剃刀；剃度；剃髮；剃頭。

【薙】薙草（除草）；辛薙（zhì）。

【鬏】（用同"剃"，对小孩而言）。

▲ 眺 [覜]

回顾

"眺"和"覜"是原本就有的字义存在差别的两个字。1955年《一异表》把这两个字归作一组异体字处理，定"眺"为选用字，"覜"为停用字。2013年《规范字表》沿续了1955年《一异表》对这两个字的处理。

雅解

【眺】tiào ①视不正。《說文·目部》："眺，目不正也。"《文選·潘岳〈射雉賦〉》："亦有目不步體，邪眺旁剔。"②远望。《玉篇·目部》："眺，眺望也。"《集韻·筱韻》："眺，遠視。"刘园集帖第7卷《宋賢四十五種庚本》："仰眺望天際，俯盤渌水濱。"（见图141）③视。《廣韻·嘯韻》："眺，視也。"④察。〔唐〕玄应《一切经音義》卷七："眺，察也。"⑤眼睛。〔清〕佚名《亡國恨·殲讎》："這鬢髮倒翻，雙眺兇睅。"

图 141

【覜】tiào ①古代诸侯每三年行聘问相见之礼。《説文·見部》："覜，諸侯三年大相聘曰覜。"②同"眺"。向远处看。《集韻·筱韻》："眺，遠視。或从見。"

俗解

"眺"是"目"字旁，几项字义都和眼睛有关；"覜"的右半是"見"，本义是聘问相见之礼。

注意

"眺""覜"二字只在"眺望"义上存在通假关系。"眺"的"视不正""察""眼睛"等义"覜"都没有。这些意思上如"邪眺旁剔""双眺凶悍"的"眺",不能写成"覜"。另一方面,"眺"没有"覜"的"诸侯三年大相聘"这个字义,例如《左傳·昭公五年》中的句子"朝聘有珪,享覜有璋",还有"覜聘"一词中的"覜",都不能写作"眺"。

词语

【眺】俯眺(高处向下远望);顧眺;還(huán)眺(回头远望);環眺(环视眺望);流眺(转动目光顾盼);眺覽;眺望;眺注(凝神远望);賞眺(观赏眺望);視眺(视力);雙眺(双眼);邪眺(斜视);延眺(伸颈远望);遠眺。

【覜】覜聘(諸侯三年大相聘);享覜(同"覜聘");殷覜(周代诸侯定期派使臣朝见天子的礼制)。

▲ 同 [仝衕]– 仝

回顾

"同""仝""衕"是原本就有的字义存在差别的三个字。1955《异体字表草案》把"同"和"仝"归作一组异体字处理,以"同"为选用字,"仝"为停用字。同年《一异表》改把"同""仝""衕"三字归作一组异体字处理,定"同"为选用字,"仝""衕"为停用字。2013年《规范字表》把"仝"转为规范字,收入三级字表,序号6513,并加注规定:"可用于姓氏人名"。《对照表》则仍旧把"仝"和"衕"一起列为"同"的停用异体字。

雅解

【同】㈠tóng ①相同；一样。如：～样；～类。《易·乾》："同聲相應，同氣相求。"②齐一；统一。《廣韻·東韻》："同，齊也。"如：～等；车～轨，书～文。《尚書·舜典》："協時月正日，同律度量衡。"〔宋〕陆游《示兒》："死去原知萬事空，但悲不見九州同。"③一起。如：～吃～住～劳动。《廣雅·釋詁三》："同，皆（偕）也。"〔唐〕李白《長干行》："同居長干里，兩小無嫌猜。"④介词。相当于"给"，如：等会儿再～你讲。相当于"跟"，如：有事～群众商量。⑤连词。表示并列。如：她～她妹妹在一起。⑥姓氏。㈡tòng 用于"胡同"一词，也作"衕衕"。小巷。

【仝】tóng ①同"同"。《廣韻·東韻》："仝，同古文"。②姓氏（和"同"是不同的姓）。

【衕】tóng 小巷。如：衕～。《説文·行部》："衕，通街也。"段玉裁注："今京師衕衕字如此作。"

俗解

"行"的甲骨文就是道路的象形，所以"衕"用于表示小巷的"衕衕"一词。

注意

除了"胡同"，其他词里的"同"都不能写作"衕"。"仝"和"同"是不同的姓，在作姓氏用时两字不能互换。

词语

【同】大同；等同；感同身受；共同；苟同；合同；會同；混同；夥同；雷同；連同；認同；隨同；同案；同班；同伴；同胞；同輩；同比；同病相憐；同步；同儕；同仇敵愾；同窗；同牀異夢；同黨；同道；同等；同惡相濟；同房；同甘共苦；同感；同庚；同根；同工同酬；同工異曲；同歸於盡；同軌；同行（háng）；同好；同賀；同化；同夥；同級；同居；同樂；同類；同僚；同齡；同流合污；同路；同門；同盟；同名；同謀；同年；同期；同情；同慶；同衾；同仁；同日而語；同聲；同生共死；同時；同事；同室操戈；同屬；同俗；同歲；同堂；同位素；同喜；同鄉；同心；同行（xíng）；同形；同性；同姓；同學；同樣；同業；同一；同意；同義；同音；同遊；同源；同志；同治；同質；同舟共濟；同祖同宗；相同；協同；一同；異同；讚同。

【仝】（多见于姓氏人名）。

【衕】衚衕。

▲ 偷[婾]

回顾

"偷""婾"是原本就有的字义存在差别的两个字。1955年《一异表》把这两个字归作一组异体字处理，定"偷"为选用字，"婾"为停用字。2013年《规范字表》沿续了1955

年《一异表》对这两个字的处理。

雅解

【偷】tōu ①苟且；怠惰。如：～安。《禮記·表記》："安肆曰偷。"郑玄注："偷，苟且也。"②盗窃。如：～盗。《玉篇·人部》："偷，盗也。"③窃贼。如：小～。《晉書·殷浩傳》："蔡裔者，有男氣，聲若雷震，嘗有二偷入室，裔衹牀一呼而盗俱隕。"④悄悄地；暗中。如：～看。杨沫《青春之歌》第二章："王妈关心她，心疼她，常常偷着照顾她。"⑤抽出（时间）。如：忙里～闲。〔唐〕韦庄《過樊川舊居》："能說亂離唯有燕，解偷閑（閒）暇不如鷗。"⑥通奸。如：～汉子。《紅樓夢》第四十四回："好淫婦，你偷主子漢子，還要治死主子老婆！"

【媮】㈠ tōu 苟且。如：～安。〔三国·魏〕曹植《雜詩》："列（烈）士多悲心，小人媮自閒。"〔宋〕苏轼《楊州謝到任表二首》："一麾出守，方愧媮安。"㈡ yú 通"愉"。安乐。《集韻·虞韻》："愉，或从女。"《漢書·韋賢傳》："烝民以匱，我王以媮。"颜师古注："媮与愉同，樂也。"

俗解

主要记住"媮"有读音 yú，相应的字义通"愉"。"偷"没有这个读音和意思。

注意

"媮"只在"偷安"义上和"偷"相通，没有"偷盗""窃贼"等义。"偷窃"不能写成"媮竊"；"偷闲"不能写成"媮閒"；还有"偷看"也不能写成"婾看"。

词语

【偷】忙裏偷閒；偷盗；偷渡；偷工减料；偷雞摸狗；偷奸耍滑；偷看；偷空；偷窥；偷懒；偷樑换柱；偷竊；偷情；偷税；偷天换日；偷偷摸摸；偷襲；偷閒；偷營；偷嘴；小偷。

【婾】婾安；婾生。

▲ 涂 / 涂塗

回顾

"涂"和"塗"是原本就有的字义不同的两个字。1955年《异体字表草案》把"塗"和"涂"两字归作一组异体字处理，以"塗"为选用字，"涂"为停用字。1956年《简化方案》改把"塗"和"涂"合并作"涂"一个字。1964年《总表》和《字形表》、1986年《总表》、2013年《规范字表》，都相继沿续了1956年《简化方案》对"涂""塗"两字的合并处理。

雅解

【涂】tú ①姓氏。②"塗"的简化字。

【塗】tú ①把油漆、颜料、脂粉、药物等抹在物体表面。如：～改；～脂抹粉。〔清〕方纲跋《鼎帖》："塗去者蓋装册時見其不依千文次序，故塗去。"（见图142）②泥。如：海～；围～造田。《廣

图142

雅·釋詁三》："塗，泥也。"刘园集帖第 4 卷《宋賢四十五種丁本·米襄陽詩翰·擬古其二》："報汝慎勿語，一語墮泥塗。"（见图 143）

俗解

"涂""塗"两字，除了姓氏，一般情况下传统（沿用）字都用"塗"。

注意

姓涂的"涂"本有其字，不能写作"塗"。

图 143

词语

【涂】（多见于姓氏）。

【塗】肝腦塗地；海塗；糊塗；生靈塗炭；灘塗；塗改；塗料；塗抹；塗寫；塗鴉；塗乙（删改文字）；塗脂抹粉；烏塗；一敗塗地；一塌糊塗。

▲ 团 / 團糰

回顾

"團"和"糰"是原本就有的字义不同的两个字；"团"是"團""糰"两字的共用简化字。1955 年《简化表草案》把"團"简化作"团"；把"糰"简化作"粐"。1956 年《简化方案》改为把"團""糰"两字合并简化作"团"一个字。1964 年《总表》和《字形表》、1986 年《总表》、2013 年《规范字表》，都相继沿续了 1956 年《简化方案》对"團""糰"两字的合并简化处理。

雅解

【團】tuán ①圆形或球形的器物。如：～扇；～粒。《説文·囗部》："團，圜也。"《玉篇·囗部》："團，圓也。"《停雲館帖·文徵明西苑十首·兔園》："團雲芝蓋翔林表，噴壑飛泉轉地中。"（见图144）②多人组成的集体。如：～体；代表～。《東網·港澳新聞（2023年4月5日）》："平價團轉海上團餐"。③聚拢在一起。如：～结；～圆。〔东汉〕张衡《思玄赋》："志團團以應懸兮，誠心固其如結。"

图144

【糰】tuán 米粉做成的圆球形食物。如：米～。《玉篇·米部》："糰，糰糉（棕）。"

【团】"團""糰"二字的共用简化字。

俗解

米团是用米粉做成的，所以繁体字要用带"米"字旁的"糰"。其他意思繁体字都用"團"。

注意

"团圆""团结""团体"等意思上的"团"，对应的繁体字是"團"，不能写作"糰"。

词语

【團】抱團；兵團；財團；代表團；兒童團；共青團；官能團；花團錦簇；集團；劇團；軍團；旅遊團；謎團；民團；蒲團；氣團；社團；使團；團拜；團丁；團隊；團購；團夥；團結；團聚；團粒；團練；團欒（竹秀美，亦代称竹；

指圆月，借指月光；团聚；环绕）；團圞（圆；借指月宫；团聚；环绕）；團扇；團體；團團轉；團魚；團員；團圓；文工團；星團；一團和氣；一團漆黑；一團糟；疑團；原子團；組團。

【糰】湯糰；米糰；糰子。

▲ 托 [託]

"托"和"託"是原本就有的字义不同的两个字。1955年《一异表》把这两个字归作一组异体字处理，以"托"为选用字，"託"为停用字。2013年《规范字表》沿续了1955年《一异表》对这两个字的处理。

雅解

【托】tuō ①用手掌或盘子承着。如：～举。《水滸全傳》第二回："沒多時，就廳上放開條桌子，莊客托出一桶盤，四樣菜蔬，一盤牛肉。"②衬。如：衬～。《紅樓夢》第四十二回："家裏有雪浪紙，又大又托墨。"③承托某些器物的底座。如：茶～。《水滸全傳》第四回："茶罷，收了盞托。"④寄托。如：～梦。《封神演義》第一回："你三妖可隱其妖形，托（託）身宫院，惑亂君心。"⑤委托。如：拜～。鲁迅《书信·致徐懋庸》："黎先生又呻吟于为书店译书，云须年底赶好，不好去托（託）他校。"

【託】tuō ①寄托。《説文·言部》："託，寄也。"〔清〕高邕《沈紹勳傳》："徐節母嘗以田契債券寄託某戚家"。

（见图145）②托付；委托。《古今韻會舉要·藥韻》："託，委也；信任也。"③假托（言辞；理由）。如：～病不起。《正字通·言部》："託，寓言也。"

图145

俗解

托举要用手，所以这个意思上用"扌"旁的"托"；托付要通过言语，所以"託"是"言"旁。

注意

"托举""衬托""承托"等意思上的"托"，不能写作停用字"託"。又："托福"有"托福考试"和"托您的福"两个意思。表示"托福考试"这个意思时，"托"就用规范字，不要写成停用字"託"；表示"托您的福"这个意思时，"托"才可以写成停用字"託"。

词语

【托】和盤托出；烘雲托月；摩托車；托缽；托底；托福（考试）；托拉斯；托盤；托腔（戏剧用语）；托市；烏托邦；依托。

【託】拜託；寄託；請託；託庇；託便；託病；託辭；託兒所；託福（託您的福）；託付；託孤；託故；託管；託夢；託情；託身；託收；託養；託運；重託；囑託。

W

▲ 挽 [輓]

回顾

"挽"和"輓"是原本就有的字义不同的两个字。1955年《一异表》把这两个字归作一组异体字处理，定"挽"为选用字，"輓"为停用字。2013年《规范字表》沿续了1955年《一异表》对这两个字的处理。

雅解

【挽】wǎn ①牵引。如：～弓。《小爾雅·廣詁》："挽，引也。"②扭转；挽回。如：力～狂澜。〔明〕董其昌行书《徐公家訓碑》："習慣少成挽囬靡克"。（见图146）③勾；挎。如：手～手。茅盾《清明前后》："不由分说，拉着文君就走，挽其腰。"

图146

【輓】wǎn ①车运。徐锴《繫傳·車部》："輓，引車也。"②哀悼死者。如：～联。《正字通·車部》："輓，輓歌。"〔唐〕岑参《僕射裴公輓歌》："哀輓辭秦塞，悲笳出帝畿。"

俗解

牵引、扭转、勾、挎，都要用手，所以"挽"是"扌"旁；"輓"是"車"旁，所以有"车运"义；"哀悼"义上也用"輓"。

注意

在"哀悼死者"这个意思上,才可以用停用字"輓";"牵引""扭转""勾挎"义上如"挽弓""力挽狂澜""手挽手"等词中的"挽",都不能写成停用字"輓"。

词语

【挽】力挽狂澜;挽弓;挽回;挽救;挽留;挽手。

【輓】輓詞;輓歌;輓聯;輓詩;輓幛。

▲ 碗 [盌椀㼝]– 椀

回顾

"碗""盌""椀""㼝"是原本就有的字义存在细微差别的四个字。1955 年《异体字表草案》把"碗""盌"两字归作一组异体字处理,以"碗"为选用字,"盌"为停用字。1955 年《一异表》改为把"碗""盌""椀""㼝"四字作为一组异体字处理,定"碗"为选用字,"盌""椀""㼝"三字为停用字。2013 年《规范字表》再作调整,把"椀"转为规范字收入三级字表,序号 7332,并加注规定:"用于科学技术术语,如'橡椀'。其他意义用'碗'。"《对照表》则仍把"椀"和"盌""㼝"一起列作"碗"的停用异体字。

雅解

【碗】wǎn ①盛饮食的器具。如:瓷～;饭～。北周 庾信《春赋》:"芙蓉玉碗,莲子金杯。"②像碗的器物。如:轴～。③量词。如:一～饭。老舍《骆驼祥子》四:"要了碗馄饨，他仍然坐在地上。"

【盌】wǎn 小盂。后作"碗"。《説文·皿部》："盌，小盂也。"《玉篇·皿部》："盌，小盂。"刘园集帖第2卷《宋賢四十五種乙本·文忠蘇公詩翰·煎茶》："我今貧病長苦飢，分無玉盌捧峨眉。"（见图147）

图147

【椀】同"盌""碗"。《集韻·緩韻》："盌，或作椀。"〔西晋〕索靖章草《急就章》："椭盂槃案杯閜[①]椀"。（见图148）

图148

【甑】同"盌"。《説文·瓦部》："甑，小盂也。"朱骏声通訓定聲："即盌之或体。俗亦作碗。"

俗解

"碗""盌""椀""甑"四字意义基本相同，都是指碗一类的器物，古代多通用。如要细分，则"碗""甑"一般指用陶土制作的碗；"椀"一般指木头制作的碗；"盌"一般指金银、玉石等制作的碗。

注意

"碗""盌""椀""甑"四字虽然多有通用，但在书法创作中最好按所对应的材质选择使用。例如"銀盌""玉盌"等词中，就以不用"碗""椀""甑"为好；"粗瓷大碗"的"碗"，不宜用"盌"。又：科学术语"橡椀"只能用"椀"，不能

[①] 音 xiǎ；大杯。《方言》卷五："閜，桮（杯）也，其大者為之閜。"〔汉〕李尤《杯銘》："小之為杯，大之為閜"。

用"碗""盌""䀆"。

词语

【碗】粗瓷大碗；飯碗；蓋碗；碗櫥；碗筷；一碗水。

【盌】銀盌；玉盌。

【椀】橡椀。

【䀆】（用同"碗"）。

▲ 万 / 万萬

回顾

"万"和"萬"是原本就有的字义不同的两个字。1955年《简化表草案》把这两个字合并作"万"一个字。1956年《简化方案》予以确认。1964年《总表》和《字形表》、1986年《总表》、2013年《规范字表》，都相继沿续了1956年《简化方案》对"万""萬"两字的合并处理。

雅解

【万】㊀ mò ～俟(mòqí，复姓)。《集韻·德韻》："万，万俟，虜姓。"㊁ wàn "萬"的简化字。

【萬】wàn 数词，千的十倍。《玉篇·艸部》："萬，十千也。"引申表示极多。如：千山～水；～能。〔清〕吴高埈楷书《御製至聖先師孔子贊》："然則孔子為之萬古一人也。"（见图149）

图149

俗解

姓氏（复姓）"万俟"中用"万"；表示数目（千的十倍）的

时候可以用繁体字"萬"。

注意

复姓"万俟"中的"万",原本就这么写,不存在对应的繁体字,不能写作"萬"。还有"万劫不复"的"复",是"复还"的意思,对应的繁体字是"復",不能写作"複";"万里长城"的"里"是"里程"的意思,原本就这样写,不存在对应的繁体字,不能写作"裏"或"裡";"万用表"的"表"是指"仪表",也不存在对应的繁体字,不能写作"錶";再就是"万象"的"象"不要写作"像"。

词语

【万】万俟(mòqí)。

【萬】百萬;成千上萬;感慨萬端;掛一漏萬;家財萬貫;雷霆萬鈞;排除萬難;鵬程萬里;氣象萬千;千軍萬馬;千難萬險;千秋萬代;千山萬水;千絲萬縷;千萬;日理萬機;十萬八千里;十萬火急;萬般;萬變不離其宗;萬不得已;萬惡;萬方;萬分;萬福;萬古;萬國;萬户侯;萬花筒;萬劫不復;萬金油;萬籟俱寂;萬里長城;萬曆;萬馬奔騰;萬馬齊喑;萬民歡呼;萬能;萬年;萬念俱灰;萬全;萬人空巷;萬世;萬事具備;萬壽無疆;萬水千山;萬死不辭;萬歲;萬維網;萬無一失;萬物;萬象;萬幸;萬一;萬用表;萬有引力;萬丈深淵;萬衆一心;萬狀;萬紫千紅;腰纏萬貫;一本萬利;遺臭萬年;儀态萬方;億萬。

▲ 喂 [餧餵]

回顾

"喂""餧""餵"是原本就有的字义不完全相同的三个字。1955年《简化表草案》把"喂""餵"两字合并为"喂"一个字。1955年《一异表》改为把"喂""餧""餵"三字归作一组异体字处理,定"喂"为选用字,"餧""餵"为停用字。2013年《规范字表》沿续了1955年《一异表》对"喂""餧""餵"三个字的处理

雅解

【喂】wèi ①哺食;喂养。如:～饭;～奶。〔元〕方回《估客樂》:"養犬喂肉睡氈毯,馬厩驢槽亦丹臒。"②叹词。如:"喂!你上哪儿去?"

【餧】㈠ něi 用同"餒"。《集韻·賄韻》:"餧,或作餒。"①饥饿。《説文·食部》:"餧,飢也。"②鱼腐烂。《説文·食部》:"餧,魚敗曰餧。"㈡ wèi 喂养。后作"喂"。〔唐〕慧琳《一切經音義》卷十五引《考聲》:"(餧),與食也。"《玉篇零卷·食部》:"餧,《禮記》:'餧獸之藥。'野王案(按):'以物散與鳥獸食之。'"

【餵】wèi 喂养。〔唐〕孟郊《濟源寒食七首》:"饑(飢)童餓馬掃花餵,向晚飲溪三兩盃(杯)。"

俗解

"餧"的右半"委"和"餒(餧)"的右半"妥"有些

像，可以由此帮助记忆"餒"又读 něi，有"饥饿""鱼腐烂"等义。

注意

"餵"和"餒"都没有作叹词的用法，"喂"做叹词时不能写作"餵"或"餒"；"餒"多用于"以物散与鸟兽食"这个意思，喂人用食的意思上，最好不要用；还有读 něi，表示"饥饿""鱼腐烂"的"餒"不能写作"喂"和"餵"。

词语

【喂】喂飯；喂料；喂奶；喂食；喂養。

【餒】（"喂鸟兽食"义上用同"喂"）。

【餵】（"喂食"义上用同"喂"）。

▲ 忤 [牾]

回顾

"忤""牾"是原本就有的字义存在差别的两个字。1955年《一异表》把这两个字归作一组异体字处理，定"忤"为选用字，"牾"为停用字。2013年《规范字表》沿续了1955年《一异表》对这两个字的处理。

雅解

【忤】wǔ（旧读 wù） ①违逆；抵触。如：～逆。《廣韻·暮韻》："忤，逆也。" ②交错。《春秋元命包》："陰陽散忤。" 宋均注："忤，错也。"

【牾】wǔ ①背逆；抵触。如：～逆。《説文·午部》："牾，逆也。"②相逢；遇。徐锴《繫傳·午部》："啎，相逢也。《楚辭》四：重華①不可啎兮。"今本《楚辭·九章·懷沙》"啎"作"遌（è）"，意外相遇的意思。

俗解

"忤"和"啎"两字除了相通的"违逆"义，"忤"的"交错"义是"啎"所没有的，"啎"的"相逢"义又是"忤"所没有的。

注意

"交错"义上如"陰陽散忤"的"忤"不能写作"啎"；"意外相遇"义上如"重華不可啎兮"的"啎"不能写作"忤"。

词语

【忤】忤觸（触犯）；忤耳（逆耳）；忤恨（违逆，反对）；忤鱗（直言犯上）；忤嫚（违抗怠慢）；忤逆（不孝顺父母）；忤權（不屈服于权贵）；忤物（与人不合）；忤意（违逆心意）；忤怨（抵触而生怨）；陰陽散忤（阴阳交错）。

【啎】重華不可啎（重华不可相遇）；啎逆（违背，不孝顺父母）。

---

① "重華"是舜帝的名。"重華不可啎兮"是屈原《離騷》中的诗句。

X

▲ 晰 [晳] – 皙

回顾

"晰"和"皙"是原本就有的字义不同的两个字;"晰""晳"互为异体字。1955年《异体字表草案》把"晰""晳"归作一组异体字处理,以"晰"为选用字,"晳"为停用字。同年《一异表》增添"晳"为对应"晰"的停用异体字。2013年《规范字表》重新调整,把"皙"转作规范字收入二级字表,序号5401,并加注规定:"皙:义为人的皮肤白。不再作为'晰'的异体字。"《对照表》只把"晳"列作"晰"的停用异体字。

雅解

【晰】xī ①清楚;明白。如:清~。《集韵·锡韵》:"晰,明也。"刘园集帖第17卷《一經堂藏帖·感興》:"渾然一理貫,昭晰非象冈(罔)"。(见图150)②明辨。〔清〕张远《讀〈杜詩詳注〉》:"編年以紀時,晰疑必尋根。"

图 150

【晳】xī 同"晰"。清楚;明白。《正字通·日部》:"晳,明也。""晰,同晳。"

【皙】xī ①肤色洁白。如:白~。《说文·白部》:"皙,人色白也。"②白色。《左傳·定公九年》:"齊侯賞犁彌,犁彌辭,曰:'有先登者,臣從之,皙幘而衣貍製。'"杜預注:"皙,白也。"

俗解

"晰""晳""皙"三字,把各字中的"析"拿掉,"晰""晳"余下的是"日","皙"余下的是"白"。可用这一点来记住"皙"的字义和"晰""晳"的字义不同,是表示"皮肤白"。

注意

"皙"已是规范字,不再是"晰""晳"二字的异体字。不要再把"晰"写成"皙"。需要时可用"晳"代替"晰"。还有"晰毛辨发"的"发"是指毛发,对应的繁体字是"髮",不要写成"發"。

词语

【晰】明晰;清晰;晰类(分门别类);晰毛辨髮(清楚分辨毛发,形容析理入微);晰晰(形容光亮)。

【晳】(用同"晰")。

【皙】白皙。

▲ 溪[谿]-豀

回顾

"溪"和"豀"是原本就有的字义不同的两个字。1955年《异体字表草案》把这两个字归作一组异体字处理,以

"溪"为选用字,"谿"为停用字。1955年《一异表》予以确认。2013年《规范字表》把"谿"转为规范字收入三级字表,序号7959,并加注规定:"可用于姓氏人名。"《对照表》则仍然把"谿"列作"溪"的停用异体字。

雅解

【溪】xī ①山间的小河沟。如:小～;～流。《玉篇·水部》:"溪,溪澗。"〔南宋〕赵孟坚《跋落水蘭亭卷》:"造物見護,存一線生意不死,而此珤(寶)亦略渟(淹)濕,起之溪流中,其他行李盡不顧"。(见图151)②地名用字。如:(江西)资～;贵～。③姓氏。

图151

【谿】xī ①山中不与外界相通的沟谷。《爾雅·釋山》:"山瀆(dú)無所通,谿。"邢昺疏:"瀆即溝瀆也,山有瀆而無通流者名谿"。②山间低凹狭长的地带。高诱注《吕氏春秋·察微》:"有水曰澗,無水曰谿。"③中医学名词。常与"谷"并称。谷也称"大谷";谿也称"小谿"。均指肢体肌肉之间的缝隙或凹陷部位。《素問·氣穴論》:"肉之大會為谷,肉之小會為谿。"④地名用字。如:(浙江)慈～;兰～。近代 高邕行楷《沈君竹礽傳》:"守松江克慈谿"。(见图152)⑤姓氏。

图152

俗解

溪是有水的,所以"溪"字带"氵"旁;谿是没水的山谷,所以"谿"字无"氵",右半是"谷"。

注意

"溪"和"谿",所指事物一湿一干,两字不能互换使用,特别在地名上要加以严格区分,否则地名与当地地貌特征的联系就荡然无存了。还有"谿谷"的"谷"是"山谷"的意思,原就这样写,不存在对应的繁体字,不能写成"穀"。

词语

【溪】溪涧;溪卡(西藏民主改革前属于官府、寺院和奴隶主的庄园);溪流;溪水;小溪。

【谿】勃谿(家庭中的争吵);慈谿;兰谿;谿谷。

▲ 嘻 [譆]

回顾

"嘻"和"譆"是原本就有的字义存在差别的两个字。1955年《一异表》把这两个字归作一组异体字处理,定"嘻"为选用字,"譆"为停用字。2013年《规范字表》沿续了1955年《一异表》对这两个字的处理。

雅解

【嘻】xī ①叹词。表示赞美、叹息、惊异、遗憾、愤怒。《詩·周頌·噫嘻》:"嘻嘻成王!既昭假爾。"这里的"嘻"是表示赞美。《大戴禮記·少閒》:"公曰:'嘻,善之不同也。'"卢辩注:"嘻,歎惜之聲"。《莊子·讓王》:"二人相視而笑曰:'嘻!異哉!此非吾所謂道也。'"这里的"嘻"是表示惊异。《史記·張儀列傳》:"其妻曰:'嘻!子毋讀書游（遊）說，安得此辱乎？'"这里的"嘻"是表示遗憾。《吕氏春秋行論》："（楚）莊王方削袂，聞之曰：'嘻！'投袂而起。"高诱注："嘻，怒貌也。"②形容笑的样子。如：～笑；～皮笑脸。《易·家人》："婦子嘻嘻，終吝。"

【譆】xī 叹词。表示悲痛、惊惧。《説文·言部》："譆，痛也。"王筠："痛聲也。"《玉篇·言部》："譆，懼聲也；悲恨之聲也。"

俗解

"嘻"多用于"嘻笑"义。如：嘻嘻哈哈；笑嘻嘻。"譆"多用于"悲""惧"等义。

注意

"嘻""譆"两字感情色彩有所区别，最好不要混用。

词语

【嘻】嘻鬧；嘻皮笑脸；嘻嘻哈哈；嘻戲；嘻笑；笑嘻嘻。

【譆】嗟譆；嘆譆。（一般单字使用，做叹词。）

▲ 系／系係繫

回顾

"系""係"和"繫"是原本就有的字义不同的三个字；"繫"和"系""係"在读音上也有差异。1955年《简化表草案》把"系""係""繫"三个字合并作"系"一个字。1956年《简化方案》予以确认。1964年《总表》加注说明："系带子的系读 jì(计)。"《字形表》也把"系""係""繫"三个字合并作"系"一个字。1986年《总表》沿续了1964年《总表》对这三个字的处理。2013年《规范字表》沿续了1986年《总表》对这三个字的合并处理，但删除了相关的附注。

雅解

【系】㈠xì ①系统；体系。如：太阳～；中文～。段玉裁注《说文》："系之義引申為世系。"《字彙·糸部》："系，譜系。" ②地质学名词。地层系统分类的第二级。③"係"和"繫"的简化字。㈡jì "繫"的简化字。

【係】xì ①关联。如：关～。《廣韻·霽韻》："係，連係。"《莊子·大宗師》："況萬物之所係而一化之所待乎。" ②是；属。如：此～某人所为。

【繫】㈠jì ①拴住；绑。如：～鞋带。《廣韻·霽韻》："繫，縛繫。"〔唐〕欧阳通楷书《道因法师碑》："事比繫繩，詎知方扵(於)覺路？"(见图153) ②牵挂。如：～念。《春秋繁露·二端》："聖人能繫心於微而致之著也。" ㈡xì 联系。如：维～。《類篇·糸部》："繫，聯也。"

图153

俗解

读 jì，表示"系鞋带"及类似意思时，繁体要用"繫"。又：把东西拴住要用绳子，所以"繫"带"糸"。读 xì 的"系""係"两字中，没"亻"旁的是"系统"的"系"，多一个"亻"旁的是"关系"的"系"的对应繁体字。

注意

"系统"意义上的"系"原本就这么写,不存在对应的繁体字,不能写作"係"或"繫"。"关系"和"联系"两个意义上的"系"的繁体字要分清楚。"关系"的"系"繁体要写"係",不能写作"繫";"联系"的"系"繁体要写"繫",不能写作"係"。还有"历史系"的"历",对应的繁体字是"歷",不能写作"曆"。

词语

【系】白堊系;父系;化學系;歷史系;母系;派系;旁系;譜系;三疊系;世系;數學系;水系;太陽系;體系;物理系;系列;系譜;系統;新聞系;星系;銀河系;語系;哲學系;政治系;直系親屬;中文系;侏羅系。

【係】關係;係數。

【繫】(jì)繫圍裙;繫鞋帶;解鈴繫鈴。

(xì)繫詞;繫縛;繫戀;繫念;繫獄;繫子;聯繫;維繫。

▲ 吓 / 吓嚇

回顾

"吓"和"嚇"是原本就有的,读音和字义都有差别的两个字。1955年《简化表草案》把这两个字合并作"吓"一个字。1956年《简化方案》予以确认。1964年《总表》加注:"恐吓的吓读 hè(赫)。"《字形表》也把这两个字合并作"吓"

一个字。1986年《总表》沿续了1964年《总表》对这两个字的处理。2013年《规范字表》沿续了1986年《总表》对这两个字的合并处理，但删除了相关的附注。

雅解

【吓】㈠ hà 量词，相当于方言中的"下"。沙汀《航线》："你们动一吓手好吧！"㈡ hè "嚇"读hè时的简化字；㈢ xià "嚇"读xià时的简化字。

【嚇】㈠ hè 怒叱聲。如：恐～；恫～。《玉篇·口部》："嚇，以口距（拒）人謂之嚇。"《廣韻·陌韻》："嚇，怒也。"〔南朝·宋〕鮑照《蕪城賦》："飢鷹厲吻，寒鴟嚇雛。"㈡ xià 使害怕。如：～唬；～人。《桃花扇·哭主》："不料今宵天翻地覆，嚇死俺也！"

俗解

"恐吓（hè）""吓（xià）唬"义上原来的字是"嚇"。可以联系读音来区别："嚇"的右半"赫"和整字"嚇"的读音之一相同，都读hè。

注意

作语气词和叹词用时的"吓（hà）"，还有方言中用作量词的"吓（hà）"，都不能写作繁体的"嚇"。

词语

【吓】一吓（hà）子。

【嚇】恫嚇（hè）；驚嚇（xià）；恐嚇（hè）；嚇（xià）唬；嚇（xià）人。

▲ 鲜(鮮)[尟尠鱻]

回顾

"鮮""鱻"和"尟""尠"是原本就有的,读音和意思都不完全相同的两组字;"鲜"是"鮮"的简化字。1955年《一异表》把"鮮""尟""尠""鱻"归作一组异体字处理,定"鮮"为选用字,"尟""尠""鱻"为停用字。1956年《简化方案》把偏旁"魚"简化作"鱼"。1964年《总表》把"鮮"整字简化作"鲜"。《字形表》、1986年《总表》,都沿续了1964年《总表》对"鲜"字的简化处理。2013年《规范字表》沿续了1955年《一异表》对"鮮""尟""尠""鱻"四字的异体字处理,以及1986年《总表》对"鲜"的简化处理。

雅解

【鲜】㈠ xiān ①新宰杀的鸟兽鱼等。如:～魚;～肉。孔传:"鳥獸新殺曰鮮。"②新事物。如:新～。颜师古注《漢書·廣川惠王劉越傳》:"鮮,謂新華也。"〔金〕任询行书《韓愈秋懷詩十一首》:"鮮鮮霜中菊,既晚何用好。"(见图154)③鲜明;洁净。如:～花;～红。孔颖达:"鮮,明也。"㈡ xiǎn 少。如:～为人知。《爾雅·釋詁》:"鮮,寡也。"郭璞注:"謂少。"㈢ xiàn 姓氏。

图154

【尟】xiǎn 少。《楚辭·王逸·〈九思·疾世〉》旧注:"尟,少也。"

【尟】xiǎn 少。《説文·是部》："尟，是少也。"

【鱻】㈠xiān"鮮"的古字。新鮮；鮮明。〔清〕段玉裁《説文解字注·魚部》："鱻，凡鮮明、鮮新字皆作鱻。自漢人始以'鮮'代'鱻'，……今則'鮮'行而'鱻'廢矣。"㈡xiǎn 少。《集韻·獮韻》："尠，《説文》：'是少也。'或作鮮、鱻。"

【鲜】"鮮"的简化字。

俗解

"鮮"和"鱻"都有"魚"，字义与鱼相关，有"鲜鱼""新鲜""鲜明""鲜少"等义；"尠"和"尟"都有"少"，表示"少有"义，这两个字没有"魚"，所以没有"鲜"的"鲜鱼""新鲜""鲜明"等义。

注意

不表示"少"的"鲜"，例如"鲜鱼""海鲜""新鲜""鲜明"等词中的"鲜"，都不能写作"尠"或者"尟"。需要时可使用"鲜"自己的繁体字"鮮"，或可用"鱻"。

词语

【鮮】(xiān)保鮮；嘗鮮；光鮮；海鮮；生鮮；鮮卑；鮮果；鮮紅；鮮花；鮮活；鮮貨；鮮麗；鮮亮；鮮美；鮮明；鮮嫩；鮮啤；鮮血；鮮妍；鮮艷；鮮魚；新鮮；小鮮。

【尠】(xiǎn)寡廉尠耻；屢見不尠；尠見；尠少；尠為人知。

【尟】(用同"尠")。

【鱻】(用同"鮮")。

▲ 弦 [絃]

回顾

"弦"和"絃"是原本就有的字义不同的两个字。1955年《一异表》把这两个字归作一组异体字处理,定"弦"为选用字,"絃"为停用字。2013年《规范字表》沿续了1955年《一异表》对这两个字的处理。

雅解

【弦】xián ①弓弦。《説文·弦部》:"弦,弓弦也。"②乐器上用以发音的琴弦。〔清〕段玉裁《説文解字注·弦部》:"弦,弓弦,以絲爲之,張於弓,因之張於琴瑟者亦曰弦。"刘园集帖第5卷《宋賢四十五種戊本·薛秘閣臨蘭亭》:"雖無絲竹管弦之盛,一觴一詠亦足以暢叙幽情"。(见图155)③月亮半圆。如:上～月;下～月。《釋名·釋天》:"弦,月半之名也。其形一旁曲,一旁直,若張弓施弦也。"④急。〔清〕段玉裁《説文解字注·弦部》:"弦有急意。"⑤中医术语,指脉象急劲,由"急"义引申而来。王冰注《素問·平人氣象論》:"弦,謂急而益勁,如新張弓弦也。"⑥数学名词。我国古代称不等腰直角三角形的斜边为"弦"。赵君卿注《周髀算經·勾股方圓圖》:"句(勾)股各自乘,併之爲弦實;開方除之,即弦也。"又:一直线与圆相交于两点,在圆内的部分称作"弦"。〔清〕戴震《勾股割圜記上》:

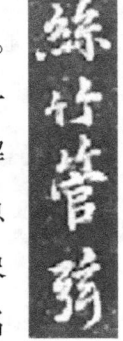

图 155

"割圜之法，中其圜而觚分之。截圜周為弧背，緪（gēng）弧背之兩端曰弦。"⑦钟表发条。如：上～（上发条）。

【絃】㈠ xián ①通"弦"。《集韻·先韻》："絃，八音之絲也，通作弦。"②喻指妻子。妇逝曰"断弦"；续娶曰"续弦"。《古今小説·蔣興哥重會珍珠衫》："誰知你丈夫客死，我今續絃。"㈡ xuàn 绳索。《廣雅·釋器》："絃，索也。"《集韻·霰韻》："絃，繩也。"

俗解

"弦"带"弓"旁，与弓相关，本义是弓弦；"絃"带"糸"旁，与绳索相关，有"绳索"义。

注意

"絃"虽有通"弦"的用法，但只是同音假借，不建议把"弦"写成"絃"。特别是中医术语里的"弦"、数学上表示不等腰直角三角形的斜边的"弦"、一直线与圆相交于两点，在圆内的部分所称的"弦"、以及表示钟表发条的"弦"，都不能写成"絃"。还有，失妻和续娶，使用传统（沿用）字表达时，习惯用"斷絃"和"續絃"。另外，"余弦"是三角函数名词，其中"余"对应繁体字"餘"。

词语

【弦】改弦更張；改弦易轍；弓弦；和弦；箭在弦上；扣人心弦；離弦之箭；琴弦；三弦（乐器）；觴弦（杯酒弦歌）；上弦（月）；上弦（给钟表上发条）；下弦（月）；弦歌；弦急；弦外之音；弦月；弦樂；弦子（乐器三弦的别称）；餘

弦；正弦。

【絃】斷絃（妻亡）；續絃（妻亡再娶）。

▲ 咸 / 咸鹹

回顾

"咸"和"鹹"是原本就有的字义不同的两个字。1955年《简化表草案》把这两个字合并作"咸"一个字。1956年《简化方案》予以确认。1964年《总表》和《字形表》、1986年《总表》、2013年《规范字表》，都相继沿续了1956年《简化方案》对这两个字的合并处理。

雅解

【咸】xián ①都；全部。如：老少～宜。《爾雅·釋詁下》："咸，皆也。"《説文·口部》："咸，皆也，悉也。"〔隋唐〕褚遂良行书《蘭亭序》："羣賢畢至，少長咸集"。（见图156）②〔清〕文宗年号：～丰。③姓氏。④"鹹"的简化字。

【鹹】xián 类似盐的味道。如：～菜；～盐。《字彙·鹵部》："鹹，鹽味。"《戲鴻堂法書第四册·千字文》："海鹹河淡"。（见图157）

俗解

表示味道咸的时候可以用繁体字"鹹"，其他相关词语中都用"咸"。

图 156

图 157

注意

"咸"字原本就有，当表示"全部"如"老少咸宜"，以及用于〔清〕文宗的年号"咸丰"时，"咸"都不能写作繁体字"鹹"。"鹹"只用于表示咸味。另外，"咸丰"的"丰"，对应的繁体字是"豐"。

词语

【咸】老少咸宜；阮咸（乐器，简称阮）；咸豐（清代文宗年号）；咸亨。

【鹹】鹹菜；鹹淡；鹹水湖；鹹鹽；鹹魚翻身。

▲ 衔(銜)[啣衘]

回顾

"銜"和"啣"原本是字义不同的两个字；"銜""衘"互为异体字；"衔"是"銜"的简化字。1955年《一异表》把"銜""啣""衘"三字归作一组异体字处理，定"銜"为选用字，"啣""衘"为停用字。1956年《简化方案》把偏旁"金"简化作"钅"。1964年《总表》把"銜"整字简化作"衔"。《字形表》、1986年《总表》，都相继沿续了1964年《总表》对"銜"字的简化处理。2013年《规范字表》沿续了1955年《一异表》对"銜""啣""衘"三字的异体字处理，以及1986年《总表》对"銜"字的简化处理。

雅解

【銜】xián ①马嚼子。横在马嘴里用于驾驭马的金属小棒。《說文·金部》:"銜,馬勒口中。銜,行馬者也。"②口含物。《正字通·金部》:"凡口含物曰銜。"③接受使命。《正字通·金部》:"奉君命而行曰銜命。"④懷在心中。颜师古注《漢書·酷吏傳·義縱》:"銜,含也。苞(包)含在心,以為過也。"〔唐〕怀素草书《聖母帖》:"棟宇未復,耆艾銜悲,誰其興之?"(见图158)⑤互相連接。如:～接。《水滸全傳》第八十六回:"且把糧車首尾相銜,權做寨栅。"⑥官阶。官位銜接晋升的名稱。如:官～。〔唐〕封演《封氏聞見記·官銜》:"官銜之名,蓋興近代,當是選曹補受,須存資歷。聞奏之時,先具舊官名品于前,次書擬官于後,使新舊相銜不斷,故曰官銜,亦曰頭銜。"

图158

【啣】xián ①用嘴含。如:～草结環。王统照《沉船》:"店主人啣了二尺多長的黃竹烟筒。"②懷在心中。《西遊記》六十二回:"國王疑僧盗寶,啣寃取罪,上下難明。"

【衘】㈠xián 同"銜"。《篇海類編·人事類·行部》:"衘,詳(見)銜。"㈡yù 同"御"。《龍龕手鑑·彳部》:"衘,御的俗字。"

【衔】"銜"的简化字。

俗解

"銜"指含在嘴里的物件;"啣"指把物件含在嘴里的动作。马嚼子是金属的,所以"銜"的中间是"金"字,引申作"口含物"。"銜命"的意思也从"马嚼子"引申而来,是把君王比喻成驭马者，把臣子比喻作马。"官衔"义则是从"衔接"引申而来，因为官阶是一级一级地晋升。"啣"是"口"字旁，表示"用嘴含"这个意思。

注意

"啣"没有"銜"的"互相接连"和"官阶"这两个意思。所以"衔接""官衔"的"衔"不要写作停用字"啣"。

词语

【銜】官銜；軍銜；領銜；頭銜；銜級；銜接；銜轡（pèi，马嚼子和马缰绳）；虛銜；學銜。

【啣】結草啣環；啣哀；啣恨；啣枚；啣命；啣鐵；啣冤；燕子啣泥。

【衘】（用同"銜"）。

▲ 线(綫)［線］– 缐(線)

回顾

"綫"和"線"是原本就有的字义存在差别的两个字；"线""缐"依次分别是"綫"和"線"的简化字。1955年《简化表草案》把"線"简化作"絟"。1955年《一异表》把"綫""線"两字归作一组异体字处理，定"綫"为选用字，"線"为停用字。1956年《简化方案》把偏旁"糹"简化作"纟"；偏旁"戔"简化作"戋"。1964年《总表》把"綫"整字简化作"线"。《字形表》和1986年《总表》，都沿续了1964年《总表》对"綫"字的简化处理。2013年《规范字表》

作了调整，把"線"简化作"缐"，作为规范字收入三级字表，序号7459，并加注规定："可用于姓氏人名"。《对照表》则仍把"線"列为"綫"的停用异体字。

雅解

【綫】xiàn ①用各种纤维制成的细长物。如：丝～；棉～。《説文·糸部》"綫，縷也。"《玉篇·糸部》："綫，可以縫衣也。"②引申指细长像线的事物。如：光～；射～。③线索。如：内～；眼～。赵树理《小二黑结婚·金旺兄弟》："金旺、光旺弟兄两个，给一支溃兵作了内线工作，引路绑票。"④几何学名词。一个点移动形成的轨迹。如：直～；曲～；抛物～。又引申为交通路线。如：航～。由交通路线又引申为思想、政治路线。如：上纲上～。⑤边缘交界的地方。如：分界～；边境～。

【線】xiàn ①同"綫"。《説文·糸部》："線，古文綫。"②阉割。〔宋〕戴复古："閹雞一線則一羣，各線則別作一羣。"③姓氏。

【线】"綫"的简化字。

【缐】"線"的简化字。

俗解

平常最常见的"线（綫）"字没有"阉割"义，只有稍为陌生的"缐（線）"有"阉割"义。

注意

"线"的繁体字是"綫"；"線"已经简化作"缐"转为

规范字。姓氏人名中的"缐",还有"缐鸡"的"缐",不要写成"线"或"綫"。

词语

【綫】底綫;電綫;高壓綫;光綫;航綫;紅外綫;界綫;路綫;毛綫;內綫;前綫;曲綫;射綫;外綫;綫材;綫段;綫纜;綫路;綫密度;綫圈;綫人;綫索;綫條;綫頭;綫衣;綫裝(书);戰綫;針綫;直綫;紫外綫。

【線】線雞。

▲ 向／向嚮

回顾

"向"和"嚮"是原本就有的,读音和字义都有差别的两个字。1955年《简化表草案》把"向""嚮"两个字合并作"向"一个字。1956年《简化方案》予以确认。1964年《总表》和《字形表》、1986年《总表》、2013年《规范字表》,都相继沿续了1956年《简化方案》对"向""嚮"两字的合并处理。

雅解

【向】xiàng ①介词,表示动作的方向。如:～东看;～前走。《廣韻·漾韻》:"向,對也。"〔明〕彭汝楠小楷《岸圃大觀》:"距軒十餘步,曲廊臨池,南東其向,東向者視檻菴為近"。(见图159)②心志所趋。如:志～。《集韻·漾韻》:"向,

图 159

趣也。"《南史·褚裕之傳附褚彥回》："建安王 休仁，人才令美，物情宗向。"③偏袒。如：你总～着他；老乡～老乡。《紅樓夢》第五十五回："偏一個向一個，仗着老太太、太太威勢的就怕，不敢惹，只拿着軟的做鼻子頭。"④原来；从前。如：～来；一～。〔清〕洪昇《長生殿·私祭》："我與你向受娘娘之恩，刻思圖报。"⑤姓氏。⑥"嚮"的简化字。

【嚮】xiàng 趨向；接近。如：～导；～往。梁启超《进步党调查政费意见书》："今则六月向（嚮）尽矣，其距九月，不过百日耳。"（"嚮"另读 xiǎng。义略。）

俗解

有"鄉"的"嚮"是"向导"的"向"的繁体字；没有"鄉"的"向"是"方向"的"向"。

注意

除了表示"接近""趨向"，其他意思上的"向"都不要写作"嚮"。

词语

【向】朝向；單向；導向；定向；動向；反向；方向；風向；航向；橫向；流向；蒙頭轉向；面向；內向；逆向；偏向；傾向；趨向；取向；去向；雙向；所向披靡；外向；相向；向背；向壁虛造；向地性；向風；向光性；向後；向來；向例；向量；向日；向日葵；向上；向善；向水性；向下；向心力；向學；向陽；向隅；向着；欣欣向榮；一向；

意向；暈頭轉向；指向；志向；縱向。

【嚮】嚮導；嚮邇（接近）；嚮明（接近天明）；嚮慕；嚮晚；嚮往；嚮曉雨止（接近天亮时雨停了）。

▲ 象-像

回顾

"象""像"是原本就有的字义不同的两个字，现在都是规范字。1955年《简化表草案》把这两个字合并作"象"一个字。1956年《简化方案》予以确认。1964年《总表》加注规定："在象和像意义可能混淆时，像仍用像。"《字形表》在把这两个字合并作"象"一个字的同时，又把"像"作为规范字收入。1986年《总表》进一步作了调整，规定"像"不再作"象"的繁体字处理。2013年《规范字表》把"象""像"都做为规范字收入一级字表。"象"的序号2361；"像"的序号2961。

雅解

【象】xiàng ①陆地上现存最大的哺乳动物，大象。②形象；有形可见的事物。如：天～；万～更新。《易·繫辭上》："在天成象；在地成形。"〔清〕乾隆行书《御製寶月樓記》："氣象萬千"。（见图160）③象征。鲁迅《华盖集续编·杂论管闲事·做学问·灰色等》："只要一看见封面上画着的一支细长的蜡烛，便明白这是光明

图 160

之象。"

【像】xiàng ①相似。如：相~。《廣韻·養韻》："像，似也。" ②摹拟；仿效。《增韻·養韻》："像，摹倣也。" ③人物形象的画图或雕塑。如：肖~；塑~。〔清〕萧方骏书法《重修嘉祥縣龍王廟碑記》："但見神像暴露扵（於）頽垣敗瓦中"。（见图161）

图161

俗解

"象"指本象，表示事物本身之象，如气象，是天气本身的变化情况；"像"指他像，是事物的映像，如画像，是画出来的人的图像，不是本人。

注意

"象""像"两字现在都是规范字，已经不存在简繁关系了，在使用中要注意分别不同的语境加以区分。另外，"象征"的"征"对应的繁体字是"徵"；"象形文字"的"象"不要写作"像"。

词语

【象】包羅萬象；超以象外；抽象；對象；迹象；假象；盲人摸象；氣象；蛇吞象；天象；萬象更新；物象；險象環生；現象；象棋；象限；象形；象牙；象徵；形象；印象。

【像】瑚像；好像；畫像；鏡像；偶像；攝像；塑像；銅像；圖像；相像；想像（也作"想象"）；像模像樣；像片；像聲；像樣；肖像；映像。

▲ 效 [効傚]

回顾

"效""効""傚"是原本就有的意思不完全相同的三个字。1955年《异体字表草案》把"效""傚"两字归作一组异体字处理，以"效"为选用字，"傚"为停用字。1955年《一异表》增添"効"为对应"效"的停用字。2013年《规范字表》沿续了1955年《一异表》对"效""効""傚"三字的处理。

雅解

【效】xiào ①模仿。如：～法；上行下～。《説文·攴部》："效，象（像）也。"《玉篇·攴部》："效，法效也。"②为他人或集团出力。如：～力；～劳。《廣韻·效韻》："效，效力也。"③功效。如：有～；见～。《類篇·攴部》："效，功也。"〔民国〕刘哲《觀福開森古物記》："扵（於）吾國軍政教育社會諸事業贊助最多而成效亦著"。（见图162）④姓氏。

图162

【効】xiào 效力。如：～劳。《玉篇·力部》："効，俗效字。"〔清〕雍正《御書四宜堂法帖》："遇事則奮力効命，甚属可嘉。"（见图163）

图163

【傚】xiào 模仿。如：～法。《玉篇·人部》："傚，學傚也。"《停雲館帖卷二·右唐李懷琳傚晉

嵇康絕交書》："懷琳得以倣之"。（見圖164）

图 164

俗解

从"効"带"力"旁可记住"为他人出力"这个字义（效力）；从"倣"带"亻"旁来帮助记住"模仿别人"这个字义（效法他人）。

注意

不表示为别人出力的，如"效法""效果"的"效"，不要写作"効"；不表示模仿意义的，如"效果""效率"的"效"，不要写作"倣"。

词语

【效】成效；等效；低效；高效；功效；後效；績效；見效；療效；生效；失效；時效；實效；收效；速效；特效；無效；效果；效率；效能；效驗；效益；效應；效用；有效；奏效。

【効】報効；効勞；効力；効命；効忠。

【倣】東施倣顰；上行下倣；倣法；倣仿；倣尤。

▲ 欣 [訢] – 䜣(訢)

回顾

"訢""欣"原本是古今字。1955年《一异表》把"欣""訢"归作一组异体字处理，定"欣"为选用字，"訢"为停用字。1964年《总表》把"訢"简化作"䜣"作为规范字收入。1986年《总表》沿续了1964年《总表》对"訢"

字的简化处理。2013年《规范字表》把"䜣"作为规范字收入三级字表，序号6549，并加注规定："可用于姓氏人名"。《对照表》则仍把"訢"列为"䜣"的繁体字，以及"欣"的停用异体字。

雅解

【欣】xīn ①喜悦；高兴。如：欢～。《爾雅·釋詁上》："欣，樂也。"《説文·欠部》："欣，笑喜也。"②悦服；爱戴。如：～戴。《晉語二》："諸侯義而撫之，百姓欣而奉之，國可以固。"③欣慕。如：～赏。《晉書·郭璞傳》："夫欣黎黄之音者，不顰蟪蛄之吟。"④姓氏。

【訢】xīn ①同"欣"。喜悦。《説文·言部》："訢，喜也。"颜师古："訢，古欣字。"②姓氏。

【䜣】"訢"的简化字。

俗解

"欣""䜣（訢）"可以通用，但现代多用"欣"。

注意

虽然"欣""䜣（訢）"可以通用，但除了姓氏人名中原本所用的"䜣（訢）"，一般不提倡把"欣"写作"䜣（訢）"。用于姓氏时，"欣"和"訢"是两个不同的姓，不能互换。

词语

【欣】歡欣；欣然；欣賞；欣慰；欣聞；欣悉；欣喜；欣羨；欣欣；欣幸。

【訢】（多见于姓氏人名）。

▲ 幸 [倖]

回顾

"幸"和"倖"是原本就有的,字义存在差别的两个字。1955年《简化表草案》把这两个字合并作"幸"一个字。同年《一异表》改把这两个字作为一组异体字处理,定"幸"为选用字,"倖"为停用字。2013年《规范字表》沿续了1955年《一异表》对这两个字的处理。

雅解

【幸】xìng ①意外得到好处或免除灾祸。如:侥~。《小爾雅·廣义》:"非分所得謂之幸。"②幸福。如:~运。〔清〕陈兆仑集《紫竹山房臨古法帖》有柳公权书"深察感幸"。(见图165)③敬词。表示对方的做法使自己感到幸运。〔明〕张居正《答山東巡撫楊本菴》:"幸惟尊裁。"

图 165

【倖】xìng ①意外得到好处或免除灾祸。如:傲(儌)~。《玉篇·人部》:"倖,傲(儌)倖。"〔元〕鲜于枢行书《韓愈送李願歸盤谷序卷》:"儌倖扵(於)萬一"。(见图166)②负心。如:薄~。〔唐〕杜牧《遣懷詩》:"十年一覺楊州夢,贏得青樓薄倖名。"

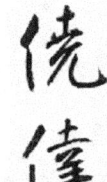

图 166

俗解

除了"侥幸""薄幸"义上可以用停用字"倖",其他相关词语中都用"幸"。

注意

"幸"没有"倖"的"负心"义;"倖"没有"幸"的"幸福"义。"幸福""庆幸"义上的"幸"不能写作"倖"。

词语

【幸】不幸;寵幸;慶幸;榮幸;萬幸;幸存;幸而;幸福;幸好;幸會;幸亏;幸免;幸運;幸災樂禍;有幸。

【倖】傲倖(僥倖);薄倖。

▲ 凶 [兇]

回顾

"凶"和"兇"是原本就有的字义存在差别的两个字。1955年《一异表》把这两个字归作一组异体字处理,定"凶"为选用字,"兇"为停用字。2013年《规范字表》沿续了1955年《一异表》对这两个字的处理。

雅解

【凶】xiōng ①不吉利;灾祸。《廣韻·鍾韻》:"凶,禍也。"〔明〕董其昌行书《徐公家訓碑》:"差之豪(毫)釐,吉凶異域"。(见图167)②凶恶;残暴。《義和團歌謠·清朝兵太稀鬆》:"清朝兵,太稀鬆,見了洋人就害怕,見了百姓可真凶(兇)。"③夭亡。《玉篇·凶部》:"凶,短折也。"《書·洪範》:"六極:一曰凶短折。"④饥荒。如:~年。郑玄注《周禮·地官·司

图167

關》:"凶,謂凶年,饑荒也。"⑤恶人。《隋書·李密》:"宜當廓清天下,誅剪羣凶(兇)。"⑥杀人或伤人的行为。如:行～。《漢書·五行志下之上》:"傷人曰凶(兇)。"⑦厉害。如:来势～～。〔明〕汤显祖《牡丹亭·閨塾》:"這早晚了,還不見女學生進館,卻也嬌養的凶。"

【兇】xiōng ①恐惧;喧扰声。《説文·凶部》:"兇,擾恐。"《廣韻·腫韻》:"兇,恐懼。"②凶恶。《集韻·鍾韻》:"凶,惡也,通作兇。"〔唐〕李玄植楷书《李孟常碑》:"炎運告終,群兇競逐"。(见图168)

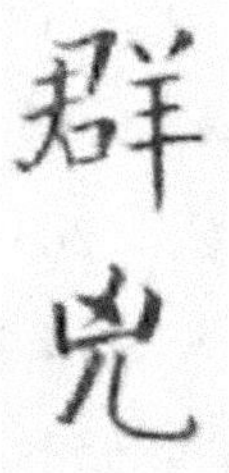

图 168

俗解

"凶"表抽象的征兆;"兇"表具体的行为和事物。

注意

表示"不吉利""灾祸""夭亡"这些意思时,如"吉凶未卜""凶年"的"凶",不能写作"兇"。另外,"吉凶未卜"的"卜"是"占卜"的意思,原本就这样写,不存在对应的繁体字,不能写作"蔔"。

词语

【凶】逢凶化吉;吉凶;吉凶未卜;凶多吉少;凶耗;凶年;凶歲;凶聞;凶問;凶險;凶宅;凶兆。

【兇】帮兇;窮兇極惡;行兇;兇案;兇暴;兇殘;兇惡;兇犯;兇悍;兇狠;兇狂;兇猛;兇虐;兇器;兇殺;兇神惡煞;兇手;兇徒;兇相畢露;兇焰;元兇。

▲ 修[脩]- 脩

回顾

"修"和"脩"是原本就有的字义存在差别的两个字。1955年《异体字表草案》把这两个字归作一组异体字处理,定"修"为选用字,"脩"为停用字。同年《一异表》予以确认。2013年《规范字表》作了调整,把"脩"转为规范字收入三级字表,序号7015,并加注规定:"用于表示干肉,如'束脩'。其他意义用'修'。"《对照表》则仍把"脩"列为"修"的停用异体字。

雅解

【修】xiū ①装饰。如:～饰。《說文·彡部》:"修,飾也。"〔唐〕李中《春閨辭二首》之一:"塵昏菱鑑懶修容。"②修理。如:维～。《字彙·人部》:"修,葺也。"《儒林外史》第二十五回:"家裏有幾件樂器壞了,要借重老爹修一修。"③整治。如:偃武～文。《廣雅·釋詁三》:"修,治也。"〔明〕祝允明小楷《鶺賦》:"修文於中宗之朝,高視扲(於)藏書之府。"(见图169)④建造。如:～铁路;～水库。朱德《登西湖北高峰》:"十年修公路,大圈套小圈。"⑤书写。如:～书一封。《紅樓夢》第一百十四回:"弟即修字數行。"⑥学问、品行上的完善。如:～养;进～。〔唐〕李師政《空有三》:"德不自備,勤修乃饒。"⑦姓氏。

图169

【脩】㈠xiū ①干肉。《說文·肉部》："脩，脯也。"《正字通·肉部》："脩，肉條割而乾之也。" ②"束脩"的簡稱。指學生致送教師的酬金。《鏡花緣》第十三回："小兒跟隨肄業，以房資作為脩金。" ③修養。〔清〕黃自元楷書《焦君神道碑》："束脩勵節保璞守真"。（見圖170）㈡xiāo 脩脩，同"翛翛"。羽毛枯焦無光澤。《集韻·宵韻》："脩，脩脩，羽敝也。"

图 170

俗解

"脩"的右下部分原字形是"月（肉）"，可由此联系"干肉"义。古代初见老师时礼品也是干肉，由此可以联系"致送老师的酬金"义。

注意

"修"和"脩"两字字义不同，"脩"已是规范字，不要与"修"混用。

词语

【修】保修；報修；必修（课）；編修；進修；送修；維修；興修；修補；修長；修辭；修道；修訂；修復；修改；修好；修剪；修建；修舊利廢；修浚；修理；修煉；修睦；修女；修配；修齊治平；修葺；修繕；修身；修士；修飾；修書；修為；修文偃武；修仙；修憲；修心；修行；修養；修業；修造；修整；修正；修竹；修築；選修；整修；裝修；自修。

【脩】束脩；脩（xiāo）脩（xiāo）。

▲ 须 / 須鬚

回顾

"須"和"鬚"是原本就有的字义不同的两个字;"须"是"須""鬚"两字的共用简化字。1955年《简化表草案》把"須""鬚"两个字合并作"须"一个字。1956年《简化方案》予以确认,同时把偏旁"頁"简化作"页"。1964年《总表》把"須""鬚"两字合并简化作"须"一个字。《字形表》只把"鬚"简化作"须"。1986年《总表》、2013年《规范字表》,都相继沿续了1964年《总表》对"須""鬚"两字的合并简化处理。

雅解

【須】xū ①必要。如;必～;～知。〔清〕刘洪《助字辨略》卷一:"須,應也。"张相《詩詞曲語辭彙釋》:"須,猶應也,必也。"〔民国〕于右任书《總理遺囑》:"必須喚起民衆及聯(聯)合世界上以平等待我之民族,共同奮鬥。"(见图171)②胡子。如:胡～。后作"鬚"。《説文·須部》:"須,面毛也。"引申指动植物及其他物体上像须的东西。如:觸～;根～。叶圣陶《祖母的心》:"你看中心有小小的莲莲,有许多须(須)。"

图171

【鬚】xū ①长在人下巴的胡子,后也泛指脸部的胡须。如:胡～;～眉。《釋名·釋形體》:"頤下曰鬚。"②引申指动植物及其他物体上像须的东西。如：虾～；花～。〔宋〕刘宰《發紹興》："柔條桑着眼，短穗麥生鬚。"

【须】"須""鬚"二字的共用简化字。

俗解

带"髟"的字一般都跟毛发有关，所以"须发"义上的"须"繁体要用"鬚"。

注意

"必须"的"须"对应的繁体字是"須"，不能写作"鬚"。还有表示"胡须和头发"意思的"须发"一词中的"发"，是"毛发"的意思，对应的繁体字是"髮"，不能写作"發"。

词语

【須】必須；何須；解鈴還須繫鈴人；莫須有；無須；務須；須臾；須知。

【鬚】觸鬚；鬍鬚；捲鬚；溜鬚拍馬；龍鬚麵；鬚髮；鬚根；鬚眉；鬚生（戏剧中的行当，老生）。

▲ 旋 / 旋鏇

回顾

"旋"和"鏇"是原本就有的，读音和字义都不相同的两个字。1955年《简化表草案》把"鏇"和"銑"合并作"銑"一个字。1956年《简化方案》改为把"鏇"和"旋"合并作"旋"一个字。1964年《总表》和《字形表》、1986年《总表》、2013年《规范字表》，都相继沿续了1956年《简化方案》对"旋""鏇"两字的合并处理。

雅解

【旋】㈠ xuán ①转动。如：～转；～涡。《说文·队部》："旋，周旋。"〔明〕彭汝楠小楷《岸圃大觀》："水自河三摺（折）而滙于池，經瓠渟可步（步），盤旋隱（隱）現。"（见图172）②返回；归来。如：凯～。《廣雅·訓詁四》："旋，還也。"③星名，北斗七星的第二颗星。《史记·天官书》："北斗七星，所謂'旋、璣、玉衡、以齐七政。'"司马贞索隐："《春秋運斗樞》云：斗，第一天樞，第二旋。" ㈡ xuàn ①绕；螺旋形状的。如：～风。《集韻·綫韻》："旋，遶（繞）也。"②"鏇"的简化字。

图172

【鏇】xuàn 旋转着切削。如：～根车轴。《玉篇·金部》："鏇，轉軸裁器也。"

俗解

旋转着切削是金属加工，所以繁体用带"金"旁的"鏇"。

注意

只在表示旋转着切削时才可以用"鏇"；其他义上"旋"都不能写作"鏇"。还有"旋里"是"返回故里"的意思，这里的"里"不能写作繁体字"裏"或异体字"裡"。

词语

【旋】飛旋；迴旋；凱旋；螺旋；盤旋；氣旋；天旋地

轉；渦旋；蝸旋；斡旋；旋即；旋里；旋律；旋繞；旋塞；旋梯；旋翼；旋躘；旋轉；旋子；周旋。

【鏇】鏇牀。

▲ 璇 [璿]

回顾

"璇"和"璿"是原本就有的字义存在差别的两个字。1955年《一异表》把这两个字归作一组异体字处理，定"璇"为选用字，"璿"为停用字。2013年《规范字表》沿续了1955年《一异表》对这两个字的处理。

雅解

【璇】xuán ①同"璿"，美玉。《集韵·僊韵》："璿，《说文》：美玉也。或作璇。"②仅次于玉的石头。《玉篇·玉部》："璇，美石次玉。"③星宿名。北斗第二星。《宋史·天文志二》："（北斗七星）魁第一星曰'天枢'，……二曰'璇'，法星，主地。"

【璿】xuán 美玉。《说文·玉部》："璿，美玉也。"

俗解

"璿"只有单一的"美玉"义；"璇"除了"美玉"义，还有"仅次于玉的石头"和星宿名（北斗第二星）这两个意思。

注意

表示"仅次于玉的石头"和星宿名（北斗第二星）的"璇"不能写作"璿"。另外，"璇台"的"台"，是"高台"的意思，对应的繁体字是"臺"。

又："璇""璿"古文献多有混用。本手册处理为"璇"主表"次玉"，"璿"表美玉。

词语

【璇】璇墀（chí）（美石砌成的台阶）；璇玑（古代测天文的设备）；璇室（美石建造或有机关的房屋）；璇霄丹阙（仙境）；璇源（产珠的水流；亦指皇族）；璇珠（用次于玉的美石制作的珠子）；籆（quán）璇（用薄篾条编成的竹器）。

【璿】璿榜（玉饰的匾额）；璿弁（玉饰的皮冠）；璿瑰（美玉名；也比喻优美的诗文）；璿花（如玉的白花，比喻雪花）；璿阶（美玉装饰的台阶）；璿台（美玉装饰的高台）；璿玉（美玉）；璿渊（玉池，也作一般池的美称）；璿珠（玉珠）。

Y

▲ 丫 [枒椏] – 桠(椏)

回顾

"丫""枒""椏"是原本就有的字义不同的三个字;"桠"是"椏"的简化字。1955年《一异表》把"丫""枒""椏"三字归作一组异体字处理,定"丫"为选用字,"枒""椏"为停用字。2013年《规范字表》作了调整,把"椏"简化作"桠",转为规范字收入三级字表,序号6958,并加注规定:"可用于姓氏人名,地名和科技术语……,如'五桠果科'。"《对照表》则仍把"椏"和"枒"一起列为"丫"的停用异体字。

雅解

【丫】yā 物体上端分叉的部分。《集韻·麻韻》:"丫,物之岐頭者。"《正字通·丨部》:"凡物叉分者皆曰丫。"

【枒】㈠yá 车网会。《説文·木部》:"枒,車輞會也。"徐鍇《繫傳·木部》:"謂車輪外輞也。謂之牙,以其穹隆相接若牙齒之相入也。"姚文田、严可均校议:"《説文》無輞字,當作网。"㈡yē 同"椰",椰子树。《集韻·麻韻》:"枒,木名,出交趾。高數十丈,葉在其末,或从耶。"

【椏】yā ①草木分枝处。《玉篇·木部》:"椏,木椏杈。"②树名。《龍龕手鑑·木部》："椏，木也。"③ 科技术语用字。如：五～果科（植物学）；苛～素（药名）。④地名用字。如：木～镇（属四川营山县）。⑤用于姓氏人名。

【桠】"椏"的简化字。

俗解

"丫"十分形象，用于指所有物体的分叉部分；"椏"带"木"，指树木的分叉部分；"枒"是以"牙"字来表示车轮外辋穹隆相接的样子。

注意

"丫鬟""丫頭"的"丫"不能写成"枒"或"桠（椏）"；"枒"不宜和"丫"或"椏"互换使用。姓氏人名，地名和科技术语，如"五桠果科""五桠果亚纲""五桠果目""苛桠素""木桠镇"等词中的"桠"，已经是规范字，不要再写作"丫"或"枒"，需要时可写成对应的繁体字"椏"。

词语

【丫】脚丫；樹丫；丫杈；丫蛋；丫鬟；丫髻；丫頭；枝丫。

【枒】（现代少用）

【椏】苛椏素；木椏镇；五椏果。

▲ 咽 [嚥]

回顾

"咽"和"嚥"是原本就有的字义存在差别的两个字。1955年《一异表》把这两字归作一组异体字处理，定"咽"

为选用字,"嚥"为停用字。2013年《规范字表》沿续了1955年《一异表》对这两个字的处理。

雅解

【咽】㈠ yān 咽喉。如:鼻～。《玉篇·口部》:"咽,咽喉也。"引申指形势险要的处所。《釋名·釋形體》:"咽,氣所流通,扼要之處也。"㈡ yàn 吞食。《集韻·霰韻》:"咽,《博雅》:吞也。"㈢ yè 声音滞涩。如:哽～。唐太宗 李世民行书《江叔帖》:"江叔所患竟不痊除,奄然逝,聞問,悲痛哽咽(咽),何言"[①]。(见图173)《廣韻·屑韻》:"咽,哽咽。"《集韻·屑韻》:"咽,聲塞也。"

图 173

【嚥】yàn 吞食。《玉篇·口部》:"嚥,吞也,亦作咽。"

俗解

"嚥"的读音和它右半的"燕"的读音相同,字义也和"咽"读 yàn 时的字义相同。

注意

"嚥"只有"吞食"一义,没有"咽喉""哽咽"等义。"咽喉""哽咽"的"咽"不能写作"嚥"。

词语

【咽】鼻咽(yān);哽咽(yè);呜咽(yè);咽(yān)喉。

【嚥】吃糠嚥菜;狼吞虎嚥;吞嚥;细嚼慢嚥;下嚥;

[①] 又有文献断句为:"江叔所患,竟不痊除,奄然逝,聞問悲痛,哽咽(咽)何言。"

嚥氣。

▲ 烟[菸煙]

回顾

"烟"和"菸"是原本就有的字义不同的两个字;"烟""煙"是一对异体字。1955年《异体字表草案》把"烟""菸""煙"三字归作一组异体字处理,以"烟"为选用字,"菸""煙"为停用字。1955年《一异表》予以确认。2013年《规范字表》沿续了1955年《一异表》对这三个字的处理。

雅解

【烟】yān 同"煙"。《説文・火部》:"煙,火氣也。烟,或从因。"〔明〕文徵明行书《西苑詩十首・龍舟浦》:"汾水秋風空落日,隋堤楊柳漫青烟。"(见图174)

图 174

【菸】yān 烟草。《中華大字典・艸部》:"菸,草名,别名淡巴菰,一曰菸草。……可製各種之菸。……吸之無益而有害。字俗借烟。"

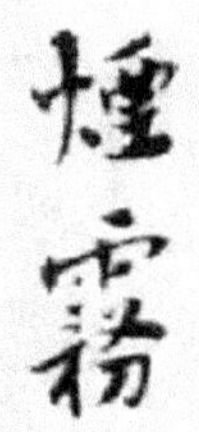

【煙】yān ①物质燃烧时产生的气状物。《説文・火部》:"煙,火氣也。"〔南宋〕张即之行书《台慈帖》:"若小字則目視茫茫,如隔煙霧,度不復可下筆矣。"(见图175)②煤炱[1]。烟熏所积的灰。可制

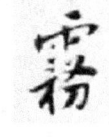

图 175

---

[1] 炱,音 tái。烟气凝积而成的黑灰。

378

墨。《本草綱目》:"墨,松之煙也。"③特指鸦片。《清史稿·林則徐傳》:"……捕拏(拿)煙犯。"④姓氏。

俗解

烟是燃烧产生的,所以"烟""煙"两字都带"火"旁;"菸"的本义是一种植物(烟草),所以"菸"字带"艹"头。

注意

只有"烟草"意义上的"烟"可以写作"菸";"烟火"意义上的"烟"不能写作"菸"。"烟""煙"一般可以互换。另外,"松烟"是指松木燃烧后所凝成的黑灰,也指松林中的烟云。这里的"松"是"松树"的意思,原本就这么写,不能写成"鬆"。"烟斗"的"斗"是"斗状物"的意思,原本就这样写,不存在对应的繁体字,不能写作"鬥";"卷烟""烟卷"的"卷"是"卷成圆筒形"的意思,对应的繁体字是"捲";"烟叶"的"叶"是"叶子"的意思,对应的繁体字是"葉";"云烟"的"云",寓意"云南",对应的繁体字是"雲"。

词语

【烟】鼻烟壺;炊烟;大烟;烽烟;旱烟;戒烟;禁烟;捲烟;狼烟;冒烟;人烟;松烟;吸烟;香烟;硝烟;烟靄;烟波;烟廠;烟塵;烟囱;烟道;烟蒂;烟斗;烟缸;烟鬼;烟海;烟花;烟灰;烟火;烟酒;烟具;烟捲;烟煤;烟民;烟幕;烟槍;烟圈;烟筒;烟頭;烟土;烟霧;烟霞;烟消雲散;烟薰火燎;烟瘾;烟雨;烟雲;烟柱;烟

嘴；一溜烟；油烟；雲烟；紙烟。

【菸】菸草；菸袋；菸碱；菸農；菸商；菸絲；菸葉。

【煙】（用同"烟"）。

▲ 宴 [醼讌]

回顾

"宴""醼""讌"是字义存在差别的三个字。1955年《异体字表草案》把"宴""讌"归作一组异体字处理，以"宴"为选用字，"讌"为停用字。1955年《一异表》增加"醼"作对应"宴"的停用异体字。1964年《总表》和1986年《总表》，都把"讌"简化作"䜩"，作为规范字收入。2013年《规范字表》重新把"讌"处理为"宴"的停用异体字。

雅解

【宴】yàn　①安逸；安闲。《説文·宀部》："宴，安也。"《字彙·宀部》："宴，閒也。"②安居；安息。《廣韻·霰韻》："宴，息也。"③喜；乐。《字彙·宀部》："宴，喜也。"④以酒食款待宾客。如：～请。〔清〕段玉裁《説文解字注·宀部》："宴，引申爲宴饗。"《字彙·宀部》："宴，合飲也。"⑤酒席；宴席。如：设～；酒～。〔明〕解缙行草书《去歲端陽奉御筵》："黄封特賜開家宴，回首薰風又一年。"（见图176）

图176

【醼】yàn　同"宴"。①宴饮。《廣韻·霰韻》："醼，醼飲。……亦作宴。"〔宋〕米芾法帖《貫經堂米帖（一）》："衣食之餘，欲與私親，時共歡醼"。（见图177）②宴席。〔唐〕方干《上杭州姚郎中》："春遊下馬皆成醼，吏散看山即有詩。"

图 177

【讌】yàn ①相聚叙谈。《集韻·霰韻》："讌，合語也。"②用同"醼"。宴会；会饮。《廣韻·霰韻》："讌，同醼。"

俗解

"宴"字是"宀"下面一个"晏"，"宀"有房屋之义，"晏"有"安"的意思，整字表示在房屋里休息，安居。"醼"字带"酉"旁，与酒相关，整字表示"宴饮""酒宴"。"讌"带"言"旁，所以本义是"相聚叙谈"。

注意

"宴""醼""讌"三字，因为同音，所以多有互借，实际上字义互相有别。"醼""讌"两字没有"宴"的"安闲""安居"义；"醼"没有"讌"的"相聚叙谈"义。在"合饮"义上，"宴""讌"两字的字义也有所区别。"宴飲"比较隆重；"讌飲"比较随便。所以，"安闲""安居"义上的"宴"不能写作"醼"或"讌"。如："宴安鴆毒"和"宴尔"的"宴"就不能写作"醼"或"讌"。"相聚叙谈"义上的"讌"不要写作"宴"或"醼"。在"酒宴"义上，最好不要把"宴""醼"与"讌"互换使用。还有，"里讌巷飲"的"里"，是"乡里"（和"邻里"义近）的意思，不能写作繁体字"裏"或异体字"裡"。

词语

【宴】赴宴；國宴；河清海宴；鴻門宴；歡宴；婚宴；家宴；酒宴；慶功宴；設宴；壽宴；晚宴；午宴；新婚宴尔；宴安鴆毒；宴會；宴客；宴請；宴席。

【醼】（宴饮、宴席等义上用同"宴"）。

【讌】里讌巷飲；讌談；讌飲。

▲ 雁［鴈］

回顾

"雁"和"鴈"是原本就有的字义不同的两个字。1955年《异体字表草案》把这两个字归作一组异体字处理，以"雁"为选用字，"鴈"为停用字。同年《一异表》予以确认。2013年《规范字表》沿续了1955年《一异表》对这两个字的处理。

雅解

【雁】yàn①鸟名。大雁。如：～南飞。《説文·隹部》："雁，鳥也。"〔明〕文徵明行草《西苑詩十首·太液池》："從知鳳輦經遊（遊）地，鳧雁徊翔摠（總）不驚。"（见图178）周恩来《送蓬仙兄返里有感》："群鸭恋晚树，孤雁入寥天。"②伪造的。后作"贗"。〔清〕吴景旭《歷代詩話·贗本》："鵝酷似雁，而德不然，故凡以僞亂真者曰雁。"〔宋〕王明清《揮麈後錄》卷八："浸漬數日，漆絮敗潰，雁（贗）迹盡露。"③姓氏。

图178

【鴈】yàn ①鵝。《説文·鳥部》："鴈，鵝也。"〔清〕段玉裁《説文解字注·鳥部》："鴈與雁各字，䳘（鵝）與駒䳘（鵝）各物。許意隹部雁為鴻雁，鳥部鴈為䳘（鵝），駒䳘（鵝）為野䳘（鵝），單呼䳘（鵝）為人家所畜之䳘（鵝）。""鴈从鳥為鵝，雁从隹為鴻雁……"《漢書·翟方進傳》："有狗從外入，齧（niè）其中庭羣鴈數十。" ②通"雁"。鴻雁。〔唐〕白居易《江樓晚眺》："風翻白浪花千片，鴈點青天字一行。" ③偽造的，后作"贋（贗）"。《韓非子·説林下》："齊代魯，索讒鼎，魯以其鴈（贗）往。齊人曰：'鴈（贗）也。'魯人曰：'真也。'"陈奇猷集释引曾廷枚曰："真贗，本作真鴈，後人加貝。"

俗解

"鴈"与"鵝"两字都有"鳥"，可以利用这一点帮助记住"鴈"的本义是鵝。

注意

"雁"的本义是"大雁"；"鴈"的本义是"鵝"。两字以分别本义使用为好。不建议把"雁"写作"鴈"。"伪造"这个意思上用"贋（贗）"。

词语

【雁】沉魚落雁；大雁；大雁塔；斷雁孤鴻；歸雁；鴻雁；平沙落雁；小雁塔；雁池；雁過拔毛；雁南燕北；雁行；雁陣。

【鴈】鵝鴈；家鴈；鴈鵝。

▲ 扬(揚)[敭颺]- 飏(颺)

回顾

"揚"和"颺"是原本就有的意思不同的两个字;"敭"是"揚"的古文;"扬""飏"依次分别是"揚"和"颺"的简化字。1955 年《一异表》把"揚""颺""敭"三字归作一组异体字处理,定"揚"为选用字,"颺""敭"为停用字。1956 年《简化方案》把偏旁"昜"简化作"𠃓"。1964 年《总表》把"揚"整字简化作"扬"。《字形表》和 1986 年《总表》都沿续了 1964 年《总表》对"揚"的简化处理。2013 年《规范字表》作了调整,把"颺"简化作"飏",转为规范字收入三级字表,序号 6607,并加注规定:"可用于姓氏人名"。《对照表》则仍把"颺"和"敭"一起列为"揚"的停用异体字,同时又把"颺"列为"飏"的繁体字。

雅解

【揚】yáng ①飞起;升高。如:飞~。《说文·手部》:"揚,飛舉也。"〔唐〕李白《餞李副使藏用移軍廣陵序》:"簫鼓沸而三山動,旌旗揚而九天轉。"②举起。如:~手。《廣雅·釋詁一》:"揚,舉也。"③显露;彰明。如:表~;发~。《字彙·手部》:"揚,顯也;明也。"〔宋〕梦英楷书《夫子廟堂記碑》:"言婉思逸。真可以發揚夫子之聖德"。(见图 179)④扬州的简称。如:~剧。

图 179

【敭】"揚"的古文。《説文·手部》："揚，飛舉也。敭，古文。"《集韻·陽部》："揚，古作敭。"

【颺】yáng　风吹动而飞颺。《説文·風部》："颺，風所飛揚也。"《玉篇·風部》："颺，風飛。"刘园集帖第3卷《宋賢四十五種丙本·侍郎孫華老書》："微風衝閨闥，羅帷自飄颺。"（见图180）

图 180

【扬】"揚"的简化字。

【飏】"颺"的简化字。

俗解

"扬（揚）"表示用手抛举，所以是"扌"旁；"飏（颺）"表示风吹动而飞起，所以是"风（風）"旁。

注意

不是表示因为风吹动而飘起的"扬"，如"表扬""扬手"的"扬"，不要写成"颺"。

词语

【揚】昂揚；表揚；傳揚；發揚；飛揚跋扈；沸沸揚揚；分道揚鑣；高揚；弘揚；名揚天下；頌揚；宣揚；揚鞭；揚波；揚場；揚長避短；揚長而去；揚塵；揚程；揚帆；揚幡招魂；揚花；揚劇；揚眉吐氣；揚名；揚棄；揚琴；揚清激濁；揚榷；揚善；揚聲器；揚湯止沸；揚威；耀武揚威；揚言；抑揚頓挫；悠揚；欲揚先抑；遠揚；讚揚；張揚。

【颺】簸颺；飛颺；風颺電激；飢附飽颺；飄颺；輕颺。

【敭】（用同"揚"）。

▲ 药 / 藥(葯)

回顾

"葯"和"藥"是原本就有的字义不同的两个字;"药"是"藥"的简化字。1955年《简化表草案》把"葯""藥"两个字合并作"药"一个字。1956年《简化方案》予以确认。1964年《总表》只把"藥"简化作"药"。《字形表》、1986年《总表》、2013年《规范字表》,都相继沿续了1964年《总表》对"藥"字的简化处理。

雅解

【藥】yào ①治病的药物。如:中～;西～。《説文・艸部》:"藥,治病艸(草)。"王筠句读:"依《玉篇》引《急就篇》注:草木金石鳥獸蟲魚之類,堪愈疾者,總名為藥。"〔明〕董其昌輯《戲鴻堂法書第十二册・養生論》:"故神農曰上藥養命,中藥養性"。(见图181)②某些化学物质。如:火～;焊～。《天工開物・佳兵》:"凡鳥銃長約三尺,鐵管載藥,嵌盛木棍之中,以便手握。"

图181

【葯】yào ①白芷的叶子,也指白芷。如:白～。《廣雅・釋草》:"白芷,其葉謂之葯。"王念孙疏证:"王逸《九歌》注云:'葯,白芷也。'"②花的雄蕊顶部膨大呈囊状的部分,里面有花粉。如:花～。

【药】yào "藥"的简化字。

俗解

"药"是"醫藥"的"藥"的简化字,不是"白菂""花菂"的"菂"字的简化字。

注意

"菂"字没有简化。不要把"药"当成"菂"的简化字。不能把"白菂""花菂"的"菂"与"药"相混而写成"藥"。

词语

【藥】補藥;草藥;吃藥;丹藥;彈藥;毒藥;對症下藥;服藥;膏藥;焊藥;後悔藥;火藥;解藥;良藥;靈丹妙藥;麻藥;迷藥;配藥;湯藥;無可救藥;西藥;瀉藥;醒藥;眼藥;藥材;藥草;藥廠;藥到病除;藥典;藥店;藥方;藥房;藥費;藥粉;藥膏;藥罐子;藥劑;藥酒;藥具;藥理;藥力;藥療;藥棉;藥農;藥片;藥品;藥瓶;藥舖;藥膳;藥師;藥水;藥筒;藥丸;藥味;藥物;藥箱;藥械;藥性;藥學;藥引;藥用;藥浴;藥皂;藥枕;醫藥;炸藥;中藥;抓藥。

【菂】白菂;花菂。

▲ 叶 / 叶葉

回顾

"叶"和"葉"是原本就有的,读音和字义都不相同的两个字。1955年《简化表草案》用"叶"做"業"的简化字。1956年《简化方案》改用"业"做"業"的简化字,把"叶"

和"葉"一起合并作"叶"一个字。1964年《总表》加注："叶韵的叶读 xié（协）。"《字形表》也把"叶""葉"两个字合并作"叶"一个字。1986年《总表》沿续了1964年《总表》对"叶""葉"两个字的处理。2013年《规范字表》在沿续1986年《总表》对这两个字的合并处理的同时，删除了1986年《总表》中这组字所附的注。

雅解

【叶】㈠ xié 同"協"，和洽，相合。如：～韵（诗词格律规定在固定的句末要韵脚相协）。〔汉〕郑玄注《周禮·春官·大史》："故書協作叶。杜子春云：'叶，協也，書亦或為協。'"㈡ yè "葉"的简化字。

【葉】yè ①植物的叶子。如：树～；绿～。《说文·艸部》："葉，草木之葉也。"〔元〕鲜于枢行草《秋興詩册》："沈（chén）靜莓苔合，門閑（閒）落葉深。"（见图182）②较长时期的分段。如：20世纪中～。毛传："葉，世也。"③姓。

图182

俗解

带"艹"头的字一般都和植物有关，所以"树叶"的"叶"，其本字是繁体字"葉"。"叶"的本义是"叶（xié）韵""和洽"。

注意

"叶（xié）韵"的"叶"字原本就这样写，不存在对应的繁体字，不能写作"葉"。

词语

【叶】叶(xié)音；叶(xié)韻。

【葉】百葉窗；敗葉；貝葉書；茶葉；初葉；粗枝大葉；大葉楊；單葉；肺葉；複葉；根深葉茂；金枝玉葉；闊葉樹；柳葉眉；蔞葉；落葉歸根；綠葉；末葉；秋風掃落葉；三葉蟲；樹葉；添枝加葉；甜葉菊；小葉；菸葉；葉柄；葉[1]公好龍；葉猴；葉輪；葉落歸根；葉綠素；葉綠體；葉脈；葉片；葉鞘；葉肉；葉序；葉腋；葉枝；葉軸；一葉蔽目；一葉障目；一葉知秋；枝葉；中葉；竹葉青；子葉。

▲ 移 [迻]

回顾

"移"和"迻"是原本就有的字义不完全相同的两个字。1955年《一异表》把这两个字归作一组异体字处理，定"移"为选用字，"迻"为停用字。2013年《规范字表》沿续了1955年《一异表》对这两个字的处理。

雅解

【移】yí ①把植物或农作物种到另一个地方。如：～栽；～种。《六書故·植物二》："移，移秧也。凡種稻，必先苗之而移之。"②迁徙。如：转～；《廣雅·釋詁四》："移，轉也。"《廣韻·支韻》："移，徙也。"《漢書·晁錯傳》："美草

---

[1] 有文献认为"葉公好龍"的"葉"应该读 shè。

甘水則止，草盡水竭則移。"③挪动；搬动。如：～动；～山填海。〔唐〕李贺《浩歌》："南風吹山作平地，帝遣天吳移海水。"④变易；改变。如：～风易俗。《玉篇·禾部》："移，易也。"〔清〕秋瑾《黃海舟中日人索句並見日俄戰爭地圖》："忍看圖畫移顏色，肯使江山付劫灰？"⑤姓氏。

【迻】yí　迁徙。《說文·辵部》："迻，遷徙也。"洪兴祖补注《楚辭·劉向〈九歎·遠遊〉》："迻，遷徙也。"

俗解

"移"的本义是移秧，所以是"禾"旁；"迻"的本义是迁徙，要用脚走路，所以是"辶"旁。

注意

不表示迁徙的，如"坚定不移""潜移默化""移风易俗"等词中的"移"，都不宜写作"迻"。另外，"斗转星移"的"斗"，是"星斗"的意思，原本就这样写，不存在对应的繁体字，不能写成"鬥"。"游移不定"的"游"，不要写成"遊"。

词语

【移】本性難移；寸步難移；斗轉星移；堅定不移；挪移；偏移；漂移；貧賤不能移；平移；潛移默化；推移；位移；移步；移動；移風易俗；移花接木；移交；移情別戀；移山倒海；移送；移位；移用；移栽；移植；移樽就教；游移；轉移。

【迻】遷迻；迻防；迻居；迻民；迻師。

▲ 以 [叺㠯]

回顾

"以"和"叺"是原本就有的，音义都不相同的两个字；"㠯"和"以"是一对异体字。1955年《一异表》把"以""叺""㠯"三字归为一组异体字处理，定"以"为选用字，"叺""㠯"为停用字。2013年《规范字表》沿续了1955年《一异表》对这三个字的处理。

雅解

【以】㈠yǐ ①使用。如：～此为界。《玉篇·人部》："以，用也。"②使，令。《西京雜記》卷二："於是上案（按）圖以昭君行。"③凭借；仗恃。《論衡·卜筮》："欲知天，以人事。"④认为。如：～为。《左傳·昭公二十五年》："告臧孫，臧孫以難；告郈（hòu）孫，郈孫以可。"⑤为（wèi），为了。《左傳·定公十年》："所以事君，封疆社稷是以。"杜預注："以，猶為也。"⑥做；从事。叶绍钧《倪焕之》："教育事业最有意义，情愿终身以之的。"⑦及；连及。《易·小畜》："富以其鄰。"⑧率领；带领。《史記·南越列傳》："欲使莊參以二千人往使。"⑨缘由；缘故。《詩·邶風·旄丘》："何其久也，必有以也。"⑩有。《楚辭·九辯》："君之門以九重。"⑪应该；可以。《韓非子·揚權》："以賞者賞；以刑者刑。"⑫无正当职业的人。《拾雅·卷十六》："以，閒民。"⑬代词。相当于"其""这；此""何""哪里""什么"。《吕氏春秋·本生》

391

"非夸以名也，為其實也。"这里"以"相当于"其"。《韩非子·愛臣》："夫燕宋之所以弒其君者，皆以類也。"这里"以"相当于"此"。《邶風·擊鼓》："于以求之？于林之下。"这里"以"相当于"何""哪里""什么"。⑭副词。一是表示程度深，相当于"太""甚"。《孟子·滕文公下》："三月無君則弔，不以急乎？"二是相当于"益""更加"。《史記·秦本記》："及其後世，日以驕淫。"三是表示同样，相当于"亦""也"。《論衡·書虛》："禹王如舜，事無所改，巡狩所至，以復如舜。"四是相当于"又"。《淮南子·人間》："冬閒無事，以伐林而積之。"五是表示范围，相当于"惟""只"。《戰國策·齊策四》："君家所寡有者，以義耳。"六是表示情态方式，相当于"如此""这么"。《水經注·江水》："雖乘奔御風，不以疾也。"⑮介词。一是表示对事物的处置，相当于"用""拿""把"。《詩·衛風·木瓜》："投我以木瓜，報之以瓊琚。"二是表示方式、依凭，相当于"依""按""凭"。《商君書·更法》："禮、法以時而定。"三是表示行动的时间、处所、范围，相当于"在""于"。〔唐〕柳宗元《斷刑論》："賞以春夏而刑以秋冬。"四是表示行动或变化的起点，相当于"从""自""由"。《墨子·迎敵詞》："敵以東方來，迎之東壇。"五是表示行为产生的原因，相当于"因为""由于"。《韓非子·喻老》："千丈之隄（堤）以螻蟻之穴潰。"六是表示论事的对象、依据及标准，相当于"以……而论""就……而论"。《孟子·萬章下》："以位，則子君也，我臣也，何敢與君友也；以德，則子事我者也，奚可以與我友。"七是表示比較，相當於"算是""要數"。鲁迅《书信·致杨霁云》："我当按时往候，其时间以下午为佳。"八是表示行动的对象，相当于"与""同"。《尹文子·大道上》："宋公以楚人戰于泓。"⑯连词。一是表示并列关系，相当于"和""而"。《詩·大雅·皇矣》："予懷明德，不大聲以色，不長夏以革。"马瑞辰通释："以、與，古通用，聲以色猶云聲與色也，夏以革猶云夏與革也。"二是表示顺承关系，相当于"而"。〔唐〕柳宗元《三戒·黔之驢》："黔無驢，有好事者船載以入。"三是表示条件关系，相当于"则""那么"。《戰國策·齊策一》："戰而不勝，以亡隨其後。"四是表示因果关系，相当于"因此"。《韓非子·姦劫殺臣》："孝公得商君，地以廣，兵以强。"五是表示目的，相当于"去""用来"。毛泽东《星星之火，可以燎原》："分兵以发动群众，集中以应付敌人。"六是表示假设关系，相当于"如果"。《戰國策·楚策一》："五國以破秦，必南圖楚。"⑰助词。表示时间、方位、数量、质量、范围、语气等。如《史记·秦本记》："秦以往者數易君，君臣乖亂"，这是表示时间；再如〔清〕龚自珍《明良論一》："崇文門以西，彰義門以東，一日不再食者甚衆"，这是表示范围；又如《戰國策·楚策四》："夫蜻蛉其小者也，黄雀因是以"，是表示肯定的语气；等等。㈡ sì 通"似"。《漢書·高帝紀上》："鄉者夫人兒子皆以君。"《史記·高祖本紀》"皆以君"作"皆似君"。

【叺】shēn　吟。《龍龕手鑑·口部》:"叺,吟也。"

【㠯】同"以"。《玉篇·巳部》:"㠯,今作以。"《正字通·巳部》:"㠯,以本字"。

俗解

"㠯"是"以"的本字;"叺"不是"以"的异体字。

注意

"以"和"叺"无论是读音还是字义,原本都没有相同之处。不要把"以"写作"叺"。另外,"谬以千里"的"里",是"里程"的意思,原本就这样写,不存在对应的繁体字,不能写成繁体字"裏"或异体字"裡";"无以复加"的"复",是"多重(chóng)"的意思,对应的繁体字是"複",不能写成"復";"以点带面"的"面",是"全面"的意思,"以泪洗面"的"面",是"脸面"的意思,这两个"面"原本就这样写,不存在对应的繁体字,不能写成"麵";"以柔克刚"的"克",是"克服"的意思,原本就这样写,不存在对应的繁体字,不能写成繁体字"剋"或"剋"的异体字"尅"。

词语

【以】不以為恥;不以為奇;不以為然;不知所以;長此以往;嗤之以鼻;持之以恒;得以;掉以輕心;動之以情;何以;加以;降格以求;藉以;可以;寬以待人;聊以自慰;夢寐以求;謬以千里;難以置信;翹首以待;全力以赴;人以羣分;如願以償;繩之以法;詩以言志;拭目以待;授人以柄;數以萬計;所以;忘乎所以;無以複加;物

以類聚；習以為常；相濡以沫；曉之以理；信以為真；虛位以待；學以致用；嚴陣以待；夜以繼日；一以貫之；以暴易暴；以便；以此；以次充好；以德報怨；以點帶面；以毒攻毒；以訛傳訛；以防不測；以防萬一；以攻為守；以古為鏡；以古喻今；以觀後效；以管窺豹；以後；以及；以己度人；以假亂真；以簡御繁；以降；以儆傚尤；以來；以淚洗面；以理服人；以禮相待；以鄰為壑；以卵擊石；以貌取人；以免；以內；以偏概全；以其昏昏，使人昭昭；以前；以勤補拙；以權謀私；以人廢言；以人為本；以柔克剛；以上；以少勝多；以身試法；以身殉國；以身作則；以守為攻；以湯沃雪；以退為進；以外；以往；以微知著；以為；以文會友；以下；以小見大；以心比心；以牙還牙；以眼還眼；以一當十；以夷制夷；以逸待勞；以遠；以怨報德；以正視聽；以至；以至於；以子之矛，攻子之盾；引以為荣；予以；自以為是；坐以待斃。

【㠯】（用同"以"）

【叺】（不是"以"的異體字。）

▲ 翳 [瞖]

回顾

"翳"和"瞖"是原本就有的字义不同的两个字。1955年《一异表》把这两个字归作一组异体字处理，定"翳"为选用字，"瞖"为停用字。2013年《规范字表》沿续了1955

年《一异表》对这两个字的处理。

雅解

【翳】yì ①用羽毛制成的车盖。《説文·羽部》:"翳,華蓋也。"〔清〕朱骏声《説文通訓定聲》:"以羽覆車蓋,所謂羽葆幢也。"②隐匿。《廣韻·霽韻》:"翳,隱也。"③遮蔽。《方言》卷十三:"翳,掩也。"郭璞注:"謂掩覆也。"〔明〕文徵明行草《西苑詩十首·萬歲山》:"萬歲山在玄武門外蓋大内之鎮山也,林木陰翳,尤多珍果,一名百果園"。(见图183)④隐蔽猎人的一种猎具。《文選·潘岳〈射雉賦序〉》:"聊以講肄之餘暇,而習媒翳之事。"吕延济注:"翳者,所以隱射也。"⑤士卒躲避对方兵器的器具。韦昭注《國語·齊語》:"翳,所以蔽兵也。"⑥眼球上所生障蔽视线的膜。如:白～。《素問·六元正紀大論》:"甚則黄黑昏(昏)翳流行氣交。"⑦阴影。〔唐〕孟浩然《將適天台留別臨安李主簿》:"故林日已遠,郡(群)木坐成翳。"⑧起障蔽作用的东西。如:云～。〔唐〕曹松《碧角簟》:"八尺碧天無點翳,一方青玉絶纖塵。"⑨阻挡;堵塞。《廣雅·釋詁二》:"翳,障也。"

图183

【瞖】眼病,白内障。《玉篇·目部》:"瞖,眼疾也。"《正字通·目部》:"瞖,目障也。"

俗解

"翳"的下半是"羽",本义是用羽毛制成的车盖,引申为其他与隐蔽有关的意思;"瞖"的下半是"目",表示眼睛的疾病，即白内障。

注意

"翳"用在不表示白内障的其他意思上时，如"潜翳""云翳"的"翳"，都不能写成"瞖"。

词语

【翳】翳蔽；翳薄（掩映）；翳夺（受蒙蔽而失误）；翳華（障蔽物）；翳薈（丛生的杂草）；翳薉(huì)（荆棘荒草等阻障通路之物）；翳諫（拒谏）；翳霾（晦暝昏暗）；翳茂（树木浓密成荫）；翳昧（阴暗，昏暗）；翳暝（昏暗不明）；翳没（消逝，埋没）；翳然（形容隐蔽）；翳塞（闭塞）；翳蔚（障蔽）；翳行（隐蔽地行走）；翳依（树荫浓密）；翳翳（昏暗）；翳郁（繁茂成荫的样子）；翳樂(yuè)（"翳樂"为乐府西曲歌名）。

【瞖】白瞖。

▲ 荫(蔭)[廕]

回顾

"蔭"和"廕"是原本就有的，字义存在差别的两个字；"荫"是"蔭"的简化字。1955年《一异表》把"蔭""廕"两个字归作一组异体字处理，定"蔭"为选用字，"廕"为停用字。1964年《总表》把"蔭"简化作"荫"。《字形表》和1986年《总表》都予以贯彻。2013年《规范字表》沿续了1955年《一异表》对"蔭""廕"两字的处理，以及1986

年《总表》对"蔭"字的简化处理。

雅解

【蔭】㈠ yīn ①树荫。如：～凉。《説文·艸部》："蔭，艸（草）陰（蔭）地。"②日影。杜预注《左傳·昭公元年》："蔭，日景也。"㈡ yìn ①遮盖。〔晋〕陶潛《歸田園居》："榆柳蔭後簷，桃李羅堂前。"②庇护。《水滸全傳》第十二回："博個封妻蔭子，也與祖宗争口氣。"③封建时代子孙因先代功勋而受到封赏。也作"廕"。《新唐書·選舉志下》："三品以上蔭曾孫，五品以上蔭孫。"④不见阳光。如：这屋子太～。

【廕】yìn ①覆盖；庇护。《廣韻·沁韻》："廕，庇廕。"②因祖先勋劳而恩荣延及子孙。如：封妻～子。〔元〕鍾嗣成《駡玉郎過感皇恩採茶歌》："治國安民勳業顯，封妻廕子品資該。"

【荫】"蔭"的简化字。

俗解

"荫（蔭）"是"艹"头，表示树荫；"廕"的"广"字头表示大的建筑物，所以"廕"表示因祖先功勋而受封赏，如"庇廕"。

注意

"荫（蔭）"和"廕"只在读去声（第四声）时才有通假的用法，读阴平（第一声）时如"树荫"的"荫"，不能写作"廕"。需要时可以用"荫"本身的繁体字"蔭"。还有，

"阴（陰）凉"和"荫（蔭）凉"，两个词的意思是有差别的。"阴（陰）凉"的"阴（陰）"是指所有不受太阳直射的地方；"荫（蔭）凉"的"蔭"只用于指树荫。

词语

【蔭】樹蔭；蔭蔽；蔭涼；蔭翳。

【廕】封妻廕子；廕庇；祖澤餘廕。

▲ 殷 [慇]

回顾

"殷"和"慇"是原本就有的，意思存在差别的两个字。1955年《一异表》把它们归作一组异体字处理，定"殷"为选用字，"慇"为停用字。2013年《规范字表》沿续了1955年《一异表》对这两个字的处理。

雅解

【殷】㈠ yīn ①富足。如：～实。近代 高邕行楷《沈君竹礽傳》："君家未遭難前故殷富"。（见图184）②古代都邑名。殷墟。《書·盤庚》："盤庚遷于殷，民不適有居。"③朝代名。也称殷商。商代迁都于殷后改用的称号。《孟子·公孫丑上》："天下歸殷久矣。久則難變也。"④深厚。如：～切。朱德《和郭沫若同志〈登尔雅台怀人〉》："回顧西南滿戰云（雲），台（臺）高尔雅旧情殷。"⑤姓氏。㈡ yǐn ①象声词。多用于形容雷声。《集韻·隱韻》："殷，雷聲。"②震动。

图184

〔清〕譚嗣同《城南思舊銘并序》："哭聲殷野"。㈢ yān ①赤黑色。如：～紅。《廣韻·山韻》："殷，赤黑色也。"

【慇】yīn　①憂痛。《說文·心部》："慇，痛也。"《集韻·諄韻》："慇，憂也。"②情意周到；懇切。如：～懃。也作"殷勤"。《文選·司馬遷·報任少卿書》："未嘗銜杯酒接慇懃之餘懽（歡）。"③同"殷"，富足。《古文苑·楚相孫叔敖碑》："鍾天地之美，收九罿之利，以慇潤國家。"

俗解

"慇"表示的"憂痛""情意周到"，都是一种心理状态，所以"慇"比"殷"多了一个"心"。

注意

除了"殷实""殷切"的意思，其他意思上，如"殷墟""商殷"的"殷"都不能写作"慇"。"殷勤"的"殷"写作"慇"时，应该把"勤"写作"懃"。另外，"殷鉴不远"的"鉴"，传统（沿用）字应该写成"鑑"。

词语

【殷】殷（yān）紅；殷富；殷鑑不遠；殷切；殷商；殷實；殷墟；殷殷。

【慇】慇懃；慇憂；憂心慇慇。

▲ 淫 [婬滛]

回顾

"淫"和"婬"原本是字义不完全相同的两个字；"滛"

是"淫"的讹字。1955年《一异表》把"淫""婬""滛"三字归作一组异体字处理,定"淫"为选用字,"婬""滛"为停用字。2013年《规范字表》沿续了1955年《一异表》对这三个字的处理。

雅解

【淫】yín　①浸淫。《説文·水部》:"淫,侵淫隨理也。"引申为渐进;蔓延。②大。如:～威。《爾雅·釋詁》:"淫,大也。"③久雨。如:～雨。《爾雅·釋天》:"久雨謂之淫。"④男女关系混乱。《小爾雅·廣義》:"男女不以禮交謂之淫。"〔明〕董其昌辑《戲鴻堂法書·毛詩國風》:"刺幽公也。淫荒昏(昬)亂,游(遊)蕩無度焉"。(见图185)

【婬】yín　专指不正当的男女关系,后作"淫"。《説文·女部》:"婬,私逸也。"段玉裁注:"婬之字,今多以淫代之,淫行而婬廢矣。"

图185

【滛】"淫"的讹字。"滛"字形后作"滛"。《五經文字·水部》:"淫,久雨曰淫。作滛,訛。"

俗解

"婬"是"女"字旁,只有"男女关系混乱"这一个意思。"淫"是"氵"旁,有"浸淫""久雨"等义。

注意

除了"男女关系混乱"这个意思,其他意思上如"浸淫""淫雨""淫威"的"淫",都不能写作"婬"。"滛"是

"淫"的讹字，以不用为好。又："婬樂"的"樂"有两读。读 yuè 时"婬樂"为"旧指不同于正统高雅音乐的低俗音乐（yuè）"；读 lè 时"婬樂"是指"荒淫嬉乐（lè）"。

词语

【淫】富貴不能淫；浸淫；侵淫；淫威；淫雨。

【婬】荒婬無恥；誨婬誨盜；姦婬；驕奢婬逸；婬辭（放荡猥亵的言词）；婬蕩；婬婦；婬棍；婬穢；婬樂（lè）；婬亂；婬猥；婬慾；婬樂（yuè）。

【滛】（"淫"的讹字，不提倡使用。）

▲ 佣 / 佣傭

回顾

"佣"和"傭"是原本就有的，读音和字义都不同的两个字。1955年《简化表草案》把这两个字合并作"佣"一个字。1956年《简化方案》予以确认。1964年《总表》和《字形表》、1986年《总表》、2013年《规范字表》，都相继沿续了1956年《简化方案》对这两个字的合并处理。

雅解

【佣】㈠ yòng 商业活动中付给中间人的报酬。如：～金。㈡ yōng "傭"的简化字。

【傭】yōng 受雇为人劳动；仆人。如：女～；～人。《字彙·人部》："傭，雇役於人也。"《史記·陳涉世家》："陳涉少時，嘗與人傭耕。"

俗解

"佣"原本的读音跟右半的"用"走,读去声(第4声),本是"佣金"的"佣";"傭"的读音跟右半的"庸"走,读阴平(第1声),本是"雇傭""女傭"的"傭"。

注意

"佣金"义上的"佣"原本就这样写,不存在对应的繁体字,不能写作"傭"。

词语

【佣】回佣;脚佣(跑腿钱);佣金;佣錢。

【傭】僱傭;女傭;傭工;傭人。

▲ 游 [遊]

回顾

"游"和"遊"是原本就有的字义不同的两个字。1955年《简化表草案》把两字合并作"游"一个字。1955年《一异表》改把这两个字归作一组异体字处理,定"游"为选用字,"遊"为停用字。2013年《规范字表》沿续了1955年《一异表》对这两个字的处理。

雅解

【游】yóu ①在水中浮行或游泳。《玉篇·水部》:"游,浮也。"〔元〕鲜于枢书《王安石雜詩卷》:"魚与之游(遊),餧(喂)鳥見如舊"。(见图186)②河流的某一段。如:上～;下～。〔清〕魏源

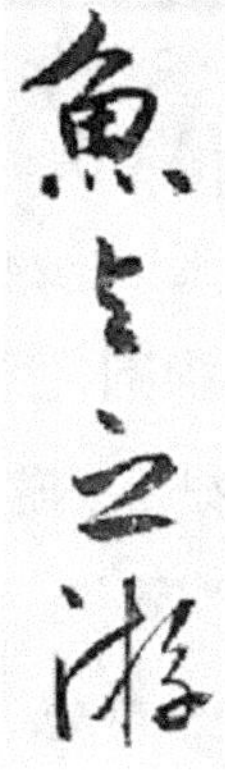

图186

《湖廣水利論》："下游之湖面江面日狹一日，而上游之沙漲日甚一日，……"③流动，不固定。《史記·魏豹彭越列傳》："漢王三年，彭越常往來為漢游兵，……"

【遊】yóu　①遨游，游览。如：旅～。《玉篇·辵部》："遊，遨遊。"〔宋〕朱晞颜楷书《龍隱洞詩刻》："慶元之元至後二日遊壺天觀"。（见图187）②求学，求官。如：～学。《後漢書·鄭玄傳》："玄自遊學十餘年，……"《戰國策·秦策二》："王獨不問吳人之遊楚者乎？"高诱注："遊，仕也。"③游荡。《後漢書·荀悦傳》："國無遊人，野無荒業，……"④嬉戏，游乐。如：～戏。《廣雅·釋詁四》："遊，戲也。"⑤行走。《古今韻會舉要·青韻》："遊，行也。"

图187

俗解

"游"指水中游，所以带"氵"旁；"遊"指陆地上走，所以带"辶"旁。

注意

有些不是表示水中浮行的地方也用"游"，一般都是用于表示行踪飘忽不定，难以捉摸的情况。如：游击；游丝。特别注意诗人陆游的姓名不能写成"陆遊"或"陸遊"。另外，"游历"的"历"，是"经历"的意思，对应的繁体字是"歷"，不能写成"曆"；"游刃有余"的"余"，是"余地"的意思，对应的繁体字是"餘"；"游手好闲"的"闲"，需要时建议用停用异体字"閒"，不用繁体字"閑"为好。

词语

【游】漂游；散兵游勇；上游；下游；游程（游泳的距离）；游击；游离；游牧；游禽；游水；游丝（飘在空中的丝）；游侠；游移；游弋；游泳；游资；中游。

【遊】遨遊；出遊；春遊；導遊；環遊；郊遊；旅遊；夢遊；秋遊；神遊；巡遊；遊伴；遊程（旅遊的路程、日程）；遊船；遊蕩；遊方；遊舫；遊逛；遊記；遊街；遊客；遊覽；遊樂；遊歷；遊獵；遊輪；遊民；遊目騁懷；遊人；遊刃有餘；遊山玩水；遊士；遊手好閒；遊說；遊艇；遊玩；遊戲；遊仙；遊行；遊興；遊學；遊藝；遊園；遊子；遊蹤；遊走；遠遊；雲遊；周遊。

▲ 余 / 余餘(馀)

回顾

"余"和"餘"是原本就有的字义不同的两个字；"馀"是曾经使用的"餘"的简化字。1956年《简化方案》把"余""餘"两字合并作"余"一个字。1964年《总表》加注规定："在余和馀意义可能混淆时，馀仍用馀"，同时也就有了"馀"这个简化字。《字形表》在把"余""餘"两字合并作"余"一个字的同时，又把"餘"的类推简化字"馀"作为规范字收入。1986年《总表》沿续了1964年《总表》对"余""餘"两个字的合并处理，同时修改附注为："在余和馀意义可能混淆时，仍用馀。如文言句'馀年无多'"。2013

年《规范字表》删除了1986年《总表》给这组字所加的附注，重新采用1956年《简化方案》对"余""餘"两字的完全合并处理。

雅解

【余】yú ①文言中用作第一人称，"我"的意思。《爾雅·釋詁下》："余，我也。"〔民国〕于右任书《總理遺囑》："余致力國民革命凡四十年"。（见图188）②姓氏。③"餘"的简化字。

【餘】yú 多出来的。如：多～；剩～。《廣雅·釋詁四》："餘，盈也。"〔唐〕褚遂良楷书《漢興碑》："其餘不可勝紀（記）"。（见图189）

【馀】"餘"曾经的简化字。

俗解

"餘"是"食"字旁，意思是"温饱之外还有余"，所以这个字只用在"多余"义上。文言中表示"我"的时候用"余"。

图188

图189

注意

文言中表示"我"，还有作姓氏用的"余"，原本就这样写，不存在对应的繁体字。书法创作中遇到"余"时，不要想当然全都写成"餘"。例如"余光中"不能写成"餘光中"。

词语

【余】（姓氏；文言中表示"我"）。

【餘】編餘；不遺餘力；殘餘；殘渣餘孽；茶餘飯後；

成事不足，敗事有餘；多餘；富餘；虎口餘生；節餘；結餘；課餘；空餘；寬餘；目無餘子；其餘；冗餘；剩餘；詩餘；死有餘辜；唾餘；心有餘紲；心有餘悸；業餘；盈餘；遊刃有餘；餘波；餘存；餘黨；餘地；餘毒；餘割（三角函数名词）；餘光；餘暉；餘角（平面几何名词）；餘燼；餘瀝；餘糧；餘脈；餘年；餘孽；餘切（三角函数名词）；餘缺；餘熱；餘生；餘數（数学名词）；餘威；餘味；餘暇；餘弦（三角函数名词）；餘興；餘音；餘勇可賈；餘韻；餘震。

▲ 吁 / 吁籲

回顾

"吁"和"籲"是原本就有的，读音和字义都不相同的两个字。1955年《简化表草案》把"籲"和"于"合并作"于"。1956年《简化方案》改把"籲"和"吁"合并作"吁"一个字。1964年《总表》加注："喘吁吁，长吁短叹的吁读 xū（虚）。"《字形表》也是把"籲"和"吁"合并作"吁"一个字。1986年《总表》沿续了1964年《总表》对这两个字的处理。2013年《规范字表》沿续了1986年《总表》对"吁""籲"两字的合并处理，同时删除了1986年《总表》的相关附注。

雅解

【吁】㈠ xū 叹气；叹息。如：气～～；长～短叹。〔唐〕李白《古風五十九首》之五十六："獻君君按劍，懷寶空長吁。"㈡yù"籲"的简化字。

【籲】yù 为某种要求而呼喊。如：呼～。《說文·頁部》："籲，呼也。"

俗解

"吁""籲"两字的读音原本不一样。读 xū 时只能用"吁"；读 yù 时才可以用"籲"。

注意

"长吁短叹""气吁吁"的"吁"原本就这样写，不存在对应的繁体字，不能写作"籲"。

词语

【吁】長吁短嘆；喘吁吁；氣吁吁。

【籲】呼籲；籲請；籲求。

▲ 郁 / 郁鬱

回顾

"郁"和"鬱"是原本就有的字义不同的两个字。1955年《简化表草案》曾经把"鬱"和"玉"合并作"玉"一个字。1956年《简化方案》改为把"鬱"和"郁"合并作"郁"一个字。1964年《总表》和《字形表》、1986年《总表》、2013年《规范字表》，都相继沿续了1956年《简化方案》对"郁""鬱"两字的合并处理。

雅解

【郁】yù ①香气浓厚，生长茂盛。如：馥～；～～葱葱。

李善注曹植《洛神赋》:"郁烈,香氣之甚。"〔明〕彭汝楠小楷《岸圃大觀》:"秋冬之際,百卉具腓,朱英密綴,芬郁牽人"。(见图190)②姓氏。③"鬱"的简化字。

图190

【鬱】yù ①忧愁;气愤。如:忧～;～闷。《正字通·鬯部》:"鬱,愁思也。"②繁茂;茂盛。《说文·林部》:"鬱,木叢生者。"李善注《文選·木華〈海賦〉》:"鬱,盛貌。"〔明〕彭汝楠小楷《岸圃大觀》:"門前清池半規(规),雙(双)樹(树)交蔭,蓊鬱殊常"。(见图191)

图191

俗解

"鬱"字的笔画多,让人有一种压抑感,由此联想到这个字用于"忧愁"义;另一个"郁"字就是用于"浓郁"义的"郁"了。

注意

"郁"的"茂盛"义重在"香气";"鬱"只表示"木叢生"。"香气浓厚"意义上的"郁"原本就这样写,不存在对应的繁体字,不能写作"鬱"。如"郁馥"不能写作"鬱馥"。"鬱"虽然也有"繁茂"义,但没有"香气浓厚"这个意思。

词语

【郁】苍郁;浓郁;蓊郁;郁馥(香气浓厚);郁郁(文章盛大或香气散射);郁郁葱葱。

【鬱】沉鬱；怫鬱；抑鬱；陰鬱；憂鬱；鬱憤；鬱積；鬱結；鬱金香；鬱悶；鬱熱；鬱抑；鬱悒；鬱鬱蒼蒼；鬱鬱寡欢。

▲ 御 / 御禦

回顾

"御"和"禦"是原本就有的字义不同的两个字。1955年《简化表草案》把这两个字合并作"御"一个字。1956年《简化方案》予以确认。1964年《总表》和《字形表》、1986年《总表》、2013年《规范字表》，都相继沿续了1956年《简化方案》对这两个字的合并处理。

雅解

【御】yù ①封建社会中指帝王所用或与帝王有关的事物。如：～用；～笔。〔宋〕苏轼法帖文题"御赐澄清堂"。（见图192）②"禦"的简化字。

图 192

【禦】yù 抵挡，防备。如：防～。《小爾雅·廣言》："禦，抗也。"〔清〕萧方骏《重修嘉祥縣龍王廟碑記》："大人居上位者之所為，其功德在民，非尋常禦災捍患者比"。（见图193）《詩·小雅·常棣》："兄弟鬩於牆，外禦其務。"

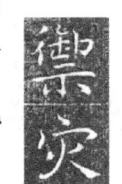

图 193

俗解

繁体字"禦"是下部一个"示"顶着上部一个"御"，可以想像作"示"把"御"抵挡住了，即"抵禦"。

注意

表示"帝王所用或和帝王相关的事物"的"御"字原本就有，不存在对应的繁体字，不能写作"禦"。如"御笔"不能写成"禦筆"；"御用"不能写成"禦用"。

词语

【御】御筆；御花園；御駕；御林軍；御用；御苑；御製。

【禦】抵禦；防禦；抗禦；禦敵；禦寒；禦侮。

▲ 愿 / 愿願

回顾

"愿"和"願"是原本就有的字义不同的两个字。1956年《简化方案》把这两个字合并作"愿"一个字。1964年《总表》和《字形表》、1986年《总表》、2013年《规范字表》，都相继沿续了1956年《简化方案》对这两个字的合并处理。

雅解

【愿】yuàn ①老实谨慎。如：谨～；乡～。《說文·心部》："愿，謹也。"《後漢書·劉寵傳》："山民愿樸。"李贤注："愿，謹也。" ②"願"的简化字。

【願】yuàn ①愿望。如：心～；～望。《廣韻·願韻》："願，欲也。" ②愿意。如：自～；心甘情～。《切韻·願韻》："願，情欲。" ③祈祷神佛所许下的酬谢。如：许～；还～。《水滸全傳》第四十五回："只説要還願，也還了好。"

俗解

现在做简化字用的"愿",原来的字义是现代不常用的"乡愿"这个意思;现在经常用到的"愿望""愿意"意思上原来用的,反倒是已经不作规范字用的繁体字"願"。

注意

"愿"字原本就存在。"谨愿""乡愿"这些词用的"愿",不存在对应的繁体字,不能写作"願"。

词语

【愿】誠愿;謹愿;鄉愿。

【願】但願;封官許願;甘願;還願;兩相情願;寧願;如願;事與願違;夙願;天遂人願;心甘情願;心願;許願;一廂情願;意願;願景;願望;願意;願者上鉤;志願;祝願;自願。

▲ 岳 [嶽]

回顾

"岳"和"嶽"是原本就有的字义存在差别的两个字。1955年《简化表草案》把这两个字合并成"岳"一个字。1955年《一异表》改把这两个字作为异体字处理,定"岳"为选用字,"嶽"为停用字。2013年《规范字表》沿续了1955年《一异表》对这两个字的处理。

雅解

【岳】yuè ①高大的山。也作"嶽"。《玉篇·山部》:"岳,同嶽。"〔唐〕李白《夢遊天姥吟留別》："天姥連天向天橫，勢拔五岳掩赤城。"②对妻子父母的称呼。如：～父；～母。〔清〕翟灝《通俗篇·稱謂》："世俗呼人婦翁為令岳，……《漢書·郊祀志》：'大山川有岳山，小山川有岳婿山'，推其名義，似在漢時已然。……晉 樂廣乃衛玠妻父，所謂岳丈，或當云樂（yuè）丈耳。"③姓氏。

【嶽】yuè ①特指名山。如：三山五～。此时也作"岳"。《説文·山部》："嶽，東岱，南霍（huò），西華，北恒，中泰室。"〔明〕金勉楷书《蕪城賦》："格高五嶽，袤廣三墳，崒①若斷（斷）岸，矗似長雲"。（见图194）②泛指大山或山的最高峰。〔宋〕陆游《秋夜將曉出籬門迎凉有感》："三萬里河東入海，五千仞嶽上摩天。"

图194

俗解

"嶽"只能用于指山；"岳"除了可以用于指山，还用于指岳父岳母，并作姓氏。

注意

"岳父""岳母"的"岳"不能写作"嶽"，还有作姓氏时，如"岳飞"的"岳"也不能写作"嶽"。

词语

【岳】岳父；岳母；岳丈。

【嶽】北嶽；東嶽；南嶽；三山五嶽；西嶽；中嶽。

---

① "崒"，音 zú，高耸险峻。

▲ 云 / 云雲

回顾

"云"和"雲"是原本就有的字义不同的两个字。1955年《简化表草案》把这两个字合并作"云"一个字。1956年《简化方案》予以确认。1964年《总表》和《字形表》、1986年《总表》、2013年《规范字表》，都相继沿续了1956年《简化方案》对这两个字的合并处理。

雅解

【云】yún ①说话。如：人～亦～。《廣韻·文韻》："云，言也。"褚遂良行书《蘭亭序》："古人云：'死生亦大矣。'豈不痛哉！"（见图195）②"雲"的简化字。

图195

【雲】yún 悬浮在空中由大量水滴、冰晶组成的聚合体。如：～彩；～层。《説文·雨部》："雲，山川氣也。"〔元〕溥光楷书《戒壇寺石刻·萬安寺茶榜》："白雲生處，光摇紫極樓臺"。（见图196）

图196

俗解

天上有乌云时往往会下雨，所以"云层"的"云"的繁体"雲"字带"雨"，另一个不带"雨"的"云"是"说话"的意思。

注意

说话意思上的"云"不存在对应的繁体字，不能写作

"雲"。还有乐器云板是指铁或铜铸成的云形厚板，所以"云板"的"板"不能写作"闆"；"云彩"是指云层带着颜色，所以这里"彩"不能写作"綵"；再就是"云游"建议用"雲遊"；"烘云托月"的"托"不要写成"託"。

词语

【云】不知所云；人云亦云；如此云云。

【雲】白雲蒼狗；波譎雲詭；撥雲見日；彩雲；愁雲；穿雲裂石；低雲；多雲；翻雲覆雨；風捲殘雲；風流雲散；風起雲湧；風雲；浮雲；耕雲播雨；過眼雲煙；烘雲托月；紅雲；火燒雲；九霄雲外；凌雲；密雲不雨；蘑菇雲；判若雲泥；噴雲吐霧；平步青雲；青雲直上；騰雲駕霧；彤雲；吞雲吐霧；烏雲；閒雲野鶴；香雲紗；響徹雲霄；響遏行雲；星雲；行雲流水；煙消雲散；煙雲；疑雲；陰雲；雲板(乐器)；雲豹；雲鬢；雲彩；雲層；雲端；雲朵；雲海；雲漢；雲集；雲錦；雲譎波詭；雲裏霧裏；雲鑼(打击乐器)；雲母；雲霓；雲泥之別；雲雀；雲杉；雲山霧罩；雲梯；雲天；雲圖；雲霧；雲霞；雲宵；雲消霧散；雲興霞蔚；雲崖；雲煙；雲翳；雲雨；戰雲。

▲ 芸 / 芸蕓

回顾

"芸"和"蕓"是原本就有的字义不同的两个字。1964年《总表》把这两个字合并作"芸"一个字。《字形表》、

1986年《总表》、2013年《规范字表》，都相继沿续了1964年《总表》对这两个字的合并处理。

雅解

【芸】yún ①芸香。多年生草本植物。郑玄注《禮記·月令》："芸，香草也。"②众多的样子。如：～～众生。《老子·道德經》："夫物芸芸，各復歸其根。"③"蕓"的简化字。

【蕓】yún 油菜。如：～薹。《玉篇·艸部》："蕓，蕓薹菜。"

俗解

"蕓"的样子像"薹"，可以帮助记忆"芸苔（蕓薹）"这个词里"芸"的繁体字是"蕓"。

注意

"芸香""芸芸众生"的"芸"字原本就有，不存在对应的繁体字，不能写作"蕓"。

词语

【芸】芸窗（书房）；芸香；芸芸衆生。

【蕓】蕓薹。

Z

▲ 灾 [災烖菑]

回顾

"灾""災""烖""菑"是原本就有的四个字。其中"灾""災""烖"互为异体字,"菑"的字义和"灾""災""烖"三字不同。1955年《异体字表草案》把"灾""災""烖"三字归作一组异体字处理,以"災"为选用字,"灾""烖"为停用字。1955年《一异表》调整为用"灾"做选用字,"災""烖"做停用字,并增加"菑"为对应"灾"的停用字。2013年《规范字表》沿续了1955年《一异表》对"灾""災""烖""菑"四个字的处理。

雅解

【灾】zāi 火灾。《説文·火部》:"烖,天火曰烖。灾,或从宀、火。"〔清〕蕭方駿《重修嘉祥縣龍王廟碑記》:"大人居上位者之所為,其功德在民,非尋常禦灾捍患者比"。(见410页图193)

【災】zāi 火灾。后泛指各种自然的或人为的祸害、不幸。《字彙·火部》:"災,禍害。"《正字通·火部》:"災,害火也。凡五行沴氣害物者皆曰災。又禍也。"〔清〕王澍楷

书《范公神道碑》："徐 泗州縣所在受(受)災乃亟(極)"。（见图 197）

【烖】同"灾"。商承祚《福考》："甲骨文从水，从戈，从火。以其義言之，水災曰𡿧(zāi)，兵災曰𢦏(zāi)，火災曰灾。"《周禮·春官·大宗伯》："以弔禮哀禍烖。"

图 197

【菑】㈠ zī ①初耕一年的田地。后引申为田亩。《爾雅·釋地》："田一歲曰菑。" ②开荒。《尚書·大誥》："厥父菑，厥子乃弗肯播。" ③姓氏。㈡ zì ①直立的枯木。毛传："木立死曰菑。" ②树立；插入。颜师古注《漢書·溝洫志》："石菑者，謂插石立之，然後以土就填塞也。" ③车辐插入毂中的部分。〔清〕戴震《釋車》："輻端之枘(ruì)建毂中者謂之菑。" ④矮墙。何休注《公羊傳·昭公二十五年》："菑，周埒(liè)垣也"。⑤剖析。戴震补注《周禮·考工記·弓人》："菑、斯聲相迩，析也，今俗語猶然。" ㈢ zāi 同"灾""災""烖"。《集韻·咍韻》："烖，《說文》：天火曰烖。或从宀，从𡿧，亦作菑。"

俗解

"灾""災""烖"都有"火"，字义都是灾害。"菑"字下半一个"甾"，可以由此记住它有 zī 音和 zì 音，有和"灾""災""烖"不同的字义。

注意

"灾""災""烖"三字可以互换；但都不宜写作"菑"。

词语

【灾】蟲灾；多灾多難；旱灾；洪灾；火灾；救灾；抗灾；澇灾；滅頂之灾；受灾；水灾；天灾人禍；消灾；幸灾樂禍；血光之灾；灾害；灾患；灾荒；灾禍；灾民；灾難；灾年；灾孽；灾情；灾區；灾殃；灾異；賑灾。

【災】（用同"灾"）

【烖】（用同"灾"）

【菑】（現罕用）

▲ 咱 [偺喒偺喒]

回顾

"偺""喒"原本是字义和"咱"不同的两个字；"咱""偺""喒"三字互为异体字。1955年《异体字表草案》把"咱""偺""喒"三字归作一组异体字处理，以"咱"为选用字，"偺""喒"两字为停用字。1955年《一异表》增添"偺""喒"为对应"咱"的停用异体字。2013年《规范字表》沿续了1955年《一异表》对"咱""偺""喒""偺""喒"这组字的处理。

雅解

【咱】㈠zá 代词。第一人称，相当于"我"。《字彙·口部》："咱，我也。"㈡zán 代词。表示"我们"。如：～们。李季《王贵与李香香》第二部："王贵是咱好同志，……"㈢zan 方言。"早晚"两字的合音。贺敬之、丁毅等《白毛女》

第一幕第三场："喜儿（急切地）：'大叔，你说他们多咱来？'"

【偤】jiù 毁谤。《说文·人部》："偤，毁也。"《方言》卷十三："偤，谤也。"

【喒】ǒu 同"呕"。《集韵·厚韵》："欧，《说文》：吐也。或作呕，喒。"

【偺】同"咱"。《儿女英雄传》第四回："你不听这个，偺唱个好的。"

【喒】㈠zán 代词。我；我们。《字汇·口部》："喒，俗云我也。"㈡zan "早晚"两字的合音。老舍《骆驼祥子》四："多喒我拉上包月，才去住宅门。"

俗解

右半下面是"口"的"偺"和"喒"两字没有"我""我们"的意思。

注意

"咱们"的"咱"不能写作"偺"或"喒"。

词语

【咱】多咱（zan）；那咱（zan）；咱（zán）家；咱（zán）俩；咱（zán）们。

【偤】（不是"咱"的异体字）

【喒】（不是"咱"的异体字）

【偺】（用同"咱"）。

【喒】（用同"咱"）。

▲ 赞(贊)[賛讚]

回顾

"贊"和"讚"是原本就有的字义存在差别的两个字;"贊""賛"互为异体字;"赞"是"贊"的简化字。1955年《简化表草案》把"贊""賛""讚"三字合并作"赞"一个字。同年《一异表》改为把"贊""賛""讚"三字归作一组异体字处理,定"贊"为选用字,"賛""讚"为停用字。1956年《简化方案》把偏旁"貝"简化作"贝"。1964年《总表》明确把"贊"整字简化作"赞"。《字形表》、1986年《总表》,都相继沿续了1964年《总表》对"贊"字的简化处理。2013年《规范字表》沿续了1955年《一异表》对"贊""賛""讚"三字的异体字处理,以及1986年《总表》对"贊"的简化处理。

雅解

【贊】zàn　①帮助;辅助。如:～助。《小爾雅廣詁》:"贊,佐也。"②报告。司马贞就《史记·魏公子列传》作索隐:"贊者,告也。"③明白。《漢書·叙傳》:"總百氏,贊篇章。"颜师古注:"贊,明也。"④赞美。如:～颂。《字彙·貝部》:"贊,頌也。"⑤参与。《字彙·貝部》:"贊,參也。"⑥司仪。如:～礼。⑦姓氏。

【賛】同"贊"。《集韻·換韻》:"贊,隶作賛。"

【讚】zàn　①赞美。《集韻·換韻》:"讚,稱也。"〔清〕

蒋廷锡跋康熙临黄庭坚行书《步虚词》："誠非淺識所能，讚頌萬一"。（见图198）②古代一种以颂扬人物为主的文体。《釋名·釋典藝》："稱人之美曰讚。"

【赞】"贊"的简化字。

俗解

赞美人是要讲话的，所以这个意思上"赞"对应带"言"旁的繁体字"讚"。"贊"除了"赞美"义，还有其他的如"帮助""报告""明白""参与"等意思。

图198

注意

不表示"赞美"义的，如"赞助""参赞""赞礼"这些词里的"赞"，不能写作"讚"。再如陆游《初夏》诗中句子："深居不恨無來客，時有山禽自贊名。"其中的"贊"是"报告"的意思，也不能写作"讚"。

词语

【贊】参贊；贊成；贊禮；贊同；贊助。

【賛】（用同"贊"）

【讚】稱讚；誇讚；禮讚；讚不絕口；讚歌；讚美；讚佩；讚賞；讚頌；讚歎；讚許；讚揚；讚語；讚譽。

▲ 脏 / 髒臟

回顾

"髒"和"臟"是原本就有的，读音和字义都不相同的两个字；"脏"是"髒""臟"共用的简化字。1955年《简化表草案》把"髒""臟"两个字合并简化作"脏"一个字。1956年《简化方案》予以确认。1964年《总表》和《字形表》、1986年《总表》、2013年《规范字表》，都相继沿续了1956年《简化方案》对这两个字的合并简化处理。

雅解

【髒】zāng　不干净。如：肮～。《兒女英雄傳》第三十三回："看了這個兒子，還可以造就，便想要指着這個兒子身上，出一出自己一肚皮的骯髒氣。"

【臟】zàng　动物体内的器官。如：内～；心～。《集韻·宕韻》："臟，腑也。"《字彙·肉部》："臟，五臟。"

【脏】㈠ zāng "髒"的简化字。㈡ zàng "臟"的简化字。

俗解

表示人及动物身体器官的字，多带"月（⺼）"旁，所以带"月（⺼）"旁的"臟"是"内脏"的"脏"的繁体字。另一个"骨"旁的"髒"就是"肮脏"的"脏"的繁体字了。还可以从两字的读音来区分。"脏"读阴平（第1声）时对应"髒"；读去声（第4声）时对应"臟"。

注意

"脏"对应"髒""臟"两个繁体字。在书法创作中，要按不同的语境正确区别使用。

词语

【髒】骯髒；髒病（性病）；髒彈（dàn）（贫铀弹）；髒話；髒水；髒土；髒兮兮；髒字。

【臟】肺臟；肝臟；內臟；脾臟；腎臟；五臟；心臟；臟腑；臟器。

▲ 糟［蹧］

回顾

"糟""蹧"是原本就有的字义存在差别的两个字。1955年《一异表》把这两个字归作一组异体字处理，定"糟"为选用字，"蹧"为停用字。2013年《规范字表》沿续了1955年《一异表》对这两个字的处理。

雅解

【糟】zāo ①带滓的酒。《說文·米部》："糟，酒滓也。"②滤去清酒后剩下的酒渣。〔清〕朱骏声《說文通訓定聲·孚部》："古以帶滓之酒為糟，今謂漉酒所棄之粕為糟。"又引申为指糟粕。〔西晋〕索靖章草《急就章》："糟糠汁滓棗（稿）䒲苢"。（见图199）③酒曲。《篇海類編·食貨類·米部》："糟，酒母。"④朽烂。如：布～了。〔元〕关汉卿《裴度還帶》第三折："我則見梁漕椽爛柱根糟。"⑤坏，不好。鲁迅《书信·致萧军（一九三五年十月二十九日）》："耿济之的那篇后记写得很糟，您被他所误了。"⑥姓氏。

图199

【蹧】zāo ①作践，不珍惜。如：～蹋。〔清〕吴趼人《痛史》第九回："何苦留些骨肉叫人家去蹧蹋。"②坏。民国五年修《鹽山新志·謠俗上》："凡物敝壞曰蹧，重言為蹧皋。

又專言蹧亦壞也。"

俗解

"糟"带"米"旁，多用于表示和酒有关的事物的"酒糟""糟粕"等词（酒的原料是粮食）；"蹧"带"𧾷"旁，可联想为用脚踩，多用于"蹧蹋""蹧践"等词。

注意

"蹧"没有"带滓的酒""酒渣""酒粕"等义。"酒糟""糟粕"的"糟"不能写作"蹧"。

词语

【糟】酒糟；亂糟糟；污七八糟；一團糟；糟糕；糟糠；糟粕；糟心。

【蹧】蹧改；蹧害；蹧踐；蹧蹋。

▲ 扎 [紥紮]

回顾

"扎"是原本就有的，和"紥""紮"在字义上有差别的字；"紥""紮"互为异体字。1955年《一异表》把"扎""紥""紮"三字归作一组异体字处理，定"扎"为选用字，"紥""紮"为停用字。2013年《规范字表》沿续了1955年《一异表》对这三个字的处理。

雅解

【扎】㈠ zhā ①刺。如：针～；～手。〔金〕董解元《西厢記諸宫調》卷二："不問箇（個）是和非，覷僧人便扎。"

②驻扎。如：安营～寨。《三國演義》第七十四回："（張）飛就在山前扎住大寨。"㈡ zā ①捆绑；缠束。如：包～；捆～。《紅樓夢》第三十六回："手裏提着個雀兒籠子，上面扎着小戲臺。"②量词。用于计量捆缠的物件。如：一～麦子。㈢ zhá 勉强支撑。如：挣～。《紅樓夢》第十三回："賈珍一面扶柩，扎挣着腰蹲身跪下請安道乏。"

【紥】同"紮"。《中華大字典·糸部》："紥，紮俗字。"

【紮】㈠ zā 缠束。如：捆～。《集韻·黠韻》："紮，纏束也。"㈡ zhā 驻扎。《三國演義》第七十二回："操心怯，拔寨三十里，就空闊處紮營。"

俗解

和绳索相关的字一般带"糸"旁，所以"紥""紮"都有"捆扎""驻扎"义（扎营需要用绳子把军帐固定好）。

注意

表示"针扎"，还有作量词用时，"扎"不能写作"紥"或"紮"。如"扎针""一扎麦子"的"扎"不能写作"紥"或"紮"。

词语

【扎】扎堆；扎根；扎花（刺绣）；扎啤；扎實；扎手；扎心；扎眼；扎针；挣扎（zhá）。

【紥】（用同"紮"）

【紮】安营紮寨；包紮；結紮；捆紮；穩紮穩打；紮染；紮腰帶；紮營；駐紮。

▲ 札 [劄剳]– 剳

回顾

"札""劄""剳"是原本就有的字义不完全相同的三个字。1955年《异体字表草案》把它们归作一组异体字处理，以"札"为选用字，"劄""剳"为停用字。1955年《一异表》予以确认。2013年《规范字表》作了调整，把"剳"转为规范字收入三级字表，序号7692，并加注规定："用于科学技术术语，如中医学中的'目剳'。其他意义用'札'。"《对照表》则仍把"剳"和"劄"一起列为"札"的停用异体字。

雅解

【札】zhá ①古时书写用的小木片。《說文・木部》："札，牒也。"徐鍇《繫傳・木部》："牒，木牘也。"②书信；公私文书。如：信～。《廣韻・黠韻》："札，簡札。"〔清〕孙铨《壽石齋藏帖目録》："國朝一：魏文毅公一札。"(见图200)

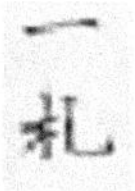

图200

【劄】㈠ dá 钩；镰刀。《玉篇・刀部》："劄，劄剕（鉤）也。"《集韻・合韻》："劄，鉤（鉤）也。"按："剕""鉤"同。镰刀。㈡ zhá 同"札"。旧时的一种公文。

【剳】㈠ zhā 针刺。如：目～。《玉篇・刀部》："剳，以針刺也。"㈡ zhá 同"札"。①旧时的一种公文。通称"剳子"。《正字通・竹部》："剳，牋剳，用以奏事，非表非狀者謂之剳子。"〔南宋〕张即之行书《台慈帖》："中大夫直秘閣致仕張即之劄子"。（见图201）②无封的信。〔明〕杨慎《丹鉛雜錄》："尺牘無封，指事而陳者，劄子也。"③笔记。"札记"也作"劄记"。

俗解

首先可以用偏旁来区别"札"和"剳"。书写用的小木片是木制的，所以"札"字带"木"旁；"剳"的本义是"镰刀"，所以带"刂"旁。余下左半是"竹"头的"劄"，本义是针刺。中医用语。

注意

"公文""笔记""信札"等意思上，还是用"札"比较好；尽管也可以用"剳"和"劄"。需要时，"镰刀"义上要用"剳(dá)"，不能用"劄"或"札"。"劄"已是"针刺"义上的规范字，所以在"针刺"义上不能用"剳"或"札"。

词语

【札】信札；札记；札子。

【剳】剳刣（鉤）。

【劄】目劄。

▲ 咤 [吒] – 吒

回顾

"吒"是"咤"的本字，但比"咤"多了一个姓氏人名用法。1955年《一异表》把"咤""吒"归作一组异体字处理，以"咤"为选用字，"吒"为停用字。2013年《规范字表》

作了调整，把"吒"转为规范字收入三级字表，序号6531，并加注规定："可用于姓氏人名，读 zhā，如'哪吒'。读 zhà 时用'咤'。"《对照表》则仍把"吒"列为"咤"的停用异体字。

雅解

【咤】zhà 怒声。也作"吒"。如：叱～风云。《廣韻·禡韻》："吒，《説文》曰：噴也，叱怒也。咤，同吒。"〔唐〕褚遂良《樊興碑》："叱咤而會風雲"。（见图202）

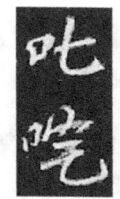

图 202

【吒】㈠ zhà 同"咤"。发怒声。《説文·口部》："吒，噴也，叱怒也。"㈡ zhā 神话中人名用字。如《封神演义》中有哪（né）～、金～、木～。

俗解

"吒""咤"两字，读 zhā（阴平）时要用"吒"；读 zhà（去声）时用"咤"。

注意

除了读 zhā 时用于姓氏人名，例如神话人物的名字"哪吒""金吒""木吒"的"吒"，读 zhà 时的"咤"不宜写作"吒"。另外，"叱咤风云"的"云"，是指天上的云，对应的繁体字是"雲"。

词语

【咤】叱咤風雲。

【吒】金吒；木吒；哪（né）吒。

▲ 沾 [霑]

回顾

"沾"和"霑"是原本就有的字义存在差别的两个字。1955 年《一异表》把这两个字归作一组异体字处理,定"沾"为选用字,"霑"为停用字。2013 年《规范字表》沿续了 1955 年《一异表》对这两个字的处理。

雅解

【沾】zhān ①浸湿;浸润。如:泪流～襟。《徐霞客遊記·黔遊日記一》:"深翳間,落翠紛紛,衣履沾透。"②分享。如:～光。鲁迅《且介亭杂文·儒术》:"利益既沾,虽已将'儒教'呈献,也不想再来开口了。"③因接触而附着上。如:～染;～边。陈毅《赣南游击词》:"树间唧唧鸣知了,满身沾野草。"

【霑】zhān ①雨水浸润。《説文·雨部》:"霑,雨㴲(染)也。"②浸湿;沾濡。〔唐〕慧琳《一切經音義》卷十七:"霑,《考聲》云:小濕也。"裴骃集解:"霑,濡也。"刘园集帖第 3 卷《宋贤四十五种丙本·侍郎孙华老书》:"感物懷所思,泣涕忽霑裳。"(见图 203)

图 203

俗解

"霑"的上半是"雨",本义是雨水浸润,没有与雨、水无关的"沾光""沾边""沾染""均沾"等义。

注意

与雨、水无关的"沾光""沾边""沾染""均沾"等词中的"沾",不能写作"霑"。

词语

【沾】滴酒不沾;沾邊;沾光;沾花惹草;沾親帶故;沾染;沾手;沾沾自喜。

【霑】雨露均霑;霑惠;霑濕。

▲ 盏(盞)[琖醆]

回顾

"盞""琖""醆"是原本就有的,字义不完全相同的三个字;"盏"是"盞"的简化字。1955年《一异表》把"盞""琖""醆"三字归作一组异体字处理,定"盞"为选用字,"琖""醆"为停用字。1956年《简化方案》把偏旁"戔"简化作"戋"。1964年《总表》把"盞"整字简化作"盏"。《字形表》和1986年《总表》都予以贯彻。2013年《规范字表》沿续了1955年《一异表》对"盞""琖""醆"这组字的异体字处理,以及1986年《总表》对"盞"字的简化处理。

雅解

【盞】zhǎn ①浅而小的杯子。《方言》卷五:"盞,桮(杯)也。"又引申指杯状的器皿。如:灯~。刘园集帖第15卷《仁聚堂法帖·智·赤壁赋》:"客喜而笑,洗盞更酌。肴核既盡,杯槃(盤)狼

图 204

籍(藉)。"(见图204) ②同"琖"。玉质酒器。③量词。饮料或灯的计量单位。如：一～灯。〔唐〕罗隐《聽琴》："不知一盞臨邛(qióng)酒，救得相如渴病無？"

【琖】zhǎn 玉质酒器。《説文新附·玉部》："琖，玉爵也。……或从皿。"

【醆】zhǎn ①酒杯。《説文·酉部》："醆，爵也。"《廣韻·獮韻》："醆，杯。"②微清的浊酒。《説文·酉部》："醆，酒濁而微清也。"③量词。一般作酒的计量单位；也作灯的计量单位。

【盏】"盞"的简化字。

俗解

"盞(盏)"字下半是"皿"，表示一种杯状的器皿；"王(玉)"字旁的字一般与玉器相关，所以"琖"表示玉质的酒器；带"酉"旁的字一般与酒类有关，所以"醆"专用于指盛酒的杯子，另外还有"微清的浊酒"这个意思。

注意

在书法创作中需要用繁体字时，"盏"可写成它本身的繁体字"盞"。不表示酒杯的，如"灯盏"的"盏"不要写成"琖"或"醆"；表示"非玉质的酒杯"这个意思时，"盏"不要写成"琖"。

词语

【盞】燈盞；三杯兩盞；盞碟。

【琖】玉琖；瑤琖(玉制酒杯)。

【醼】把醼言歡；酒醼。

▲ 占［佔］

回顾

"占"和"佔"是原本就有的字义存在差别的两个字。1955年《简化表草案》把这两个字合并作"占"一个字。1955年《一异表》改把这两个字作为一组异体字处理，定"占"为选用字，"佔"为停用字。2013年《规范字表》沿续了1955年《一异表》对这两个字的处理。

雅解

【占】㈠zhān ①占卜。《說文·卜部》："占，視兆問也。"〔唐〕虞世南楷书《孔子廟堂碑》："揆日占星，式規大壯。"（见图205）②口述文辞。如：口～一首。《西遊記》第三十六回："對月懷歸，口占一首古風長篇。"㈡zhàn 據有，也作"佔"。《集韻·豔韻》："占，固有也。"

【佔】zhàn 據有。如：～领；～有。《老殘遊記》第九回："（笋）被滕六公佔去了。"

俗解

有"亻"的"佔"没有"占卜"和"口述文辞"两义。

注意

"占卜"不能写作"佔卜"；"口占一首"不能写作"口佔一首"。还有"占卜"的"卜"不能写作"蔔"。

图205

词语

【占】(zhān) 口占一首；占卜；占對；占卦；占課；占夢；占視；占術；占問；占星。

【佔】(zhàn) 霸佔；獨佔；多吃多佔；擠佔；進佔；鳩佔鵲巢；強佔；搶佔；侵佔；私佔；佔比；佔據；佔領；佔便宜；佔山為王；佔上風；佔先；佔綫；佔用；佔有。

▲ 棹 [櫂]

回顾

"棹"和"櫂"是原本就有的字义存在差别的两个字。1955年《一异表》把这两字归作一组异体字处理，定"棹"为选用字，"櫂"为停用字。2013年《规范字表》沿续了1955年《一异表》对这两个字的处理。

雅解

【棹】㈠ zhào ①船浆；引申指船。《廣韻·效韻》："棹，櫂也。"②划船。《儒林外史》第十一回："向鄰居家借了一隻小船，……自己棹着，來到楊家門口。"㈡ zhuō ①树名。棹树。〔晋〕嵇含《南方草木狀》："棹，棹樹，幹葉俱似椿。"②用同"桌"。《正字通·木部》："棹，椅棹(桌)。"

【櫂】zhào ①船浆。《集韻·錫韻》："櫂，楚宋謂橈[①]曰櫂。"《清史稿·尚可喜傳》："繒船數百，三帆八櫂，衝

[①] 橈，用在这里读 ráo，船浆。

浪若飛。"②借指船。《宋史·太祖本紀》："發戰櫂東下。"③划船；搖槳。〔唐〕钱起《江行無題一百首》之十："宦遊難自定，來喚櫂船郎。"

俗解

"棹"字右半是"卓"，可由此帮助记住这个字有 zhuō 音，有不同于"櫂"的"棹树""桌子"两项字义。

注意

表示"棹树"和"桌子"的"棹"不能写作停用字"櫂"。

词语

【棹】棹（zhuō）樹；椅棹（zhuō）。

【櫂】鼓櫂（搖船的櫓）；買櫂（雇船）；櫂船（划船）。

▲ 折 / 折摺

回顾

"折"和"摺"是原本就有的字义不同的两个字。1955年《简化表草案》曾经把"摺"简化作"扨"。1956年《简化方案》改为把"摺"和"折"合并作"折"一个字。1964年《总表》作了微调，加注规定："在折和摺意义可能混淆时，摺仍用摺。"《字形表》也把"摺"和"折"合并作"折"一个字。1986年《总表》沿续了1964年《总表》对这两个字的处理。2013年《规范字表》在沿续1986年《总表》对"折""摺"两字合并处理的同时，删除了1986年《总表》中关于这两个字的附注。

雅解

【折】㈠ zhé ①弄断。如：骨～。《說文》"折，斷也。"②弯。如：曲～。《廣雅·釋詁一》："折，曲也。"③挫折。颜师古注《漢書·蒯通傳》："折，挫也。"④折扣。如：打～。〔现代〕潘伯鹰行草《題二王帖卷》："自憐無力收遺本，梁帝何嘗擅折衷。"（见图 206）⑤北曲剧本中的一个段落。如：～子戏。〔清〕孔尚任《桃花扇·凡例》："各本填詞，每一長折，例用十曲，短折例用八曲。"⑥"摺"的简化字。㈡ shé ①断。如：腿～了。《廣韻·薛韻》："折，斷而猶連也。"②亏损。如：～本。㈢ zhē 翻腾。如：～腾；～跟头。浩然《金光大道》："躺在被窝里，象（像）折烙饼似的，……"

图 206

【摺】zhé ①折叠。如：～扇；～尺。《廣韻·葉韻》："摺，摺疊也。"②折子。如：存～；奏～。

俗解

折，有折断的，有连续的，连续时折的角度一般不到 180 度；摺，则一定是连续的，而且可达 180 度，折过来以后两面贴在一起。

注意

"曲折""折扣""折子戏""腿折（shé）了"等意义上的"折"本来就这样写，不存在对应的繁体字。这些意义上的"折"都不能写作"摺"。例如"曲折"不能写成"曲摺"；"折断"不能写成"摺斷"。还有，"折干"（按礼品的同价值以钱代礼送给受礼方)的"干"对应的繁体字是"乾",不能写作"幹";"折回"是"半路返回"的意思,这里"回"不能写作"迴"。

词语

【折】百折不撓;不折不扣;波折;蟾宮折桂;摧眉折腰;摧折;挫折;打折;對折;骨折;將功折罪;攀折;賠了夫人又折兵;破折號;曲折;輂輕折軸;折(shé)本;損兵折將;夭折;一波三折;折(zhē)騰;折半;折衝樽俎;折斷;折服;折乾(按礼品的同价值以钱代礼送给受礼方);折合;折回(半路返回);折價;折舊;折扣;折柳;折磨;折殺;折煞;折射;折壽;折算;折現;折綫(几何学名词);折腰;折衷;折子戲;周折;轉折。

【摺】百摺裙;存摺;郵摺;摺尺;摺疊;摺傘;摺扇;摺紙;奏摺。

▲ 哲[喆]- 喆

回顾

"哲"和"喆"互为异体字,但在使用习惯上有所差别。1955年《一异表》把这两字归作一组异体字处理,定"哲"为选用字,"喆"为停用字。2013年《规范字表》作了调整,把"喆"转作规范字收入三级字表,序号7294,并加注规定:"可用于姓氏人名。"《对照表》则仍把"喆"列作"哲"的停用异体字。

雅解

【哲】zhé ①明智。如：明～。《說文·口部》："哲，知(智)也。"《爾雅·釋言》："哲，智也。"②贤明的人。如：先～。〔清〕吴锦章《南嶽祝聖寺僧心月囑跋》："……以及古先哲人冠裳劍佩雅歌揖讓之聲容。"(见图207)③哲学的简称。如：文史～。④姓氏。

【喆】"哲"的异体字。《玉篇·口部》："喆，同哲。"

图207

俗解

"哲""喆"两字音义相同。习惯多用"哲"，"喆"多见于人名。

注意

凡原用"哲"的地方，不宜改写作"喆"。姓氏人名中的"喆"不要写成"哲"。

词语

【哲】明哲保身；先哲；賢哲；哲嗣；哲理；哲人；哲學。

【喆】(多见于姓氏人名)。

▲ 鸩(鴆)[酖]

回顾

"鴆"和"酖"是原本就有的字义不同的两个字；"鸩"是"鴆"的简化字。1955年《一异表》把"鴆""酖"两字归作一组异体字处理,定"鸩"为选用字,"酖"为停用字。1956年《简化方案》曾把偏旁"鳥"简化作"鸟"。1964年《总表》把"鳥"简化作"鸟",把"鴆"整字简化作"鸩"。《字形表》和1986年《总表》都沿续了1964年《总表》对"鸩"的简化处理。2013年《规范字表》沿续了1955年《一异表》对"鴆""酖"两字作为异体字的处理,以及1986年《总表》对"鸩"的简化处理。

雅解

【鴆】zhèn ①一种毒鸟。雄的叫"运日";雌的叫"阴谐"。用其羽毛泡酒能毒杀人。《說文·鳥部》:"鴆,毒鳥也。"②毒酒。《史記·魯周公世家》:"(季友)使鍼季劫飲叔牙以鴆,……(叔)牙遂飲鴆而死。"③一种食蜚的鸟。《山海經·中山經》:"(瑤碧之山)有鳥焉,其狀如雉,恒食蜚,名曰鴆。"

【酖】㈠dān 嗜酒;以酒为乐。如:~酣。《說文·酉部》:"酖,樂酒也。"《五音集韻·覃韻》:"酖,嗜酒。"㈡zhèn 通"鴆"。①鸟名。徐珂《清稗類鈔·動物類》:"鴆,亦作酖,毒鳥也。"②毒酒。《古今韻會舉要·沁韻》:"酖,酒有鴆毒。"《史記·呂不韋列傳》:"吕不韋自度稍侵,恐誅,乃飲酖而死。"①③毒杀。《左傳·莊公三十二年》:"命僖叔待於鍼巫氏,使鍼季酖之。"

【鸩】"鴆"的简化字。

---

① 关于吕不韦的"飲酖而死",另有一说是"酖(dān)饮而死",即嗜酒而死。

俗解

"鸩"是"鳥"旁,与鸟相关,本义是鸟名;"酖"的形旁是"酉",与酒相关,本义是嗜酒。

注意

"酖"与"鸩"本义并不相同。"酖"有读音 zhèn,表示"毒酒"这一点,尚存争议。鸟名"鸩"不能写成"酖";"酖(dān)酖"的"酖"不能写成"鸩"。

词语

【鸩】鸩毒;鸩酒;鸩媒(比喻谗言害人);鸩杀。

【酖】酖(dān)毒(贪图享乐等于饮毒自杀);酖(dān)酖;酖(dān)溺。

▲ 征 / 征徵 – 徵

回顾

"征""徵"原本是字义不同的两个字。1956年《简化方案》、1964年《总表》和《字形表》、1986年《总表》、2013年《规范字表》,都把这两字合并作"征"一个字。两份《总表》都规定"宫商角徵羽的徵读 zhǐ(止),不简化。"2013年《规范字表》另又把"徵"作规范字收入二级字表,序号5962,规定:"用于表示'宫商角徵羽'五音之一时读 zhǐ,不简化作'征'。《对照表》仍把"徵"列为"征"的繁体字。

雅解

【征】zhēng ①出门走远路。如:远~;长~。《爾雅·釋言》:"征,行也。"②征战。如;南～北战;出～。孔传:"奉辞伐罪曰征。"〔南宋〕岳飞行草《至性獨存》:"鷟鳥休巢,征馬踟躕。"(见图208)③"徵"不读zhǐ时的简化字。

【徵】㈠ zhēng ①召集。如:～兵。《爾雅·释言》:"徵,召也。"②徵求。如:～稿;～婚。高诱注《吕氏春秋·達鬱》:"徵,求也。"〔清〕王澍楷书《范公神道碑》:"徵糧凡二十萬担"。(见图209)
㈡ zhǐ 古代五声音阶中的第四音,相当于工尺谱中的"六"。如:宫商角～羽。《周禮·春官·大師》:"皆文之以五聲,宫、商、角、徵、羽。"

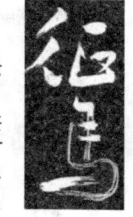

图 208

图 209

俗解

"征"表示的都是出去的,例如:远～;～程。"徵"表示的都是进来的,例如:～稿;～求。

注意

"走远路"意义上的"征"原本就这样写,不存在对应的繁体字,"远征""征战"以及相关意思的词语中的"征",都不能写作繁体字"徵",例如"出征"不能写成"出徵"。"召集""征求"义上可以用繁体字"徵"。"宫商角徵羽"的"徵"不能写作"征"。还有"征象"是指因某种内在因素发出的表象,这里的"象"不能写作"像"。

词语

【征】長征;出征;南征北戰;親征;遠征;征塵;征程;征伐;征帆;征服;征討;征途;征戰。

【徵】宮商角徵（zhǐ）羽；橫徵暴斂；免徵；旁徵博引；特徵；體徵；應徵；徵兵；徵地；徵調；徵訂；徵稿；徵購；徵管；徵婚；徵稽；徵集；徵繳；徵募；徵聘；徵求；徵收；徵稅；徵文；徵象；徵信；徵詢；徵引；徵用；徵召；徵兆。

▲ 症 / 症癥

回顾

"症"和"癥"是原本就有的，读音和字义都不相同的两个字。1955年《简化表草案》把这两个字合并作"症"一个字。1956年《简化方案》予以确认。1964年《总表》和《字形表》、1986年《总表》、2013年《规范字表》，都相继沿续了1956年《简化方案》对这两个字的合并处理。

雅解

【症】㈠ zhèng 有机体因发生病变而表现出来的异常状况。如：～状；对～下药。㈡ zhēng "癥"的简化字。

【癥】zhēng 中醫指腹中结块的病。如：～结。引申用来比喻难以解决的问题的关键。《玉篇·疒部》："癥，腹结病也。"

俗解

"症"指所有病的症状；"癥"专指腹中结块这一种病。又："症"依"疒"里面的"正"读去声（第4声）；"癥"依"疒"里面的"徵"读阴平（第1声）。可以按字音区分两字。

注意

"症状"的"症"字原本就这样写,不存在对应的繁体字,不能写成"癥"。

词语

【症】癌症;敗血症;並發症;病症;不治之症;對症下藥;後遺症;精神分裂症;絕症;恐高症;尿毒症;強迫症;神經官能症;頑症;虛症;炎症;疑難雜症;抑鬱症;癔症;症候;症狀;自閉症。

【癥】癥結。

▲ 只 / 只隻衹 [祇秖]– 衹

回顾

"只""隻""衹""祇""秖"都是原本就有的,读音或字义存在差别的五个字。1955年《简化表草案》把"只""隻""衹"三字合并作"只"一个字。同年《一异表》把"衹""祇""秖"三字作为一组异体字处理,定"衹"为选用字,"祇""秖"为停用字。1956年《简化方案》把1955年《简化表草案》中的"衹"换作"祇",调整为把"只""隻""祇"三字合并作"只"一个字。1964年《总表》和《字形表》的处理与1956年《简化方案》相同。1986年《总表》把"祇"换作"衹",调整为把"只""隻""衹"三字合并作"只"一个字。2013年《规范字表》沿续了1986年《总表》对"只""隻""衹"三字的合并处理,另把1955年《一异表》

对"衹""祇""秖"三字的处理作了调整,把"衹"作为选用字,"祇"和"秖"作为停用字,同时又把"祇"作为规范字收入二级字表,序号4050,并加注规定:"祇:用于表示地神,读 qí。读 zhǐ 时用'只'。"《对照表》把"衹""隻"列为"只"的繁体字;把"祇""秖"列为"衹"的停用异体字。

雅解

【只】㈠ zhǐ ①副词。仅有。如:～有;～此一家。《廣韻·支韻》:"只,專辭。"②表示限于某个范围。如:～许;～顾。③"衹"的简化字。㈡ zhī "隻"的简化字。

【隻】zhī ①量词。如:一～鸟;两～鞋。《説文·隹部》:"隻,鳥一枚也。"②单独的。如:～身;～言片语。《玉篇·隹部》:"隻,奇(jī)也。"《篇海類編·鳥獸類·隹部》:"隻,物單曰隻。"

【衹】㈠ qí 衹衼。僧尼的法衣。《廣韻·支韻》:"衹,衹衼,尼法衣。"《集韻·支韻》:"衹,氎(毼)裳謂之衹衼。"㈡ zhǐ 副词,相当于"仅仅"。后作"只"。

【祇】qí 地神。如:神～。也泛指神灵。《説文·示部》:"祇,地祇。"《玉篇·示部》:"祇,地之神也。"(也有读作 zhǐ 的,用同"只"。)

【秖】zhī ①谷初熟。《玉篇·禾部》:"秖,穀始熟也。"②副词。仅;只。金 任询行书《韓愈秋懷詩十一首》:"低心逐時趨,苦勉秖(祇)能蹔(暫)。"(见图210)

图210

俗解

带"礻"旁的字一般都和神有关，所以"祇"表示地神；带"禾"旁的字一般都和农作物有关，所以"秖"表示"谷初熟"；带"衤"旁的字一般都和衣物有关，所以"衹"表示僧尼的法衣；"隻"上半的"隹"表示鸟，下半的"又"表示手，全字表示手中抓着一隻鸟，引申作量词，表示单个的事物。

注意

"只"是"只""隻""衹"三个字的合并字。它不仅对应"隻"和"衹"两个繁体字，本身还是一个原本就有的字。"衹""祇""秖"三字的本义也不相同，在书法创作中要注意加以区别，不要轻率地互换使用。比如：做副词的"只有"的"只"不要写作"隻""衹""祇"和"秖"；做量词用或表示"单个事物"时的"一只"的"只"，繁体要写作"隻"，不能写作纳入异体字处理的"衹""祇"和"秖"。

词语

【只】只得；只讀；只顧；只管；只好；只怕；只是；只聽；只消；只許；只要；只有；只知其一，不知其二；只做。

【隻】船隻；獨具隻眼；艦隻；兩隻手；兩隻眼睛；片言隻語；片言隻字；片紙隻字；形單影隻；一隻（鳥）；隻身；隻言片語；隻字不提。

【衹】衹衼（僧尼法衣）。

【祇】神祇；天神地祇。

【祇】（现已罕用）。

▲ 志 [誌]

回顾

"志"和"誌"是原本就有的字义上存在差别的两个字。1955年《一异表》把这两个字归作一组异体字处理，定"志"为选用字，"誌"为停用字。2013年《规范字表》沿续了1955年《一异表》对这两个字的处理。

雅解

【志】zhì ①意念；心情。如：情～。《説文·心部》："志，意也。"杜预："為禮以制好惡喜怒哀樂六志"。②志愿；志向。如：鸿鹄之～。〔清〕吴锦章《南嶽祝聖寺僧心月囑跋》："有志竟成"。（见图211）③神志。《本草綱目》："龍眼，安志强魂。"④标识；标记。如：标～。《廣雅·釋詁二》："志，識也。"《字彙·心部》："志，記也。"⑤记事的文章或书籍。如：《三國志》《藝文志》等。⑥姓氏。

图211

【誌】zhì ①记录。《説文新附·言部》："誌，記誌也。"〔清〕胡观澜楷书《跋五百阿羅漢像畫册》："工竣謹誌其緣起"。（见图212）②标志；记号。北周 宗懔《荆楚歲時記》："以血點其衣以為誌。"③记事的文章或书籍。如：县～。《正字通·言部》："誌，凡史傳記事之文并称誌。"

图212

俗解

"志"下半是"心",字义侧重于"意念""心情"和"志愿""志向";"誌"的左半是"言",字义侧重于"标识""记录"。

注意

与心志相关的如"情志""神志""志愿""志向"等意思上,"志"都不能写作"誌"。另外,"志大才疏"的"才"是"才华"的意思,原本就这样写,不存在对应的繁体字,不能写作"纔";"志在千里"的"里",是"里程"的意思,原本就这样写,不存在对应的繁体字,不能写作繁体字"裏"或"裏"的异体字"裡"。

词语

【志】鬥志;立志;勵志;明志;神志;詩言志;矢志不移;同志;託志;玩物喪志;未竟之志;遺志;意志;有志;雜志;志存高遠;志大才疏;志得意滿;志節;志氣;志趣;志士;志同道合;志向;志願;志在千里;志在四方;衆志成城;專心致志;壯志。

【誌】標誌;地方誌;方誌;府誌;墓誌;題誌;通誌;縣誌;永誌不忘;誌哀;誌書;誌喜。

▲ 制 / 制製

回顾

"制"和"製"是原本就有的字义不同的两个字。1956

年《简化方案》把这两个字合并作"制"一个字。1964年《总表》和《字形表》、1986年《总表》、2013年《规范字表》，都相继沿续了1956年《简化方案》对这两个字的合并处理。

雅解

【制】zhì ①拟订。如：～定；因地～宜。《易·節》："象曰：澤上有水，節。君子以制度數，議德行。"②用强力约束：限～；压～。《説文·刀部》："制，一曰止也。"《廣雅·釋詁四》："制，禁也。"《淮南子·脩務》："夫馬之為草駒之時，跳躍揚蹢（蹄）翹尾而走，人不能制。"③法度；制度。如：所有～。《玉篇·刀部》："制，法度也。"〔唐〕褚遂良楷书《漢興碑》："漢興六十餘載，海内艾安，府庫充實，而四夷未賓（賓），制度多闕"。（见图213）④形制；式样。如：～式。〔晉〕陶潛《桃花源詩》："俎豆猶古法，衣裳無新制。"⑤"製"的简化字。

图213

【製】zhì 制作。如：～造：～品。《説文·衣部》："製，裁也。"《集韻·祭韻》："製，謂裁衣也。"〔元〕溥光楷书《戒壇寺石刻·萬安寺茶牓》："製造之方得法旨"。（见图214）

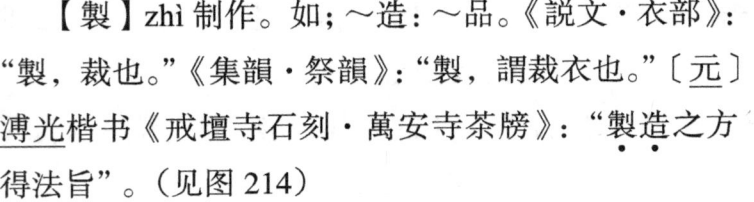

图214

俗解

"製"的初义是裁衣，就是制造衣服，所以是"衣"字底，后来引申到制作物品。凡是表示"制造"义的地方，繁体都用"衣"字底的"製"。如："製造""製作"等。没有

"衣"的"制"是"制定""限制""制度"的"制"。

注意

表示"制定""限制""制度"等义的"制",原本就是这样写,不存在对应的繁体字。在书法创作中写到这些词及相关意思的词时,不能把"制"写作繁体的"製"。如"制定""制度"不能写成"製定""製度"。

词语

【制】幣制;編制;創制;出奇制勝;代議制;抵制;帝制;扼制;遏制;二進制;法制;反制;分稅制;改制;供給制;公有制;公制;共和制;股份制;管制;規制;合同制;後發制人;機制;家長制;建制;節制;舊制;君主制;克敵制勝;克制;控制;兩黨制;兩院制;米制;民主集中制;母權制;募兵制;普惠制;牽制;鉗制;強制;全日制;賽制;十進制;實名制;市制;首問制;受制;數制;雙軌制;稅制;私有制;所有制;體制;統制;挾制;夏時制;先發制人;限制;形制;學制;壓制;一國兩制;抑制;因地制宜;英制;責任制;制裁;制導;制定;制訂;制動;制度;制伏;制服;制高點;制海權;制衡;制空權;制冷;制錢;制熱;制勝;制式;制約;制止;專制。

【製】半製品;採製;粗製濫造;仿製;複製;繪製;監製;精製;巨製;錄製;炮製;配製;烹製;鞣製;如法炮製;攝製;試製;特製;調製;燻製;製版;製備;製假;製劑;製片;製品;製售;製圖;製造;製作。

▲ 致 / 致緻

回顾

"致"和"緻"是原本就有的字义不同的两个字。1956年《简化方案》把这两个字合并作"致"一个字。1964年《总表》和《字形表》、1986年《总表》、2013年《规范字表》,都相继沿续了 1956 年《简化方案》对这两个字的合并处理。

雅解

【致】zhì ①给予,达到。如:～函;～电;学以～用。《说文·夊部》:"致,送詣也。"《玉篇·夊部》:"致,至也。"〔唐〕虞世南楷书《孔子廟堂碑》:"清滌玄酒,致敬於(於)兹日;合舞釋菜,無絶於(於)終古。"(见图215) ②情趣。如:景～;兴～。《字彙·至部》:"致,趣也。" ③"緻"的简化字。

图 215

【緻】zhì ①细密的丝织品。《廣雅·釋器》:"緻,練也。"王念孙疏证:"緻,一名細緻。《釋名》云:'細緻,染縑為五色,細且緻,不漏水也。'" ②精密,细密。如:精～。《説文·糸部》:"緻,密也。"〔明〕姜立纲行书《鎮邦帖》:"仍乞閣下指麾,務俾極其精緻"。(见图216)

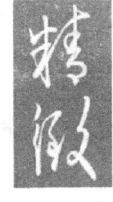

图 216

俗解

偏旁是"糸"的字一般都和纺织品相关。"緻"的本义是细密的丝织品,所以"细致"义上的"致"的繁体是加了

"糸"旁的"緻"。

注意

"给予""达到"意义上的"致"原本就有，不存在对应的繁体字，在书法创作中不能写成"緻"。如"学以致用"不能写成"學以緻用"。

词语

【致】别致；此致；錯落有致；大致；導致；格物致知；格致；毫無二致；獲致；極致；景致；淋漓盡致；閑情逸致；興致；學以致用；雅致；一致；以致；引致；招致；致哀；致殘；致詞；致辭；致電；致富；致函；致敬；致力；致命；致使；致謝；致以；致意；專心致志。

【緻】標緻；精緻；細緻；緻密。

▲ 钟 / 鐘鍾 – 锺(鍾)

回顾

"鐘"和"鍾"是原本就有的字义不同的两个字；"钟"是"鐘"和"鍾"的共用简化字；"锺"是"鍾"的简化字。1955年《简化表草案》把"鐘"简化作"钟"。1956年《简化方案》予以确认，另又把偏旁"金"简化作"钅"。1964年《总表》改把"鐘"和"鍾"两个字一起合并简化作"钟"。《字形表》予以贯彻。1986年《总表》沿续了1964年《总表》对"鐘""鍾"两字的合并简化处理。2013年《规范字表》在沿续1986年《总表》对"鐘""鍾"两字合并简化的同时，又把"鍾"简化作"锺",作为规范字收入三级字表,序号7679,并加注规定:"鍾:用于姓氏人名时可简化作'锺'"。《对照表》则仍把"鍾"和"鐘"一起列为"钟"的繁体字;同时又把"鍾"列作"锺"的繁体字。

雅解

【鐘】zhōng ①打击乐器。如:编～。《說文·金部》:"鐘,樂鐘也。"②佛寺里悬挂的钟。〔唐〕李阳冰篆书《三墳碑》:"嘗遊嵩少,夜聞山鐘"。(见图217)③计时器具。如:挂～;闹～。

【鍾】zhōng 集中;专注。如:～爱;～情。《玉篇·金部》:"鍾,聚也。"〔明〕彭汝楠小楷《岸圃大觀》:"意之所鍾,下筆更不能自休"。(见图218)

【钟】"鐘""鍾"二字的共用简化字。

【锺】"鍾"的简化字。

俗解

"钟鼓"意义上的钟,形体是匀称的,"鐘"字右半"童"在字形上也是对称的。可以把"童"字头上的点想像成钟顶上的钟钮。另一个右半是"重"的"鍾"就是"钟爱"的"钟"的繁体字了。

注意

"钟"对应的繁体字有"鐘""鍾"两个,在书法创作中要区分不同语境正确选用。"钟爱""钟情"不能写作"鐘爱""鐘情";"时钟""钟声"不能写成"時鍾""鍾聲"。还有,

图217

图218

姓氏上一般多用"鍾"。提倡把"鍾"写作规范字"锺"。

词语

【鐘】壁鐘；編鐘；晨鐘暮鼓；掛鐘；警鐘；暮鼓晨鐘；鬧鐘；喪鐘；聲如洪鐘；生物鐘；時鐘；塔鐘；檯鐘；鐘錶；鐘點；鐘鼎文；鐘鼓；鐘樓；鐘鳴鼎食；鐘頭；自鳴鐘；座鐘。

【鍾】老态龍鍾；情有獨鍾；石鍾乳；一見鍾情；鍾爱；鍾馗；鍾離；鍾靈毓秀；鍾情；鍾乳石。

▲ 种 / 种種

回顾

"种"和"種"是原本就有的字义不同的两个字。1955年《简化表草案》把这两个字合并成"种"一个字。1956年《简化方案》予以确认。1964年《总表》和《字形表》、1986年《总表》，以及2013年《规范字表》，都相继沿续了1956年《简化方案》对这两个字的合并处理。

雅解

【种】㈠chōng ①幼小。《廣韻·東韻》："种，稚也。"②姓氏。㈡zhǒng "種"读zhǒng时的简化字。㈢zhòng "種"读zhòng时的简化字。

【種】㈠zhǒng ①谷物的种子。如：播～。《書·吕刑》："稷降播種，農殖嘉穀。"②种族。如：黄～人；白～人。③种类；类别。如：剧～；兵～；工～。〔清〕刘权之楷书

《五百羅漢像贊》:"種種會意,作作生芒"。(见图219)④姓氏。㈡zhòng 种植;栽种。如:～菜;～花;～树。〔清〕黄自元楷书《焦君神道碑》:"忽繙(翻)種樹之編"。(见图220)

图219

图220

俗解

"种"整字的本音 chōng 和右半"中"都读阴平;"種"整字和右半"重"都有 zhòng 音。可由此区别两字的不同字音及字义。

注意

"种"和"種"是不同的姓氏,"种"姓的"种"不能写作"種"。

词语

【种】(义为"幼小";又作姓氏)。

【種】(zhǒng)白種人;幣種;兵種;播種;採種;傳種;純種;工種;黑種人;黃種人;火種;劇種;絕種;軍種;良種;孬種;孽種;品種;情種;人種;樹種;稅種;物種;險種;選種;有種;語種;育種;種類;種子;種族。

(zhòng)耕種;芒種;搶種;套種;栽種;種地;種花;種樹;種田;種植。

▲ 周 [週]

回顾

"周"和"週"原本是字义存在差别的两个字。1955年

《简化表草案》把这两个字并作"周"一个字。同年《一异表》改把这两字归作一组异体字处理,定"周"为选用字,"週"为停用字。2013年《规范字表》沿续了1955年《一异表》对这两个字的处理。

雅解

【周】zhōu ①严谨。如:～密。《説文·口部》:"周,密也。"②普遍。如:～到。《廣雅·釋詁二》:"周,徧(遍)也。"〔清〕乾隆《御臨聖教序》:"周遊(遊)西宇十有七年"。(见图221)③环绕。《小爾雅·廣言》:"周,帀(匝)也。"李贤注《後漢書·班彪傳上》:"周,環也。"④四周;周围。如:～长。《漢書·劉向傳》:"(秦始皇帝)壙,其高五十餘丈,周回五里有餘。"⑤时间名词。七天为一周。如:～末;～刊。⑥援助;救济。如:～济。⑦朝代名。如:西～;东～;～朝。⑧姓氏。

【週】zhōu ①环绕一圈。〔清〕孙承泽《天府廣記·宮殿》:"門建蕭牆,週迴可二十里。"②一个轮迴(周期)。《太平天國·天朝田畝制度》:"以次第輪,週而復始。"

俗解

环绕一圈需要用脚走,所以"週"字有"辶"。

注意

"週"只有"环绕一圈"(一个轮回)这个意思。不表示"环绕一周"和"周期"的"周密""周济""周朝",以及姓氏"周",都不能写作"週"。另外,"周而复始"的"复",对应的繁体字是"復",不能写作"複";"周旋"的"旋"原本就这样写,不存在对应的繁体字,不能写作"鏇";"周折"的"折"也是原本就这样写,不存在对应的繁体字,不能写作"摺"。

词语

【周】四周;圓周;照顧不周;周邊;周遍;周長;周朝;周到;周公吐哺;周濟;周密;周全;周身;周圍;周詳;周恤;周旋;周遊;周緣;周遭;周章;周折;周正;周知;周至。

【週】週報;週而復始;週刊;週末;週年;週期;週歲;週轉;抓週。

▲ 朱／朱硃

回顾

"朱"和"硃"是原本就有的字义不同的两个字。1955年《简化表草案》把这两个字合并作"朱"一个字。1956年《简化方案》予以确认。1964年《总表》和《字形表》、1986年《总表》、2013年《规范字表》,都相继沿续了1956年《简化方案》对这两个字的合并处理。

雅解

【朱】zhū ①心为赤色的树。《說文·木部》:"朱,赤心木,松柏属。"②颜色:朱红。如:近～者赤。《廣雅·釋器》:"朱,赤也。"刘园集帖第 16 卷《東坡米芾帖》:"澹(淡)粧輕素鸛(鶴)翎紅,移入朱欄便不同。"(见图 222)《太平廣記》引《集異記》:"朱其額,青其足。"③姓氏。④"硃"的简化字。

【硃】zhū ①硃砂,又名"丹砂""辰砂"。如:～笔;～印。《廣韻·虞韻》:"硃,朱(硃)砂。"《集韻·虞韻》:"硃,丹砂。"〔金〕董解元《西廂記諸宮調》卷五:"若使顆硃砂印;便是偷情帖兒,私期會子。"②硃墨。朱红色的墨。如:～笔;～批。〔清〕雍正《世宗御書四宜堂法帖·硃批諭旨序》文题:"硃批諭旨序"。(见图 223)

图 222

图 223

俗解

"朱"的本义是"赤心木",所以是"木"字为主构件;硃砂属于矿物一类,所以"硃"带"石"旁。

注意

"朱"是原本就有的字,在"朱红"义上以及姓氏"朱",原本就这样写,不存在对应的繁体字,不能写作"硃"。如"朱红"不能写成"硃紅";姓氏"朱"不能写作"硃"。还有,"硃卷"是指古代科举考试中,考官用硃笔批过的答卷,所以这里的"卷"不能写作"捲"。

又:"朱墨"和"硃墨"两个词意思不同。"朱墨"是指红色(朱)和黑色(墨)两色,如"朱墨套印"是指红色和黑色双色套印;"硃墨"是指用朱砂制成的墨,只有朱红一色。

词语

【朱】近朱者赤；朱唇皓齿；朱粉；朱红；朱鹮；朱门；朱墨（红黑两色）；朱漆；朱雀；朱颜。

【硃】硃笔；硃卷；硃墨（用朱砂制成的墨）；硃批；硃砂。

▲ 注 [註]

回顾

"注"和"註"是原本就有的字义存在差别的两个字。1955 年《简化表草案》把这两个字合并成"注"一个字。同年，《一异表》改把这两个字作为异体字处理，定"注"为选用字，"註"为停用字。2013 年《规范字表》沿续了 1955 年《一异表》对这两个字的处理。

雅解

【注】zhù ①灌入；倾泻。如：灌～。《说文·水部》："注，灌也。" ②聚集；集中。如：专～。茅盾《诗与散文》："他的眼光注在自己的脚尖，跟住那黄皮靴的狭长的亮头忽起忽落。" ③赌注。如：孤～一掷。赵树理《福贵》："（大光棍）挤到场上下了一块现洋的注。" ④量词。有三种用法。一是用于赌注。赌博一次所下的本钱称作"一注"。《水浒全传》第三十八回："李逵道：'我不傍猜，只要博这一博，五两银子做一注。'" 二是用于钱款交易。相当于"笔""桩"。茅盾《林家铺子》二："连现带赊，大大小小，居然也有十注

交易。"三是用于雨,相当于"阵""场"。〔唐〕陆龟蒙《奉酬袭美苦雨见寄》:"螢飛漸多屋漸薄,一注愁霖當面落。"⑤记载;登记。也作"註"。《廣韻·遇韻》:"注,注記也。"如:～册。⑥预示。如:命中～定。〔明〕康海《中山狼》第三折:"這命須臾!也是年該月值前生注,來到山谿野路。"⑦给书中句子做解释。也作"註"。如:～解;～释。《集韻·遇韻》:"註,述也,解也。或從水。"

【註】zhù ①用文字解释词句。《玉篇·言部》:"註,解文意也。"②记载;登记。如:～册。《正字通·言部》:"註,記事物亦曰註。"〔唐〕李隆基《御製道德真經序》:"每曰(因)清宴,輒叩玄關,隨所意得,遂為箋註。"(见图224)

图 224

俗解

灌入、倾泻,是指液体的状态,所以用"氵"旁的"注";用文字解释词句、记载登记,要用文字(书面语言),所以传统(沿用)字用"言"旁的"註"。

注意

"注""註"二字只有在表示"记载""登记""解释"等义时可以通假。表示"倾泻""集中""赌注""预示"等义以及作量词用时,如"灌注""专注""孤注一掷""命中注定"等词中的"注",都不能写作"註"。

词语

【注】大雨如注;赌注;孤注一掷;關注;灌注;傾

注；全神貫注；投注；下注；血流如注；注定；注目；注入；注射；注視；注水；注塑；注意；注音；注重；注資；专注。

【註】備註；補註；附註；集註；夾註；脚註；校（jiào）註；批註；評註；箋註；題註；尾註；詳註；引註；原註；註册；註脚；註解；註明；註釋；註疏；註銷；轉註；自註。

▲ 筑 / 筑築

回顾

"筑"和"築"是原本就有的，读音和字义都不相同的两个字。1955年《简化表草案》把这两个字合并成"筑"一个字。1956年《简化方案》予以确认。1964年《总表》和《字形表》、1986年《总表》，以及2013年《规范字表》，都相继沿续了1956年《简化方案》对这两个字的合并处理。

雅解

【筑】㈠ zhú ①古代击弦乐器。《说文·竹部》："筑，以竹曲，五弦之樂也。"段玉裁注："今審定其文，當云：筑曲，以竹鼓弦之樂也。"②贵州省贵阳市的简称。㈡ zhù "築"的简化字。

【築】zhù ①建造。如：构～。〔清〕陈兆仑《紫竹山房临古法帖》："依山築閣"。（见图225）②建筑物。如：古代建～。〔唐〕杜甫《畏人》："畏人成小

图225

築，褊（biǎn）性合幽棲。"③姓。

俗解

古代建筑物多为土木结构，可由"築"比"筑"多一个"木"来帮助记住"築"字的"建筑"义。

注意

表示击弦乐器名称和贵阳市简称的"筑"，不能写作"築"。

词语

【筑】擊筑。

【築】構築；建築；修築；債臺高築。

▲ 专(專)[耑]-耑

回顾

"專"和"耑"是原本就有的，读音和字义都不完全相同的两个字；"专"是"專"的简化字。1955年《异体字表草案》把"專""耑"两字归作一组异体字处理，以"專"为选用字，以"耑"为停用字。1955年《一异表》予以确认。1956年《简化方案》把"專"简化作"专"。1964年《总表》和《字形表》、1986年《总表》，都相继沿续了1956年《简化方案》对"專"字的简化处理。2013年《规范字表》作了调整，把"耑"转为规范字收入三级字表，序号6837，并加注规定："可用于姓氏人名，读 duān。读 zhuān 时用'专'。"《对照表》则仍把"耑"列为"專"的停用异体字。

雅解

【專】zhuān ①专一。如：～心；～注。王弼注《易·繫辭上》："專，專一也。"②独断专行。《廣雅·釋言》："專，擅也。"《左傳·桓公十五年》："祭仲專，鄭伯患之。"

【耑】㈠ duān 同"端"。"端"的古字。《説文·耑部》："耑，物初生之題也。"段玉裁注："古發端字作此，今則端行而耑廢。"《玉篇·耑部》："耑，今為端。"㈡ zhuān 同"專"。王国维《釋觶觛甋卮①》："古書多以耑為專。"

【专】"專"的简化字。

俗解

"耑"和"端"的右半相同，是"端"的古字。

注意

在书法创作中，需要时可用"专"的繁体字"專"，最好不要用"專"的停用异体字"耑"。姓氏人名中以及"发端"义上的"耑"，不能写作"专"或"專"。

词语

【專】大專；獨斷專行；中專；專案；專版；專才；專長；專場；專車；專程；專誠；專電；專斷；專訪；專攻；專櫃；專橫；專機；專輯；專家；專刊；專科；專款；專欄；專利；專列；專賣；專門；專名；專區；專權；專人；專任；專史；專使；專署；專題；專席；專綫；專項；專心；專修；專業；專一；專用；專有；專員；專責；專政；

---

① 觶(zhì)、觛(dàn)、甋(shuàn)、卮(zhuǎn)，均为古代的小酒器。

專職；專制；專注；專著；專座。

【耑】（读 duān，多见于姓氏人名；又："发端"义上可用"耑"。）

▲ 准 / 准凖

回顾

"准"和"凖"是原本就有的字义不同的两个字。1956年《简化方案》把这两个字合并作"准"一个字。1964年《总表》予以沿续。《字形表》在把"准""凖"合并作"准"的同时，又把"凖"作为规范字收入。1986年《总表》、2013年《规范字表》，都相继沿续了1964年《总表》对这两个字的合并处理。

雅解

【准】zhǔn ①同意：许可。如；～许；批～。〔宋〕米芾《復官帖》："狀上只言准告降一官，今已一年"。（见图 226）②比照，作某类事物看待。如：～女婿。③"凖"的简化字。

图 226

【凖】zhǔn ①量平正的器具，引申为衡量事物的依据。如：标～；～确。《說文》："凖，平也。"段玉裁注："謂水之平也。天下莫平於水，水平謂之凖。"刘园集帖第 20 卷《趙子昂七種》："書法貴醇正忌醜怪，故厤（歷）代以二王為繩凖。"（见图 227）②预备。如：～备。

图 227

463

俗解

"准许"义上用"准";"准确"义上繁体字用"準"。

注意

"准"是原本就有的字,"准许"的意思,不能把"批准""准许"写成"批準""準許"。还有"准将""准尉"不要写成"準将""準尉"。"准考证"的"证",繁体要用"證",不能写成"証"。

词语

【准】恩准;批准;准考證;准許;准予。

【準】保準;標準;吃不準;精準;瞄準;失準;十拿九準;水準;音準;準保;準備;準點;準話;準確;準繩;準時;準數;準信;準星;準則。

▲ 资(資)[貲]–赀(貲)

回顾

"資"和"貲"是原本就有的字义不同的两个字;"资"和"赀"依次分别是"資"和"貲"的简化字。1955年《一异表》把"資""貲"两字归作一组异体字处理,定"資"为选用字,"貲"为停用字。1956年《简化方案》把偏旁"貝"简化作"贝"。1964年《总表》把"資"整字简化作"资"。《字形表》予以贯彻。1986年《总表》沿续了1964年《总表》对"資"的简化处理。2013年《规范字表》作了调整,把"貲"简化作"赀"转为规范字收入三级字表,序号6981,同时加注规定:"可用于姓氏人名和表示计量义"。《对照表》则仍然把"貲"列作"资"的停用异体字,另又列作"赀"的繁体字,同时沿续1986年《总表》对"资"的简化处理。

雅解

【資】zī ①货物,钱财的总称。如:～产。《説文·貝部》:"資,貨也。"毛传:"資,財也。"②提供。如:以～参考。《篇海類編·珍寶類·貝部》:"資,給也。"③接济;帮助。如:～助。《集韻·脂韻》:"資,助也。"④凭借的身份、经历。如:～历。《篇海類編·珍寶類·貝部》:"資,憑。"⑤资本家及资产阶级的简称。如:劳～关系。⑥姓氏。

【貲】zī ①罚缴财物。《説文·貝部》:"貲,小罰以財自贖也。"②通"资(資)"。财货。《玉篇·貝部》:"貲,財也,貨也。"③计算物品的价格或数量。李贤注《後漢書·陳蕃傳》"貲,量也。"④匈奴对奴婢的称呼。《南齊書·河南傳》:"虜名奴婢為貲"。

【资】"資"的简化字。

【赀】"貲"的简化字。

俗解

具有"罚缴""计量""奴婢"义的是原作停用异体字,不太熟悉的"赀"字。

注意

写"资"的繁体字时,宜用它本身的繁体字"資",不宜用"貲"。"资历""接济"等义上的"资",都不能写作

"貲";反过来,姓氏人名中的"赀(貲)",以及"罚缴""计量""奴婢"等义上的"赀(貲)"不能写作"资(資)"。还有"资历"的"历"是"经历"的意思,对应的繁体字是"歷",不能写作"曆"。

词语

【資】斥資;出資;獨資;工資;耗資;合資;話資;集資;捐資;勞資;論資排輩;民資;內資;年資;融資;師資;談資;天資;投資;外資;物資;薪資;引資;郵資;游資;中資;資本;資不抵債;資產;資方;資費;資格;資金;資歷;資料;資深;資信;資訊;資源;資政;資質;資助。

【貲】所費不貲(計數);貲簿(賬簿);貲計(計量);貲虜(奴婢);貲錢(漢代征收的免除徭役的口賦錢)。

主要参考文献

《汉字简化方案草案》,中国文字改革委员会,1955年1月。

《第一批异体字整理表》,中华人民共和国文化部、中国文字改革委员会发布,人民教育出版社,1956年2月第1版。

《汉字简化方案》,中华人民共和国国务院发布,人民教育出版社,1956年2月第1版。

《简化字总表》,中国文字改革委员会编,文字改革出版社,1964年5月第1版。

《印刷通用汉字字形表》,中华人民共和国文化部、中国文字改革委员会,1964年12月印。

《简化字总表》,国家语言文字工作委员会,语文出版社,1986年12月第2版。

《汉语大字典》(八卷本),四川辞书出版社,湖北辞书出版社,1986年–1990年第1版。

《语言文字规范手册》,语文出版社,1990–2006年历次版本。

《现代汉语词典》(繁体字版),中国社会科学院语言研究所词典编辑室编,商务印书馆(香港),2010年3月第10次印刷。

《通用规范汉字表》，中华人民共和国国务院，2013年6月。

《异体字整理细说》，陈明然著，香港中国语文学会，2015年8月第1版。

历代书法碑帖。

版权声明

本作品版权归作者所有

www.ingramcontent.com/pod-product-compliance
Lightning Source LLC
Chambersburg PA
CBHW071226070526
44583CB00017B/2069